**权威·前沿·原创**

皮书系列为
"十二五""十三五""十四五"时期国家重点出版物出版专项规划项目

**BLUE BOOK**

智 库 成 果 出 版 与 传 播 平 台

河南蓝皮书

**BLUE BOOK** OF HENAN

# 河南人才发展报告
## （2024）

## ANNUAL REPORT ON HENAN'S TALENT
## DEVELOPMENT (2024)

### 加速形成近悦远来的人才生态

Accelerate the Formation of a Talent Ecosystem that Attracts both Local and Distant Talents

主　编／苏长青　　王承哲　　闫万鹏

社会科学文献出版社

SOCIAL SCIENCES ACADEMIC PRESS（CHINA）

**图书在版编目（CIP）数据**

河南人才发展报告 . 2024：加速形成近悦远来的人
才生态 / 苏长青，王承哲，闫万鹏主编 . --北京：社
会科学文献出版社，2024.8. --（河南蓝皮书）.
ISBN 978-7-5228-4202-8

Ⅰ . C964. 2

中国国家版本馆 CIP 数据核字第 2024VE6469 号

河南蓝皮书

# 河南人才发展报告（2024）
## ——加速形成近悦远来的人才生态

主　　编 / 苏长青　　王承哲　　闫万鹏

出 版 人 / 冀祥德
组稿编辑 / 任文武
责任编辑 / 王玉山
文稿编辑 / 王　娇
责任印制 / 王京美

出　　版 / 社会科学文献出版社·生态文明分社（010）59367143
　　　　　地址：北京市北三环中路甲 29 号院华龙大厦　邮编：100029
　　　　　网址：www. ssap. com. cn
发　　行 / 社会科学文献出版社（010）59367028
印　　装 / 天津千鹤文化传播有限公司

规　　格 / 开　本：787mm×1092mm　1/16
　　　　　印　张：24　字　数：357 千字
版　　次 / 2024 年 8 月第 1 版　2024 年 8 月第 1 次印刷
书　　号 / ISBN 978-7-5228-4202-8
定　　价 / 128.00 元

读者服务电话：4008918866

# 主编简介

苏长青　中共河南省委组织部常务副部长。曾在河南省委办公厅、河南省委政策研究室、商丘市委、河南省委宣传部任职，长期从事组织人事工作。

王承哲　河南省社会科学院党委书记、院长，二级研究员。中宣部文化名家暨"四个一批"人才，中央马克思主义理论研究和建设工程重大项目首席专家，中国社会科学院大学博士生导师。

闫万鹏　河南投资集团党委书记、董事长。注册会计师、注册资产评估师、正高级会计师。历任省计经委主任科员、省建投总会计师、河南投资集团财务总监及总经理。

# 摘　要

本书由河南省委组织部、河南省社会科学院和河南省人才集团有限公司共同组织编写，围绕"加速形成近悦远来的人才生态"主题，全面总结2023年河南人才发展的理论成果与实践经验，深入分析河南纵深推进人才发展体制机制改革、多维度构建引才聚才良好生态的实践探索。本书分总报告、分报告、专题篇和案例篇四部分，各部分涉及不同主题的研究成果。本书注重政策与应用的双重考量，突出现实与前瞻的有机结合，以期全面展现河南建设一流人才生态的生动实践。本书的编写出版对河南建设国家创新高地和重要人才中心、实现"两个确保"具有重要意义。

总报告介绍了河南营造近悦远来人才生态的突出成绩、总结了主要做法、分析了当前面临的机遇与挑战、提出了对策建议。总报告指出，党的十八大以来，河南把引育集聚人才、发挥人才作用作为全局性、基础性、战略性大事来抓，深化人才发展体制机制改革、优化人才生态，一体谋划推动教育、科技、人才工作，取得了突破性进展和格局性变化。一方面，河南当前面临党中央对人才工作的高位推动、人才强省战略的深入实施等良好机遇；另一方面，也面临区域发展存在短板、国内外人才争夺越发激烈等现实挑战。河南必须围绕建设国家创新高地和重要人才中心战略目标，以人才第一资源激活创新第一动力、引领发展第一要务，做好引育集聚人才"大文章"，营造近悦远来、广纳英才、活力迸发的良好人才生态。

分报告侧重从河南人才的重点工作、顶层设计等不同维度着笔，细致展现全省构建引才聚才良好生态的理论基础与实践探索；专题篇侧重从学科人

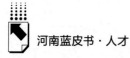

才、产业人才、科技人才等不同领域人才切入，系统分析各类人才生态的创新实践；案例篇则侧重对河南省科学院、郑州大学等单位以及平顶山、安阳等地市进行个案研究，展示具有行业特征或地方特色的人才生态建设案例。

**关键词：** 人才生态　人才工作　人才强省　河南省

# 目　录　⫸

## Ⅰ　总报告

## Ⅱ　分报告

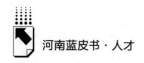

## Ⅲ 专题篇

## Ⅳ 案例篇

**附　录**

皮书数据库阅读**使用指南**

# 总 报 告

## B.1

## 加速形成近悦远来的人才生态

### ——河南省人才发展现状分析与展望

河南人才蓝皮书课题组*

**摘 要：** 党的二十大报告强调，坚持"人才是第一资源"，深入实施"人才强国战略"，坚持"人才引领驱动"。河南认真贯彻落实党中央决策部署，围绕建设国家创新高地和重要人才中心战略目标，深入实施创新驱动、科教兴省、人才强省战略，持续做好惜才爱才、集聚人才、成就人才的战略性工作，以人才第一资源激活创新第一动力、引领发展第一要务，近悦远来的人才生态正在加速形成。当前，河南正处于开启全面建设社会主义现代化河南新征程、谱写新时代中原更加出彩绚丽篇章的关键时期，必须持续做好培

---

* 课题组负责人：陈东辉。执笔人：陈东辉，河南省社会科学院人口与社会发展研究所所长、研究员，主要研究方向为政治社会学；张侃，河南省社会科学院人口与社会发展研究所副研究员，主要研究方向为应用社会学；闫慈，河南省社会科学院人口与社会发展研究所助理研究员，主要研究方向为社会治理；邓欢，河南省社会科学院人口与社会发展研究所研究实习员，主要研究方向为社会治理；郝莹莹，河南省社会科学院人口与社会发展研究所研究实习员，主要研究方向为社会治理。

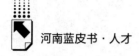

养、引进、使用人才各项工作，构建人才集聚强磁场，搭建人才培养全体系，打造人才管理新模式，建立人才使用优机制，为现代化河南建设提供强有力的人才支撑。

**关键词：** 人才生态　人才发展　人才工作　河南省

党的十八大以来，河南将创新驱动、人才引领作为重要抓手，纵深推进人才发展体制机制改革，积极打造一流创新环境和人才生态，全省人才发展呈现量质齐升、积厚成势的良好走向，在奋力建设国家创新高地和重要人才中心中跑出了"加速度"、展现了"新气象"。党的二十大报告作出了教育、科技、人才"三位一体"的科学论断，为新时代全省人才发展提供了科学指引。河南正以海纳百川的胸怀、三顾茅庐的诚意，聚天下英才而用之，打造人才集聚强磁场，为高质量发展提供强有力的人才支撑和智力支持。

## 一　营造近悦远来人才生态工作取得的突出成绩

### （一）人才量质大幅跃升

人才资源总量持续扩大。截至 2022 年底，全省人才资源总量达到 1410.31 万人，同比增长 17.41%；人才密度达到 29.49%，同比提高 4.67 个百分点（见图 1）。

高层次人才引进取得重大突破。目前，河南有入选国家级、省级重点人才项目的高层次人才 1658 人。2023 年，河南实现在豫两院院士达到 42 人的新突破，另有长江学者 44 人、国家杰出青年科学基金获得者（以下简称"国家杰青"）50 人（见表 1）。

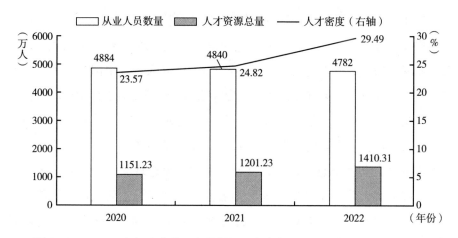

**图1 2020~2022年河南省从业人员数量、人才资源总量及人才密度变化趋势**

资料来源：根据《河南省人才队伍现状、变化及发展趋势分析报告》整理计算。

**表1 2021~2023年河南省国家级高层次人才数量情况**

单位：人

| 类别 | 2021年 | 2022年 | 2023年 |
|------|--------|--------|--------|
| 在豫两院院士 | 25 | 32 | 42 |
| 长江学者 | 27 | 29 | 44 |
| 国家杰青 | 27 | 39 | 50 |

资料来源：根据《2023年河南人才资源资料汇编》整理计算。

精准引进成效显著。借助大会引才、以商引才等形式，精准引进各层次人才。2023年，全省累计延揽大学本科及以上人才30余万人，其中顶尖人才12人、领军人才181人、青年人才3701人、潜力人才312846人、海外人才2471人，签约人才项目2539个。①

## （二）引才渠道持续拓展

一是打造招才引智载体，品牌效应加速释放。2023年，河南省共举办

———————

① 数据来源：《2023年1~12月全省招才引智工作情况》。

各类招才引智专场活动 49 场，吸引本科及以上潜力人才 30 余万人、以博士后为代表的青年人才 3701 人。全省组织开展重点创新平台、重点领域、国有企业等 8 场专场招聘活动，达成签约意向 9770 人。赴中国人民大学、西安交通大学等举办 6 场省外招才引智专场活动，达成签约意向 10301 人。

二是创新引育人才平台，人才虹吸效应显现。2023 年，依托河南省科学院创新平台，全省建设研发实体 42 家；推动北京大学、浙江大学、哈尔滨工业大学、上海交通大学、北京理工大学、大连理工大学、武汉理工大学、中国地质大学（北京）等 8 所知名大学在郑州设立研究院，促使中原科技城首次闯入全国科技城综合排名前 20，在全国 348 个科技城中居第 19 位。中原医学科学城生物医药大健康产业集群加快建设，5 位院士受聘首席科学家，首批 10 家研究所入驻。中原农谷核心区入驻省级以上科研平台 27 家，国家生物育种产业创新中心一期建成并投入使用，神农种业实验室正式入驻。

三是丰富人才发展载体，用才空间实现突破。2023 年，全省新获批博士后科研流动站 17 个，总数达到 98 个，新建立省实验室 16 家、省中试基地 36 家、产业技术研究院 40 家、省级创新联合体 28 家、服务 28 个产业链的产业联盟 7 个，拥有国家"双一流"创建学科 11 个。截至 2023 年，全省共有国家高新技术产业开发区 9 个、国家级企业技术中心 93 家、国家级工程研究中心（工程实验室）50 家，博士后科研工作站 245 个，全国重点实验室优化重组中入列 13 家。

（三）育才质量持续提升

一是本地存量人才潜能不断释放。全省普通高等教育在校生人数逐年增加，2022 年达到 2915186 人，同比增长 5.39%。其中，硕士研究生在校生人数达到 86609 人，同比增长 15.27%；博士研究生在校生人数达到 5307 人，同比增长 15.19%（见表 2）。同时，河南积极打造以中原学者为龙头，涵盖中原领军人才、中原青年拔尖人才的"中原英才计划"品牌，培养支持 1100 余名本土高层次人才。通过实施博士后招引培育"双提"行动，大幅提高博士后科研平台数量和博士后资助经费标准，全省累计招收博士后9540 人，人数位居全国第一方阵。

表 2　2020~2022 年河南省普通高等教育在校生数量情况

单位：人

| 类别 | 2020 年 | 2021 年 | 2022 年 |
|---|---|---|---|
| 普通高等教育在校生 | 2559688 | 2766184 | 2915186 |
| 本科在校生 | 1250704 | 1308529 | 1371413 |
| 硕士研究生在校生 | 63486 | 75137 | 86609 |
| 博士研究生在校生 | 4017 | 4607 | 5307 |
| 高等职业教育在校生 | 1241481 | 1377911 | 1451857 |

资料来源：根据《2023 年河南人才资源资料汇编》整理计算。

二是青年人才培育力度持续加大。在扩大对青年人才培养支持规模上，"中原英才计划"青年项目每批支持数量一次性增加 83%，省自然科学基金每年安排 50% 以上的项目专门支持青年人才；在畅通青年人才成长通道上，建立优秀青年人才职称评审专用通道，在省级层面每年安排不少于 200 个"特设岗位"，专门用于 35 岁及以下青年人才申报正高级职称、30 岁及以下青年人才申报副高级职称，且不受单位结构比例限制；[①] 在搭建青年人才培育平台上，以实施博士后招引培育"双提"行动为重点，大幅加强博士后科研流动站、工作站和创新实践基地建设。

三是育才体制创新优势显著增强。河南持续推进授权松绑赋能改革，最大限度地激发用人单位在育才用才过程中的积极作用。一方面，通过建立高层次人才引进绿色通道，用人单位实现了"6 个自主"和结果备案。另一方面，通过科研经费管理制度改革、重大科研课题"揭榜挂帅"、科研经费"包干制"、首席专家负责制等举措，用人单位主体作用实现了最大限度的发挥。

---

① 数据来源：《河南省人才队伍现状、变化及发展趋势分析报告》。

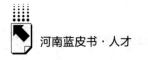

### （四）惠才成效持续释放

一是人才政策环境持续优化。持续改善用人单位人才"小气候"，最大限度地激发人才创新创业活力。向用人单位充分授权，落实引才自主权、扩大用人自主权、增加职称自主评审权。在保障科研经费使用自主权、完善人才评价体系、用好科技成果转化自主权、加大引才育才财政支持力度、推动高能级人才创新平台倍增发展、提升企业科技创新能力等方面，提出了一系列配套措施，全力推进人才政策环境持续优化。

二是人才服务保障更加精细。围绕人才关心关注的配偶就业、子女入学、医疗保健、安居保障、出入境及居留便利、编制使用、职称评聘等方面问题，出台一系列相应的配套措施，凝心聚力办好人才"关键小事"。例如，在人才安居保障方面，持续推进人才公寓建设，新建、改扩建人才公寓25万套，真正让人才引得来、留得住。

三是人才治理体系日趋完善。出台《关于深化人才发展体制机制改革加快人才强省建设的实施意见》《关于贯彻落实"大人才观"全链条推动人才发展的实施意见》《关于加快建设全国重要人才中心的实施方案》等政策文件，旨在破除人才发展体制机制障碍。在政策、制度的有效运行下，全省人才治理体系日趋完善，用人单位在引进、培育、使用、评价等方面实现了跨越式发展，进一步营造了有利于人才成长、人才价值实现的良好环境。

## 二　大力推进近悦远来人才生态建设的主要做法

围绕建设国家创新高地和重要人才中心的战略目标，聚焦构建近悦远来人才生态的重要任务，全省坚持将人才工作摆在更加重要的位置，不断完善人才发展体制机制，创新人才工作方式方法，打造优势平台载体，丰富人才管理指标体系，推动人才工作不断取得新突破，促进人才生态展现新气象。

（一）坚持党管人才，加强党对人才工作的全面领导

1. 完善人才工作的领导体制和方式方法

一是积极完善党管人才领导体制。在全国率先成立由省委书记和省长担任双主任的省科技创新委员会，统筹协调、整体推进全省教育、科技、人才领域重大事项。各省辖市相应成立科技创新委员会，全省构建了党委领导、部门协同、省市联动推进"首位战略"的领导体系。二是着力改进党管人才方式方法。建立党委统一领导，组织部门牵头抓总，有关部门各司其职、密切配合，用人单位主体作用充分发挥，社会力量广泛参与的人才工作格局。强化人才工作每月通报督导，推动各地各单位引才聚才由"单兵作战"向"协同发力"加快转变，充分调动各省辖市职能部门、企事业单位和社会力量做好人才工作的积极性，共同抓好人才工作任务落实。①

2. 强化对人才的政治引领和政治吸纳

一是积极推进党委联系服务专家工作常态化。完善省级领导联系服务专家名单，编印《河南省重点联系服务专家名册》，加强与专家的思想联系和情感交流，不断把专家人才团结凝聚到现代化河南建设中来。建立经常性联系制度、走访慰问制度、听取专家意见制度，经常听取专家提出的意见建议，帮助解决工作和生活中遇到的困难和问题。二是加大人才先进典型和优秀人才团队宣传力度。不断增强"中原人才工作"微信公众号影响力，有效发挥专家在加快建设国家创新高地中的引领示范作用，不断在全省积极营造鼓励探索、支持创新、宽容失败的良好氛围。三是定期组织开展人才研修交流活动。常态化开展"相约星期五　欢聚智慧岛"——环省科学院创新生态圈"郑好豫见"交流活动，强化政治引领，创优人才生态，激励青年科技人才为现代化河南建设贡献青春和力量。

3. 构建人才的规划体系与政策体系

一是高标准构建人才规划体系。出台《河南省"十四五"人才发展人

---

① 《河南深化人才发展体制机制改革　打造一流人才生态》，映象网，2022 年 1 月 21 日，http：//news. hnr. cn/snxw/article/1/1484357322443612162。

力资源开发和就业促进规划》，并以此为基础指导各地出台人才规划，明确中长期人才发展的目标任务、政策措施和工作步骤，构建形成了省市县上下贯通、重点领域相互衔接的人才规划体系。二是持续优化升级人才政策。升级调整省级人才政策，2021年制定《关于汇聚一流创新人才加快建设人才强省的若干举措》，2022年出台"1+20"一揽子人才引进政策措施，2023年研究制定《关于发挥用人单位主体作用营造最优人才"小气候"的若干举措》。布局优化市级人才政策，围绕"1+20"一揽子人才引进政策措施落实，各地充分发挥主体作用。鹤壁、焦作、濮阳、漯河、周口等地制定出台"1+N"配套措施，郑州、洛阳、安阳、许昌、南阳、平顶山等地推进人才强市战略，构建省市衔接、协同发力的政策体系。为保障重点行业、重要领域人才发展，构建了支持事业单位高质量发展"1+5+N"政策体系、人力资源开发利用"1+3+N"政策体系等。

## （二）坚持深化改革，破除人才发展体制机制障碍

### 1. 推进授权松绑赋能改革

一方面，向用人单位充分授权。保障和落实国有企业、高校、科研院所、公立医院等在人才引进、岗位设置、人员配备、职称评聘、经费管理、成果转化等方面的用人自主权。提高用人单位高级专业技术岗位结构比例，推行内设机构编制调整备案制，实行总量控制、自主调剂。建立高层次人才引进绿色通道，每年省直核定超过1000个人才编制，用于满编单位引进高层次和急需紧缺人才。另一方面，持续为人才松绑。构建"基础研究+技术攻关+成果转化+科技金融+人才支撑"的全过程创新生态，推行科研经费"包干制"、首席专家负责制，赋予科学家更大技术路线决定权、更大经费支配权、更大资源调度权。减轻人才事务性负担，切实保障科技人才潜心研究。

### 2. 深化人才分类评价改革

坚持"破四唯"和"立新标"并举，在高层次人才认定和人才项目评审中，不简单把论文、职称、学历、奖项等作为依据，形成并实施有利于科

技人才潜心研究和创新的评价体系。在基本建立完备、系统、科学、规范的职称制度体系基础上，深化职称制度改革，推动职称评价标准更加科学、评价机制多元发展，评审范围得到进一步拓展。改进基层专业技术人才、技能人才、青年人才等队伍的评价方式，制定民营企业职工、新型职业农民等方面人才职称申报评价标准，开辟新的职称申报渠道，促进专业技术人才开发利用，提升专业技术人才在人力资源中的比重。

**3. 畅通政策落实"最后一公里"**

围绕已出台的人才政策，细化任务分工，采取"13710"模式督促相关部门按照标准、时限落实相关政策，构建上下联动、左右协同、反应灵敏、责任清晰的人才政策落实机制。开展省市人才政策贯通衔接、用人单位人才"小气候"等专题调研，查找政策落实中的堵点和难点，有针对性地优化提升人才政策。强化政策落实跟踪，对职能部门履职情况进行专题评估、定期调度。建立制度化、常态化的人事管理综合评估机制，完善用人单位内部人事管理制度，增强用人单位自我管理和自我约束能力，推动用人单位主体作用发挥，全面提升政策落实成效。

## （三）坚持倾心引才，创新人才集聚的模式载体

### 1. 精准化引进重点人才

立足经济社会发展需求，创新引才机制，精准化引进顶尖人才、领军人才和创新团队、海外人才。在引进顶尖人才上，围绕重点创新平台、科研院所、学科建设和产业发展等人才需求，通过量身定做、针对性邀约、同行专家举荐等方式精准引进全球顶尖级人才、旗帜性人物，采用"一事一议"方式提供个性化支持，实行"一人一专班""一人一方案"全程跟踪服务，保障实验室等新型研发机构的研究生招生名额、团队骨干成员岗位编制等。在引进领军人才和创新团队上，打造"老家河南"引才品牌，大力实施"中原英才计划"以及省特聘教授、省特聘研究员等人才项目，设置学术副校长等专业岗位，聘请院士、国家杰青等担任校长，吸引领军人才和创新团队来河南工作。同时，开展领军人才集聚专项行动，聚焦重点产业、重点学

科、重点领域人才需求，分领域召开重点高校、企业和科研院所引才工作调度会，加大引才力度。在引进海外人才上，发挥海外人才工作联络站作用，运用好《河南省急需紧缺高端人才需求目录》《河南省全球高端人才分布地图》，实现"靶向引才""按图索骥"。指导重点引才单位通过校友、师承、合作伙伴关系"以才引才""以情引才"。建立海外高端人才信息库和豫籍海外高层次人才库，以数据牵引实现精准匹配，采取"人盯人"的方式积极引进，并首次组团赴德国、法国、瑞士开展教育合作与人才交流活动。

2. 建立常态化引才机制

坚持服务"十大战略"与满足民生领域需求、引进"高精尖"人才与引进"急需紧缺"人才、刚性引才与柔性引智相结合，常态化开展招才引智活动。一是持续推进"中国·河南招才引智创新发展大会"品牌建设，发挥集中招才引智规模效应。2018年以来，围绕重大关键技术需求以及战略性新兴产业发展、重点创新平台建设等战略目标，河南连续举办六届"中国·河南招才引智创新发展大会"，采取主场活动、高峰论坛、省外专场等形式，实现招才引智全天候、多渠道、广覆盖。二是以机制创新激发各地招才引智积极性。河南建立招才引智工作月通报制度，对各地各类用人单位招才引智工作完成情况进行统计排序，对工作不力的按照首次提醒、再次督办、三次约谈，直至点名通报、限期整改的方式推动落实，引导各地各类用人单位投入更多精力和资源，优先延揽顶尖、领军等高端人才。

3. 探索市场化引才模式

2023年，河南省人力资源和社会保障厅印发《关于实施人力资源服务业高质量发展行动计划的通知》，提出深入实施"中原英才计划"，加快培育一批特色鲜明、专业领先的高水平猎头机构，开展市场化引才聚才行动。支持有条件的地方采用市场化引才奖补等措施，通过"揭榜挂帅"等多种方式引进高精尖缺人才。鼓励人力资源服务机构积极参与"中国·河南招才引智创新发展大会"，采取灵活多样的方式引才聚才。目前，全省积极推进人力资源服务业高质量发展，构建"米"字形专业人力资源市场群，成立河南人才集团、河南能源人力资源发展集团等国有大型人力资源服务企业，加快中原人力资源服务产业园建设发展，推动形成统一规范的人力资源市场体系。发挥人力资源服务机构在市场化引才中的作用，积极承办招才引智专场活动，协助做好开幕式、省外活动等，助力开展人才引进活动。发挥国有人才集团在市场主体对接、人才数据开发等方面的积极作用，为服务现代化河南建设提供市场化、专业化、全链条、全周期的精准人才服务。

## （四）坚持悉心育才，构筑人才培养的平台载体

### 1. 着力培育各类重点人才

大力实施"中原英才计划"，打造以中原学者为龙头，涵盖中原领军人才、中原青年拔尖人才的中原人才系列品牌，努力形成引才育才相衔接的高层次人才开发体系。重点做好两院院士增选以及国家重点人才计划申报工作。做好两院院士增选推荐和服务保障工作，"一人一策"制定专项支持方案。深入推进国家重点人才计划项目培育工作。高标准做好国家重点人才计划推荐，优化提升"中原英才计划"，进一步提高评审的针对性、权威性和规范性，精准支持业内紧缺人才。大力加强青年科技人才培养，印发《关于进一步加强青年科技人才培养和使用的实施方案》，大幅增加省级青年项目支持数量，支持鼓励更多青年才俊在科研攻关中挑大梁、当主角，畅通青年科技人才职业发展通道。实施博士后招引培育"双提"行动，在经费和载体上给予大力支持。建立健全人才流动机制，争取"西部之光"和博士服务团项目在河南落地，持续做好省派博士服务团工作，促进人才向艰苦边远地区和基层一线流动。

### 2. 搭建科技创新平台载体

一方面，构建"三足鼎立"科技创新大格局，搭建优势平台载体"引凤来栖"。打造河南省科学院、中原科技城、国家技术转移郑州中心"三合一"融合发展人才试验区，在空间布局、科创体系、人才机制、金融资本、产业发展、队伍管理、服务保障等方面深化融合，构建系统的、具有生命力的集群式人才生态圈，增强区域核心竞争力。另一方面，积极发展高水平新型研发机构。围绕河南传统产业提质发展、新兴产业重点培育、未来产业前

瞻布局需要，吸引一批国内外一流高校和科研院所与河南省、郑州市共建研究院，在中原科技城集中布局科研力量，扎实做好研究院建设场地、过渡办公用房、资助经费、科研经费等的保障工作，加快构筑培养和集聚一流人才的创新载体。

### 3. 构建"产学研用"良性循环机制

打造"基础研究+技术攻关+成果转化+科技金融+人才支撑"的全过程创新生态，加强重点科研平台资源的集中布局，推动基础研究、转化应用与产业发展相互支撑，营造鼓励创新的良好环境，推动人才静心做学问、搞研究、出成果。支持企业与高校、科研院所合作建立研发中心或自主建立研究院等，打造科技创新团队，大力开展基础和前沿研究，推动"人才链""创新链""产业链"耦合。加大对企业引才的支持力度，从省属高校、科研院所选派一批科技人才到企业兼任"科技副总"。探索"政录企用"新模式，允许企业发展急需人才以事业编身份进入企业工作，解决中小企业"引才留才难"问题。

### （五）坚持全周期服务，完善人才支持保障体系

#### 1. 加快打造"一站式"人才服务平台

全面推进人才服务数字化改革，加快建设线上线下"一站式"人才服务平台。在省政务服务中心、河南政务服务网、"豫事办"App 和一体机"四端"设立人才服务专区（专窗），通过河南省"一站式"人才服务平台，提供人才认定、落户、入编、奖励补贴、安居住房、项目申报、子女入学、医疗保健等全方位、"保姆式"服务。同步推进省辖市人才服务平台建设，打通人才政策落地"最后一公里"，为人才来豫留豫创新创业提供高效便捷服务。强化全周期、全链条、全方位服务理念，开设"网上绿色通道"，实行入职手续"一站式"办结。探索设立综合服务窗口，收集人才的现实诉求。

#### 2. 办好人才关心的"关键小事"

围绕人才关心关注的配偶就业、子女入学、医疗保健、安居保障、出入境及居留便利、编制使用、职称评聘等方面问题，出台一系列相应的配套措

施，为人才提供系统化、全周期的优质服务。推动省市政策体系贯通衔接、共认共享。对高层次人才提出的合理需求事项，及时按责转办、逐一反馈、回访督办，督促相关省辖市和职能部门按照标准、时限落实有关政策、解决人才实际困难。完善联系服务专家制度，鼓励重点用人单位设立人才服务专员，建立重点人才需求收集办理常态化机制，协调有关部门妥善解决问题。制定《河南省省级人才政策清单》和《河南省人才服务事项清单》，印制成册，采取交流座谈、现场走访等方式，开展送政策送服务活动，将两个清单发放至用人单位和专家人才手中，督促相关职能部门抓好两个清单事项的落地落实。

## 三　加快建设近悦远来人才生态面临的机遇与挑战

立足于党中央对人才工作的高位推动、人才强省战略的深入实施、人才发展的制度优势进一步彰显、科技创新和产业发展进一步融合及爱才敬才的社会环境进一步形成，河南加快建设近悦远来人才生态迎来重要机遇，但也面临着一系列挑战。

### （一）机遇

#### 1.党中央对人才工作的高位推动

党始终高度重视培养人才、团结人才、引领人才、成就人才，聚焦革命、建设和改革不同历史阶段的目标任务，制定并实施了一系列人才政策，推动形成了规模宏大、素质优良的人才队伍。进入新时代，以习近平同志为核心的党中央深入实施人才强国战略，围绕人才队伍建设、人才发展体制机制改革、人才引领发展战略布局以及世界重要人才中心打造等，制定出台一系列改革措施、配套政策文件以及激励保障举措等，建立了具有吸引力和国际竞争力的人才制度体系。

#### 2.人才强省战略的深入实施

河南省第十一次党代会明确提出锚定"两个确保"、全面实施"十大战略"，将创新驱动、科教兴省、人才强省战略作为"十大战略"之首扎实推进，努力打造国家创新高地和重要人才中心。坚持将引育集聚人才、发挥人才作用作为全局性、基础性、战略性大事来抓，着力以事业引才、用平台聚才、靠环境留才，各项工作取得新进展、新成效。河南的人才政策体系、发展支撑体系、保障体系逐步形成，人才工作的科学化、规范化和制度化水平不断提升，吸引更多的人才选择河南，推动河南从人力资源大省走向人才强省。

### 3. 人才发展的制度优势进一步彰显

党中央坚持以"放权、松绑"为重点，着力打破人才流动、使用、发挥作用过程中的体制机制障碍，为形成具有中国特色的人才发展的制度优势奠定了良好基础，也为构建更加积极、开放、有效的人才制度体系带来了动力。河南在完善党管人才领导体制、高标准构建人才规划体系、发展高水平新型研发机构、构建具有竞争力的人才引用机制、深入推进授权松绑赋能改革以及全周期服务人才等方面做了很多有益探索，人才发展的制度优势进一步彰显，人才活力进一步释放，广聚人才的政策环境已经搭建，助力人才出彩的生态业已形成，广大人才迎来了干事创业的春天。

### 4. 科技创新和产业发展进一步融合

一方面，河南着力推动创新体系重建重塑，加快搭建科技创新平台，为科技人才、高端人才团队、企业家等提供舞台。另一方面，河南以推动智能制造、高端制造、绿色制造等产业发展为重点，加快打造特色产业集群，促进更高层次的产业合作，构建更具活力的产业体系。科技创新和产业发展进一步融合所催生的新知识、新业态、新模式，将带来多元化的人才需求。

### 5. 爱才敬才的社会环境进一步形成

当前，全球范围内新一轮科技革命和产业变革加速推进，各个区域的人才争夺日趋白热化。大家普遍认识到，谁能培养和吸收更多优秀人才，谁就能在竞争中占据优势。为此，以人才引领发展战略为驱动，人才项目、人才计划越来越多，全社会的人才意识更加强烈，更加重视为人才发展创造良好的社会环境，全社会尊重劳动、尊重知识、尊重人才、尊重创造的氛围日益浓厚。

## （二）挑战

### 1. 区域发展存在短板，对区域外人才吸引力不强

当前，河南经济呈现"持续恢复、稳中向好"的发展态势，产业基础更加雄厚、公共社会服务更加完善、就业机会更加丰富、发展待遇更加优渥、营商环境更加优质，对人才的吸引力显著提高，但与江苏、浙江、广东等发达省份进行横向比较，还有较大的提升空间，主要体现在以下方面。一是产业支撑相对不足。河南大型企业和高新技术产业支撑不足，价值高、产业链长、投资规模大的大项目、新项目支撑不足，5G、人工智能、软件等产业基础薄弱；产业创新能力不强，综合创新能力居全国第 13 位；[①] 生产组织仍以大规模标准化生产和成本竞争为主，模式滞后。二是经济实力尚需提升。河南经济总量位居全国前列，但是人均水平远低于全国平均水平。在 2023 年最新中国百强城市榜单中，河南占 5 个，分别是郑州（18 位）、洛阳（59 位）、许昌（93 位）、南阳（96 位）、新乡（98 位），[②] 城市经济发展水平与综合实力不具备竞争优势。三是科技创新基础偏弱。《2022 年全国科技经费投入统计公报》显示，河南 2022 年在研究与试验发展（R&D）经费上共投入 1143.3 亿元，居全国第 11 位，较广东（4411.9 亿元）、江苏（3835.4 亿元）、北京（2843.3 亿元）等省份明显不足。[③] 需要注意的是，人口流动与区域竞争力密切相关。经济越发达、产业发展越强劲、科技创新实力越强的地区，在人才生活与发展的内部环境、人才享有的薪酬待遇以及配套支持政策方面更加具备优势，对人才的吸引力更强。河南在区域发展上处于比较劣势，难以对人才产生较强的吸引力，这也在一定程度上制约着近悦远来人才生态的形成。

---

① 《新形势下，河南如何提升产业竞争优势》，搜狐网，2023 年 8 月 9 日，https：//www. sohu.com/a/710134425_ 120109837。

② 《2023 年最新中国百强城市榜单公布：潍坊排第 44 位》，"大众网"百家号，2023 年 7 月 20 日，https：//baijiahao. baidu. com/s？ id=1771903607079527166&wfr=spider&for=pc。

③ 《2022 年全国科技经费投入统计公报》，中国政府网，2023 年 9 月 18 日，https：//www. gov. cn/lianbo/bumen/202309/content_ 6904759. htm。

## 2. 国内外人才争夺越发激烈，人才引进难度增大

随着新一轮科技革命和产业变革加速推进，国内外各地区的发展面临前所未有的机遇和挑战，对人才的需求不断高涨。在全球范围内，美国、英国、加拿大、日本、新西兰、澳大利亚、欧盟等国家和地区不断加大力度从国际上引进人才。例如，美国改革临时性职业签证（H-1B）随机抽签方式，加大 STEM（科学、技术、工程和数学）领域高技能人才吸引力度；日本面向外国人新增设"特别高度人才制度"，只需满足特定条件，1 年即可获得日本的永住资格；欧盟放宽流动限制，推出创业签证，推动创新创业高层次人才引进；等等。在国内，各地政府和企业对人才的渴求和重视程度前所未有，包括北京、上海、天津、广州、武汉、合肥、南京等在内的多个城市，纷纷出台户籍、住房、教育、津贴等方面的优惠政策，向各类人才抛出橄榄枝。譬如，广州市政府发布"人才 30 条"政策，最高为个人购房提供 500 万元补贴；武汉重点实施"武汉英才计划"及吸引集聚博士后人才等政策，对海内外高层次人才给予支持；合肥出台《合肥市服务人才发展若干政策（试行）》，精准服务保障人才在本地创新创业。随着国内外对人才的重视程度提高以及各项优惠政策措施出台，人才争夺战日益激烈。

## 3. 国家级创新平台较为匮乏，对人才的吸纳和承载能力有限

当前，河南居于全国前列的创新型企业、智慧企业和独角兽企业数量不多，在全国拥有影响力的研究机构相对较少，高校科研实力薄弱，在创新平台的数量上与发达省份相比存在较大差距。据统计，河南各类国家级创新平台只有 172 家，仅相当于安徽的 82%。其中，能够体现原始创新能力的国家重点实验室有 16 家，仅占全国总量的 3%，远低于北京（136家）、上海（44 家）、江苏（39 家）、广东（30 家）、湖北（29 家）、陕西（26 家）。① 中国科学院在全国范围内共有 114 家直属机构，但没有 1 家

---

① 《河南创新能力面临的问题及提升对策》，中原人文社科网，2024 年 1 月 26 日，http：//old. hnskl. org/zhuanti/zyzk/2023/zt3/2024-01-26/16545. html。

在河南。[①] 没有足够多的高能级创新平台，就无法吸纳和承载足够多的人才，难以形成"栽下梧桐树，引得凤凰来"的集聚效应。即使人才受政策吸引来豫工作也会因缺少科研"朋友圈"而"孤掌难鸣"，其才能和引领作用将难以得到充分发挥。

**4. 优质高等教育资源相对稀缺，人才培养后劲不足**

受历史条件、原有基础、发展水平等因素的制约，河南优质高等教育资源供给不足问题比较突出，高等教育整体呈现出"数量多而不优、规模大而不强"的特点。在高等学校建设方面，一流大学建设高校仅有郑州大学入选，一流学科建设高校仅有郑州大学和河南大学入选；没有"985工程"建设高校和教育部直属高校，"211工程"建设高校只有郑州大学入选。在博士后科研流动站、工作站平台建设方面，河南共有博士后科研流动站98个，占全国的2.92%，科研工作站245个，占全国的5.65%，[②] 数量远不及其他省份。在人才培养方面，以2022年为例，河南研究生招生人数3.32万人（其中，博士研究生1379人），仅占全国研究生招生人数的7.40%（其中，博士研究生占比0.99%）；在校研究生人数9.19万人（其中，博士研究生5307人），仅占全国在校研究生人数的2.50%（其中，博士研究生占比0.95%）；毕业研究生人数2.06万人（其中，博士研究生629人），仅占全国毕业研究生人数的2.39%（其中，博士研究生占比0.76%）。[③] 总体来看，河南在优质高等教育资源的供给上一直处于劣势。高等学校是基础研究和原始创新的底座和载体，优质高等教育资源匮乏，人才培养上就难免受限。

---

① 《"会"聚好声音 | 全国人大代表宋克兴：聚焦河南重点领域　加快成果转化形成新质生产力》，"大河网"百家号，2024年3月8日，https://baijiahao.baidu.com/s?id=1792919739137616800&wfr=spider&for=pc。

② 《党的十八大以来博士后事业发展综述》，人力资源和社会保障部网站，2023年10月26日，http://www.mohrss.gov.cn/SYrlzyhshbzb/dongtaixinwen/buneiyaowen/rsxw/202310/t20231026_508208.html。

③ 《2022年河南省教育事业发展统计公报》，https://oss.henan.gov.cn/typtfile/20230322/c01a4d22782c4fca89b0b0584d0f283d.pdf。

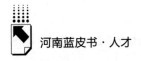

## 四 加速形成近悦远来人才生态的对策建议

当前，河南正处于开启全面建设社会主义现代化河南新征程、谱写新时代中原更加出彩绚丽篇章的关键时期，迫切需要持续深入实施创新驱动、科教兴省、人才强省战略，全方位营造近悦远来的人才生态，做好培养、引进、使用人才各项工作，为现代化河南建设提供强有力的人才支撑。

### （一）构建人才集聚强磁场，广泛有效吸引高层次人才

#### 1. 构筑培育集聚一流人才的创新载体

一是打造高水平高教平台。支持郑州大学、河南大学两所"双一流"建设高校积极对接国家战略科技力量体系，依托重点研究领域、优势学科打造科创高地。将河南理工大学、河南农业大学等高校打造成"双一流"建设第二梯队，打造一流的科研创新和技术转化平台，提升科研水平、高端人才吸纳和承载能力。二是释放实验室、科研院所创新活力。支持嵩山、神农种业、黄河等省实验室，省科学院、省医学科学院、省农科院等科研院所重点引才单位，主动与国家实验室体系建设接轨。三是加强企业科研平台建设。优化创新环境，鼓励企业积极申报建设各类科研平台，加大科技项目、表彰奖励、人才计划等向企业特别是非公有制企业开放力度。

#### 2. 建立健全积极开放的人才集聚机制

一是灵活实施"一事一议"的引才政策。基于省内重点产业、重点学科、重点单位，采取"一人一方案"的方式积极吸引高层次人才。按照顶尖人才的专业特长、工作经历和合作基础等实际情况，结合推荐单位和用人单位意见，逐人制定引进政策，为引进人才及团队精准提供奖励补贴、科研经费、平台建设保障等。二是加大企业引育人才支持力度。借助"中国·河南招才引智创新发展大会"帮助企业引才；组织省内企业赴省内外知名高校开展引才活动；通过给予一定的引才费用补贴、按照人才层次给予一定

的引才奖励等方式，激发企业引才主动性、积极性。三是完善市场化引才方式。鼓励人力资源服务机构发展猎头服务，并给予其引才奖励。鼓励人力资源服务机构承接、参与党委、政府组织的人才引进、人才流动、人才服务等项目活动，并给予其相应补贴。四是坚定不移加大海外人才引进力度。发挥海外人才工作联络站作用，积极与海外人才进行对接，精准发现意向性人选。积极指导重点引才单位通过校友、师承、合作伙伴关系"以才引才""以情引才"，加大海外人才引进力度，大力引进创新型领军人才和青年人才。

3. **全面提升人才服务保障水平**

一是建立全方位人才服务保障体系。围绕人才关心关注的配偶就业、子女入学、医疗保健、安居保障、出入境及居留便利、编制使用、职称评聘等方面问题，继续完善相应的配套措施，加大支持力度。二是提升人才服务保障的精准度与效率。运用大数据、云计算等技术，为符合条件的人才及时定向宣传推送政策信息，变"人找政策"为"政策找人"，提高人才政策知晓度和可触达性。完善省、市政务服务大厅"一站式"人才服务窗口，丰富河南政务服务网、"豫事办"App人才综合服务平台功能，构建功能完善、资源集约、"线下+线上"的人才服务机制，提高人才服务事项的办理效率。三是加强人才服务机构建设。优化省高层次人才服务中心功能，建立高层次人才服务专员制度，同时搭建由政府职能部门、企事业单位、社会组织共同参与的人才服务联盟，为高层次人才提供优质高效的服务。

（二）搭建人才培养全体系，强化本土人才培育孵化能力

1. **发挥高校人才培养主阵地作用**

一是强化政治引领。坚持把立德树人作为高校的根本任务，坚持以习近平新时代中国特色社会主义思想为指导，统领办学治校各方面，贯彻教书育人全过程。二是优化人才培养结构。推进新工科、新医科、新农科、新文科建设，布局交叉学科专业，发展应用型学科专业，加快培育急需紧缺人

才。推进多学科协同育人、产教融合，培养高质量复合型人才。三是创新人才培养模式。加大对学生创新实践能力的培养力度，鼓励学生开展原创性实践活动，大力培养学生的科学精神、创新精神和批判性思维。四是突出服务国家战略需求与区域发展。调整学科结构，重点培育和扶持与国家战略需求和区域发展密切相关的学科，推动省内人才培养供给与国家战略需求及区域发展精准对接，赋能区域经济社会发展。

2. 发挥用人单位人才培养积极作用

一是做好人才培训交流工作。通过专家讲座、座谈会等方式对人才进行培训指导。定期组织人才开展研讨交流，提升人才的专业技术能力以及团队合作能力。有计划地选派人才到知名高校、科研院所及大型企业学习深造、交流任职，学习优秀专家学者及企业优秀工作者的谋划思路、经验做法。二是加大对高层次人才的培养支持力度。为符合条件的高层次人才提供创新科研管理模式、提升团队建设能力、加强宣传推介、强化联系服务保障等培养措施。三是培育托举支持青年人才。完善青年人才全链条培养制度，通过"集中培训+导师帮带+实践锻炼"全链条培养机制锻造青年人才后备军，提升对青年人才项目的资助比例。

3. 构建校企合作、产教融合的协同育人模式

一是优化博士后联合培养使用机制。支持高校、科研院所和企业共建博士后科研工作站和创新实践基地，聚焦河南重点特色产业、战略性新兴产业等领域面临的技术难题开展项目协同攻关，在项目实施的过程中培养科技人才。二是探索实行校企"双导师"制人才培养模式。由校内导师和校外（企业）导师联合培养青年科技人才、工程技术人才。其中，校内导师侧重于教授专业知识，主要包括基本概念内涵、理论基础以及在实践中如何运用等；校外导师侧重于对学生的实务操作进行指导，促使学生形成良好的职业道德。三是建立产教融合实训基地。支持高校和企业联合建立实训基地，实现课堂教学与岗位任务、教学过程与工作过程的无缝对接，使学生在实训的过程中加深对理论知识的理解，提升实践能力。

### （三）打造人才管理新模式，营造人才成长最优生态

#### 1.完善人才评价机制

一是科学设置评价标准。持续破除"唯论文、唯职称、唯学历、唯奖项"倾向，不简单以"帽子""头衔"评价人才，而是根据人才的行业、专业以及类型，以品德、创新价值、能力、业绩、社会贡献等为评价重要标准，并将体制因素的影响考虑在内，确定具体的评价指标体系。二是改进和创新人才评价方式。形成以同行评价为基础、市场评价和社会评价发挥作用的多元化人才评价方式。灵活采取考试、评审、考评结合、考核认定、个人述职、面试答辩、实践操作、业绩展示等评价手段。针对不同类型人才的成长发展规律，设置评价考核周期，注重将过程评价和结果评价、短期评价和长期评价相结合。三是改革职称制度。建立职称评审绿色通道，通过专设职数、特设岗位等多种方式，为高层次、急需紧缺人才以及业绩特别突出的人才提供更加便捷的职称评审途径。

#### 2.改革人才激励机制

一是完善收入分配机制。给予人才基本工资以及体现其履行岗位职责、承担政府和社会委托任务等的绩效工资，并建立绩效工资稳定增长机制。允许人才依法依规适度兼职和离岗创业，加大股权期权激励力度，给予人才与其贡献相适应的工资待遇。二是创新激励考核机制。赋予高校、科研院所更大的收入分配自主权，基于科技创新人才的实际贡献来支付相应的绩效工资，并明确绩效工资的增加幅度，使绩效工资合理有序增长。三是完善人才投入机制。完善多元化市场化基金化的人才投入机制，优化财政支出结构，把人才发展支出作为财政支出重点领域予以优先保障。积极引导用人单位加大投入，充分发挥政府引导基金作用，鼓励金融机构创新金融产品，大力发展天使、风投、创投基金，完善"科技贷""人才贷""人才保"金融服务模式，为创新创业人才提供覆盖种子期、初创期、成长期的全链条金融支持。

### 3. 健全人才流动机制

一是畅通党政机关、企事业单位、社会各方面人才流动渠道。支持引导党政人才、企业经营管理人才、专业技术人才、高技能人才等跨区域、跨体制合理流动。支持和鼓励事业单位专业技术人才到企业挂职、兼职和离岗创业，并做好工资福利、职称评审等方面保障。二是实施人才"柔性流动"政策。支持高校、科研院所和企业在不改变人才人事关系的前提下，柔性引进高层次人才及团队，帮助解决用人单位难题，并给予引进人才特聘教授、特聘研究员、特聘专家等荣誉，以及和本地同类人才相同的科研立项、成果转化等方面的待遇。三是深化人才交流合作。组织开展省内高层次人才交流活动，组织本省高层次人才赴外省交流，鼓励高层次人才参加国际学术会议和技术交流活动，在交流中提升专业技术能力。

### （四）建立人才使用优机制，形成人尽其才的良好局面

#### 1. 构建以信任为基础的人才使用机制

一是实施科研项目不限职称、学历制度。在科研项目的申请人及团队的选择上，让有能力、有担当的高层次人才及团队承担，不论资质、不设门槛、不限职称、不卡年龄，为有真才实学同时职务职称较低的青年人才提供施展才华、实现价值的平台和机会。二是实施顶尖学者全权负责制。赋予顶尖人才、领军人才更大人财物管理权、技术路线决定权、内部机构设置权和优秀人才举荐权。支持顶尖人才和领军人才牵头组建多单位人才在内、多学科人才在内、产学研相结合的科研团队，并为团队成员提供科研经费、生活保障等一揽子"政策包"。三是实行有利于人才创新的经费审计方式。对科研项目实行各级巡视、审计及主管部门检查结果互认，一个项目周期"最多查一次"。审计涉及科研业务时只审计相关单位经济活动，不对科研业务本身的合理性、经济性和效益性进行审计评价。

#### 2. 构建人岗匹配的人才使用机制

一是科学地进行岗位分析和岗位设置。根据本单位的职能定位，科学设置部门机构，依据各部门的职责定位，科学、灵活地设定人员岗位，并明晰

各个岗位的职责要求、任务分工等。二是加强对各类人才的甄别筛选。通过查看档案、面对面交流、他人评价等方式，了解人才的学科基础、工作能力、工作态度、工作动力等情况，深入挖掘人才的特点优势，依据不同的职系确定各自的胜任力指标体系。三是合理分配人才至各个岗位。依照科学公正、简便易行原则，根据人才的学科基础、工作能力和工作岗位的要求找到最佳适配，确保用当其长。

### 3. 优化青年人才使用机制

一是大胆使用青年人才。扩大青年人才承担及参与各级科研项目的比例，鼓励青年人才围绕国家和河南的战略需求开展研究，充分发挥青年人才的创造能力和创新能力。安排青年人才担当本单位重要项目的负责人或承担重要事务，为青年人才创造实现自身价值的机会。二是支持青年人才参与重大决策。积极推荐青年人才进入各类科研项目评审专家库。在本单位的重大项目、重大事务的实施中，倾听青年人才的声音，及时采纳青年人才的意见。三是推进青年人才减负行动。建立保障青年人才专心本职工作的制度，原则上不借调青年人才从事个人工作以外的其他事务性工作，减少青年人才参加应景性、应酬性活动，确保青年人才的主要精力放在本职工作上。

# 分 报 告 ⧩

## B.2
## 河南省营造用人单位最优人才
## "小气候"的关键举措

人才"小气候"课题组*

**摘 要：** 营造用人单位最优人才"小气候"是充分发挥用人单位引才聚才主体作用、激发各类优秀人才活力和潜能的关键举措。本报告阐述了人才"小气候"的内涵特征、演变过程、理论基础和现实意义，探讨了"小气候"与"大环境"的关系，分析了用人单位营造最优人才"小气候"的关键点，并针对当下河南面临的挑战，提出了营造用人单位最优人才"小气候"的对策建议：充分发挥用人单位主体作用，建立以信任为基础的人才使用机制，科学精准建立人才评价激励机制，促进科研成果提质增量，推动青年人才脱颖而

* 课题组牵头人：高志刚，河南省委组织部人才工作一处处长。课题组成员：王丛，河南省委组织部人才工作一处副处长；马小宁，河南省委政研室党建处一级主任科员；程传龙，郑州市委组织部人才工作一处副处长；王长林，河南财经政法大学教授、河南人才发展战略研究中心主任；王明胜，河南财经政法大学电子商务与物流管理学院硕士研究生。致谢：感谢无锡学院副校长、江苏人才研究院副院长徐军海研究员，中国人事科学研究院企业人事管理研究室主任范巍研究员，郑州市相关厅局的领导和相关专家对本报告提出的宝贵建议，笔者文责自负。

出，打通政策落实"最后一公里"，推动人才服务保障与人才实际需求匹配。

**关键词：** 用人单位　人才生态　人才评价　人才政策

人才"小气候"是指一个特定地区的组织或用人单位，为"引、育、留、用、服"优秀人才而创造的理想环境和优良氛围。河南省委书记楼阳生强调，全省各级党委、政府、用人单位等要进一步营造尊重知识、尊重人才、尊重创新的"大环境"和"小气候"，打造一流创新生态，让科技工作者潜心研究、专注创新，为新时代新征程中原更加出彩作出新的更大贡献。[①] 让人才引得进、育得出、留得住、用得好，既需要打造高质量人才发展"大环境"，也需要营造用人单位最优人才"小气候"。

## 一　人才"小气候"的内涵特征、演变过程及"小气候"与"大环境"的关系

### （一）人才"小气候"的内涵特征

小气候原本是一个气象学的概念，是指由于地球表面的结构和性质不同，造成热量和水分收支差异，从而在小范围内形成一种与大气候特点不同的气候。人才"小气候"是指一个特定地区的组织或用人单位，为"引、育、留、用、服"优秀人才而创造的理想环境和优良氛围，直观反映一个组织或用人单位的"精气神"。

### （二）人才"小气候"的演变过程

人才"小气候"随着与人才"大环境"之间关系和经济增长的主要驱动

---

① 《河南省委省政府召开 2023 年新当选两院院士座谈会》，"河南科协"微博号，2023 年 11月 30 日，https://weibo.com/7740296862/Nv0jWx7sK。

力的变化而变化。总体上看，人才"小气候"的演变是一个循序渐进的过程，大致可分为四个阶段。人才"小气候"1.0，政府对人才"大环境"和用人单位对人才"小气候"的重视程度一般，经济增长的主要驱动力还是物质资本。人才"小气候"2.0，政府对人才"大环境"较为重视，用人单位对人才"小气候"重视程度一般，经济增长的主要驱动力依然是物质资本，但是政府已经意识到人力资本对经济增长的重要性。人才"小气候"3.0，随着经济增长的主要驱动力由物质资本逐渐变为人力资本，政府和用人单位都意识到人才作用的发挥，既需要一个良好的"大环境"，也需要一个优良的"小气候"。人才"小气候"4.0，人才"大环境"与人才"小气候"形成良性互动，共同推动最优人才生态形成，经济增长的主要驱动力彻底转变为人力资本。

（三）"小气候"与"大环境"的关系

人才"小气候"与"大环境"密切相关、相互影响。"大环境"涵养"小气候"。环境好，则人才聚、事业兴；环境劣，则人才散、事业衰。"小气候"反哺"大环境"。"小气候"通过反馈机制影响着"大环境"的建设和发展。只有"小气候"和"大环境"良性互动，才能开创"聚天下英才而用之"的生动局面，实现全方位引进培育用好人才的战略目标。

## 二 营造最优人才"小气候"的理论基础与现实意义

### （一）理论基础

#### 1.马斯洛需求层次理论

马斯洛需求层次理论认为人的需求按照层次递进的方式进行排列，包括生理需求、安全需求、归属需求、尊重需求和自我实现需求。用人单位在营造最优人才"小气候"过程中，也要吸取该理论的精髓，在满足人的需求的基础上，最大限度地激发员工工作的积极性。人才"小气候"通常被具象化为组织或用人单位的文化氛围和工作环境，包括领导风格、团队合作氛围、公司环境氛围等因素。用人单位可以通过了解人才的需求层次，为其提供合适的工作环境。因此，马斯洛需求层次理论恰好为营造人才"小气候"提供了理论基础。

### 2. 复杂适应系统理论

复杂适应系统理论与营造人才"小气候"之间关系密切。复杂适应系统理论强调系统的复杂性和动态变化，认为组织或用人单位是由许多不同因素相互作用而形成的动态系统。人才"小气候"作为组织或用人单位的文化氛围和工作环境，在复杂适应系统理论中，可以被看作一个由员工、领导、组织结构、制度规范等多个因素构成的动态系统。这些因素相互作用、相互影响，共同塑造了组织或用人单位的文化氛围和工作环境，通过复杂适应系统理论可以更好地理解人才的"小气候"是如何形成和演变的。领导风格、沟通方式、激励机制等因素都会对人才的态度、行为和绩效产生重要的影响。在一个优良的人才"小气候"中，人才能够更好地适应和响应组织内外部环境的变化，展现出更高的团队合作水平和工作效率。

### 3. 人才生态环境理论

人才生态环境理论强调人才作用的发挥受到外部环境因素的影响，人才的成长和发展需要在适宜的外部环境下进行。人才"小气候"的营造与人才生态环境理论之间存在一定的联系。人才生态环境理论强调外部环境对人才发展的重要性，所以积极、开放、合作的"小气候"能够对员工的工作情绪、职业满意度和绩效表现产生正向影响。当"小气候"积极向上、开放包容，员工就可以获得更多学习和成长的机会，这也有助于激发人才的创造力和创新性。相反，苛刻、压抑的"小气候"则会阻碍人才的发展，削弱人才的工作积极性和创造力。

### （二）现实意义

### 1. 建设国家重要人才中心的现实需要

营造最优人才"小气候"，能有效推动优良人才"大环境"的形成，二者之间的良性互动是构建人才生态的关键，也是做好人才"引、育、留、用、服"的基础。当前河南高层次人才不足，人才发展水平与经济大省地位的协调度有待进一步提升。营造最优人才"小气候"，有助于河南建立更具吸引力和竞争力的人才政策体系，为实现人才强省战略目标、建设国家重要人才中心蓄势积能。

**2. 打造用人单位良好人才生态的必然要求**

一个良性循环、持续发展的人才生态是实现人才引得进、育得出、留得住、用得好的前提，也是最终形成人尽其才、才尽其用、用有所成的重要基石。当前，人才的流动趋势日益凸显，营造良好的工作环境和优秀的团队文化可以让用人单位在人才的选择上更具竞争力，让用人单位的口碑不断提升。可见，用人单位拥有最优人才"小气候"、打造良好人才生态是吸引人才关注和取得社会认可的重要前提。

**3. 激发各类优秀人才活力和潜能的关键举措**

人才"小气候"能够激发人才的工作热情和创意，让人才更轻松、更舒适、更自由地开展工作，从而提高工作的质量和效率。为人才解除后顾之忧，让各类人才能够安居乐业，营造宽容失败的良好氛围，放心放手大胆使用人才，用宽容与信任凝聚人心，这些要素凝聚起来所形成的人才"小气候"更加有利于激发各类优秀人才的活力和潜能。只有让人才感受到工作有尊严感、身份有归属感、奉献有成就感、生活有幸福感，工作效率和满意度才会提升，用人单位吸引和留住人才的可能性才会增加。

## 三 用人单位营造最优人才"小气候"的关键点

2021年9月，习近平总书记在中央人才工作会议上强调，要根据需要和实际向用人主体充分授权，发挥用人主体在人才培养、引进、使用中的积极作用。① 可见，用人单位营造最优人才"小气候"，关键在于充分发挥自

---

① 《让用人主体切实当好"用人主角"》，人民网，2022年8月7日，http：//theory. people. com. cn/n1/2022/0807/c40531-32496277. html。

身的主观能动性，增强服务意识和保障能力，建立有效的自我约束和监督机制，确保下放的权限接得住、用得好。充分发挥用人单位主体作用，营造最优人才"小气候"，用人单位需要抓好与"小气候"密切相关的七个关键点。

一是用人单位高度重视人才工作。用人单位要能够统得起、放得下，成立人才工作领导机构，并明确人员的工作职责。人才工作领导机构要把工作重点放在人才工作战略思想的研究、总体规划的制定、重要政策的统筹和创新工程的策划、人才政策的落实等方面，为单位的人才引进、培养、激励保障等提供指导。二是用人单位健全优化人才政策体系。围绕国家、区域人才战略，结合单位自身发展战略，明确单位人才定义和分类，盘点单位人才数量和质量，在此基础上制定本单位的长、中、短期人才发展规划。同时，围绕人才发展规划，进一步优化招聘选才、培训开发、领导力发展、绩效管理、职位晋升、人才梯队建设等核心用人环节的政策措施，形成完备的人才政策体系。三是用人单位做好人才需求规划。用人单位可以根据自身的发展战略和业务需求，对人才需求进行规划和预测。通过了解人才需求，用人单位可以制定相应的人才招聘和引进策略。四是用人单位做好人才招聘和引进。用人单位负责组织和开展招聘活动，并通过选拔程序筛选出符合要求的人才。用人单位需要根据自身的需求和岗位要求，制定招聘和引进策略、发布用人需求信息、筛选简历、面试候选人等，以确保招聘和引进到合适的人才。五是用人单位做好人才培养与使用。用人单位可以通过培训、培养和发展计划，提升人才的能力和素质。用人单位需要聚焦平台载体建设，让优秀人才集聚发展，让想干事、能干事的人才拥有发展平台，让人才效能得以充分释放。六是用人单位做好人才评价激励。在现有政策框架下，用人单位要建立适合自身发展和人才特点的人才评价体系，通过绩效管理评估和激励员工多出成果、快出成果，让各类优秀人才及创新成果脱颖而出。七是用人单位办好人才的"关键小事"。落实好党委联系服务专家制度，从住房、入学、就业、就医等"关键小事"破题，打通人才服务"最后一公里"，营造用人单位最优人才"小气候"，让人才引得进。

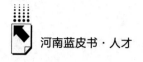

## 四 营造用人单位最优人才"小气候"的对策建议

近年来，河南出台了一系列政策，大力吸引和培育各类人才，完善人才政策体系，优化人才服务环境，营造最优人才"小气候"迎来了时代机遇，但也面临不可避免的问题和挑战。一些职能部门和用人单位在责任落实和主动作为方面存在层层弱化、权力下放不到位、承接授权不充分、政策落实不顺畅等问题；一些用人单位"重引轻用、重选轻管"，人才引进后不能充分发挥作用，人才不足与闲置浪费现象并存；一些用人单位在人才培养上措施不多、机制不活，在人才使用上瞻前顾后、求稳怕乱，在人才服务上精细化程度不够，等等，需要有针对性地加以解决。

### （一）充分发挥用人单位主体作用

一是深化"放管服"。坚持放权松绑与管理服务相结合，着重强化政府在人才宏观管理、政策制定、公共服务、监督保障等方面的职能，减少过多的直接干预，改变基于部门利益和局部利益对人才资源的不合理分割、部门之间人才政策脱节等现象，促使用人单位成为人才集聚主体、配置主体和利益主体。二是建立"责任制"。建立用人单位人才引进培养使用责任制和"军令状"制度，引导用人单位持续增强服务意识和保障能力，建立有效的自我约束和外部监督机制，对用不好授权、履职不到位的用人单位进行问责。三是保障"自主权"。高效落实和保障高校、国企、科研院所等用人单位的用人自主权，实行高层次人才引进事后备案制、内设机构编制调整备案制，职能部门特需特办、限时办结；向省属高校、科研院所全面下放职称评审权，用人单位自主制定标准条件；完善重点用人单位职称评审"直通车"制度。

### （二）建立以信任为基础的人才使用机制

一是突出规划引领。引导用人单位结合自身实际情况，制定面向未来的、可持续发展的人才发展规划和培养方案，做到引进上量体裁衣、培养上扬长补短、使用上用其所长，处理好人才引进与培育、数量与效益、流动与管理之间的关系，提升人才工作的前瞻性、针对性、灵活性。二是强化支持保障。加大引才育才财政支持力度，对全职引进和新培养的顶尖人才、国家级领军人才和青年拔尖人才的用人单位给予工作经费支持，并对新培养的国家级领军人才和青年拔尖人才给予配套奖励补贴和科研经费支持。三是加强统筹指导。加强对用人单位人才引育工作的统筹指导，建立重点用人单位引才工作联席会议制度，完善人才认定评价机制，规范引进人才待遇、服务等标准，进一步提升本土人才待遇，统筹好各类人才的培养和使用。

### （三）科学精准建立人才评价激励机制

一是破除"一种思维"。引导用人单位进一步破除"官本位""行政化"的管理思维，减少人才专业业务之外的事务性工作，根据不同的对象实行分类分层管理，推广"无会日"等做法，避免人才参加应景性、应酬性和不必要的评审评价活动。二是推动"两项改革"。一方面，推动河南省人才分类评价机制改革，坚持"破四唯"与"立新标"并举，科学合理、各有侧重地设置各类人才评价指标，推行代表性成果、重大原创性研究成果"一票决定"，引入多元评价主体，合理设置评价周期，加快构建以创新价值、能力、社会贡献为导向的科技人才评价体系。另一方面，推动科研经费管理改革，简化项目管理流程，推广"包干制+负面清单"管理和科研助理制度，推行有利于人才创新的经费审计方式，一个项目周期"最多查一次"，赋予专家人才更大技术路线决定权、更大经费支配权、更大资源调度权，减轻科研人员负担。

### （四）促进科研成果提质增量

一是聚焦"三足鼎立"格局，强化团队建设。引导相关用人单位制定创新平台科研团队发展规划，在人才引进方式、福利待遇、培养措施、评价办法等方面先行先试，提高用人单位高级专业技术岗位结构比例，遴选使用一批"科研+管理"复合型团队负责人，探索整建制引进高层次人才团队；对顶尖人才、领军人才牵头组建的跨用人单位联合、多学科融合的创新团队，给予招生名额保障、编制保障和经费支持。二是聚焦"大中小"平台，加大支持力度。支持郑州争创国家吸引集聚人才平台，在人才发展体制机制改革方面先行先试，大力引进一流大学（科研机构）研究院，广泛集聚创新要素和人才资源；对新建的国家级研发平台、校企共建的创新联合体加大资金支持力度；推动省实验室实现省辖市全覆盖，加快中试基地、产业技术研究院、智慧岛等创新载体建设。三是聚焦"产学研用"融合，促进成果产出。试点编制待遇在高校、工作在企业的"政录企用"新模式，从高校选派"科技副总"到企业兼职，鼓励企业出资在高校设立"讲席教授"岗，促进"产学研用"贯通融合，产出更多高质量科研成果。

### （五）推动青年人才脱颖而出

一是突破"天花板"。建立青年人才承担任务的激励机制和适合青年人才成长的用人制度，支持重大科研项目大胆使用青年人才，提升青年人才担任课题负责人和骨干的比例，扩大省级青年项目支持规模，加大青年人才表彰力度。二是用好"传帮带"。引导用人单位制订完善青年人才培养计划，发挥顶尖人才、领军人才的"传帮带"作用，建立科学合理的考核机制，为青年人才成长创造良好条件。

### （六）打通政策落实"最后一公里"

一是压实政治责任。加大对各级领导班子和领导干部人才工作目标责任的考核力度，压实各级用人单位党委（党组）抓人才工作政治责任。二是构建落实机制。构建上下联动、左右协同、反应灵敏、责任清晰的人才政策落实机制，持续推动已出台人才政策措施落实，对政策落地和职能部门履职情况进行实时跟踪、专题评估、定期调度。三是强化宣传推介。省级层面完善人才政策清单、人才服务事项清单，开展送政策、送服务上门活动，指导督促各地各相关用人单位开展相关宣传活动；加强对国家级、省级重点人才项目的宣传，建立针对人才的定期政策宣讲和沟通交流机制。

### （七）推动人才服务保障与人才实际需求匹配

一是健全"专业化"机构和队伍。成立全省高层次人才服务中心，搭建由政府及相关职能部门等组成的人才服务联盟，推进顶尖人才服务定制化、高层次人才服务个性化、人才基本公共服务便利化。二是完善"一站式"功能和服务。持续完善省、市政务服务大厅"一站式"人才服务窗口，丰富河南政务服务网、"豫事办"App人才综合服务平台功能，推行人才服务事项线上线下"一站式"办结。三是落实"关键事"责任和措施。对人才提出的合理需求事项建立按责转办、逐一反馈、回访督办机制，督促相关部门按照标准、时限落实有关政策、解决人才实际困难；从专家人才关心的"关键小事"入手，重点解决人才安居住房、配偶安置、子女入学、医疗保健等问题。

### 参考文献

曾锡环、黄钦旭、谭茜：《科技人才生态圈运行机制构建——以综合性国家科学中心为例》，《科技管理研究》2023年第15期。

潘建红：《营造促进青年科技人才创新的良好生态》，《人民论坛》2024年第5期。

李林威、刘帮成：《区域城市群人才生态系统评价研究》，《重庆大学学报》（社会科学版）2023年第1期。

张楠、田帆：《人才生态环境、成长预期与海外人才回流意愿》，《中国人力资源开发》2022年第9期。

蓝志勇、张世贵、匡亚林：《论人才强国战略中的人才生态环境建设》，《行政管理改革》2022年第7期。

陈丽君、李言、傅衍：《激发人才创新活力的生态系统研究》，《治理研究》2022年第4期。

# B.3
# 郑州争创国家吸引集聚人才
# 平台的路径研究

人才集聚平台课题组 *

**摘　要：**　建设国家吸引集聚人才平台是加快建设国家创新高地和重要人才中心的关键举措。河南省认真贯彻落实党中央的决策部署，举全省之力支持郑州争创国家吸引集聚人才平台。郑州围绕"当好国家队、提升国际化，引领现代化河南建设"总目标，完善人才顶层设计、深入实施人才计划、持续优化人才环境、强化人才队伍建设，国家吸引集聚人才平台建设取得显著成效。在充分借鉴先进经验基础上，郑州在构建"三足鼎立"科技创新大格局、着力打造现代农业产业人才高地、探索创新中西部人力资源开发模式等环节不断强化优势特色、持续创新体制机制，夯实建设国家吸引集聚人才平台的底座。

**关键词：**　国家吸引集聚人才平台　人力资源开发模式　郑州

建设国家吸引集聚人才平台，本质上是指一些高层次人才集中的中心城市根据自身特点进行精准定位，选取具备比较竞争优势、发展潜能突出的核

---

\* 课题组牵头人：高志刚，河南省委组织部人才工作一处处长。课题组成员：王丛，河南省委组织部人才工作一处副处长；付强，河南省委组织部人才工作一处副处长；苗田，郑州市委组织部人才工作一处处长；程传龙，郑州市委组织部人才工作一处副处长；王长林，河南财经政法大学教授、河南人才发展战略研究中心主任；董一鸣，河南财经政法大学电子商务与物流管理学院硕士研究生。致谢：感谢无锡学院副校长、江苏人才研究院副院长徐军海研究员，中国人事科学研究院企业人事管理研究室主任范巍研究员，郑州市相关厅局的领导和相关专家对本报告提出的宝贵建议，笔者文责自负。

心区域进行突破，在某些亟须攻克的领域方向深耕强化核心竞争力，建设能够吸引集聚一批关键核心技术人才和产出一批科技创新成果的平台。2021年9月，中央人才工作会议提出，在北京、上海、粤港澳大湾区建设高水平人才高地，一些高层次人才集中的中心城市也要着力建设吸引和集聚人才的平台。① 河南省认真贯彻落实党中央的决策部署，作出举全省之力支持郑州争创国家吸引集聚人才平台的重大部署，扎实推进各项相关工作顺利开展。

# 一　郑州争创国家吸引集聚人才平台的实践探索

## （一）完善人才顶层设计

### 1. 高位推动人才工作

郑州高位推动人才工作，成立市委人才工作领导小组，坚持党政"一把手"抓"第一资源"，带头联系服务专家人才、带头协调解决人才工作重大问题，对人才工作进行专门批示，主持召开人才工作会议，落实地方领导和组织本地创新发展的主体责任。积极组织筹备人才工作调研活动，做好省政协提案办理工作，服务市委领导开展"郑州争创国家吸引集聚人才平台"专题调研，盘点全市创新领军人才总体情况，分板块构建全市高端人才数据库。市委组织部领导主动谋划，常态化召开调度会、推进会推动工作，带队主动争取上级人才工作支持，推动全市各级组织部门发挥人才工作牵头抓总、协调各方作用。通过完善政策体系、优化人才结构、打造优质人才生态以及推动人才发展与经济社会发展深度融合等方式，不断提升人才工作的质量和水平，为长期发展奠定坚实基础。

### 2. 迭代升级人才政策

郑州积极推动人才政策创新和发展，不断探索适应新时代人才工作发展

---

① 《高质量建设北京高水平人才高地》，人民网，2022年7月17日，https://news.gmw.cn/2022-07/17/content_35888538.htm。

的新思路、新方法和新机制。持续优化人才政策，对标一流、对标先进，每年迭代升级人才政策，在"引、育、留、用、服"人才特别是青年人才方面已经具备比较优势。开展"六个一"宣传落实活动，制定"人才政策服务包"，实施"送政策、送健康、送服务"行动，提升全市人才工作者的素质和能力。按照省委"1+20"一揽子人才引进政策措施，推动省级政策落地落实，实现省、市高层次人才在安居、医疗、教育等方面的政策贯通。

**3.深化体制机制改革**

郑州持续完善科研人员职务发明成果权益分享机制，实行"揭榜挂帅"科技项目机制，探索"赛马制"等科研组织方式，开展科研经费包干制试点。在中原科技城开展人才评价机制改革试点，加快构建以创新价值、能力、社会贡献为导向的人才评价体系；开通用地审批绿色通道，全力保障重大科技创新用地。以郑州银行为运营主体开展政策性科创金融业务，打造线上"郑好融"普惠科创金融服务平台、线下金融服务港湾网点，推出"科创E贷""集群E贷""善新贷""善科贷"等普惠类科创信贷产品，探索发行知识产权ABS，带动金融机构累计支持企业创新资金超千亿元。搭建全市统一网络平台，推动省、市大型科学仪器设施共享，促进全国范围内仪器设施的协作与共享。

## （二）深入实施人才计划

### 1.着力打造人才集聚高地

郑州以建设国家中心城市为目标，以争创国家吸引集聚人才平台为抓手，积极打造一流创新生态。布局12家河南省实验室、18家高能级研发机构，落地或签约重点人才项目，吸引科技创新人才；创建多元化引才育才途径，谋划"1+6+N"系列专场活动，依托人才大会平台引进顶尖人才、领军人才等各类人才；2022年通过《关于建设"一流大学（科研机构）郑州研究院"的实施方案》，完善"一校一策"战略合作协议，协调推动"一流大学（科研机构）郑州研究院"建设，上海交通大学、北京理工大学、香港大学、哈尔滨工业大学等高校已落地或签约在郑州设立研究院。

## 2. 大力实施"郑聚英才计划"

发布《关于实施"郑聚英才计划"加快建设国家人才高地的意见》，制定实施细则，优化人才认定、项目评选和资金拨付流程，确保政策可操作、可兑现、真落地。广泛征求各方意见，指导各县（市、区）建立具有地方特色的县级人才政策体系，形成错位互补、精准有效的政策网络。以人才需求和满意度为导向，完善政策措施、加强制度保障，为人才创造广阔发展空间，针对不同领域人才特点，实施分类培养和个性化发展策略，形成聚天下英才而用之的生动局面。

## 3. 加速形成人才发展新格局

积极推进人才品牌建设，开展"讲述郑州人才故事、塑造郑州人才形象"专项行动，推出"'郑'好需要你，未来皆可期"人才宣传形象标志；实施人才引进计划，优化政务环境，激活郑州人才活力；通过引进顶尖人才、打造一流团队，带动产业发展与人才集聚，构建具有郑州特色的人才发展雁阵格局。

### （三）持续优化人才环境

#### 1. 着力打造青年乐居城市

郑州深入贯彻青年优先发展理念，将青年工作视为战略性任务，积极打造青年创新创业平台，拓展青年就业空间，发展新兴产业，完善政策扶持，吸引青年投身产业发展。发起"引力计划"，组织大学生参与政务实践和青春寻访活动，展现"活力郑州、青春郑州"的城市形象。实施"人才安居工程"，筹集143个人才公寓项目，共计17.2万套（间），①通过"一网通办""一网统管""一网协同"，优化办理流程，完善"一站式"服务机制，提供优质的住房条件和城市环境，让郑州成为青年乐游乐享的魅力之城。

#### 2. 切实改善营商就业环境

积极开展大学生留郑政策宣传活动，实施"四个一批"扩岗计划，联

---

① 郑州市委人才办：《郑州市2023年人才工作总结》。

合龙头企业、研发平台等，累计提供近 40 万个优质岗位。举办校园招聘会、直播"带岗"及云端招聘活动，为青年人才提供就业机会。

**3. 提升人才综合服务水平**

推出"智汇郑州"人才工程、"郑聚英才计划"等多项人才工程、计划，制定《郑州国家中心城市现代化建设特聘顾问聘任管理办法》，通过专家举荐、针对性邀约、量身定制事业平台等方式，引进 7 名院士专家担任"郑州国家中心城市现代化建设特聘顾问"，充分发挥高端人才的创新引领、建言献策作用。强化政治引领，实施党委联系服务专家制度，开展春节院士慰问活动。

## （四）强化人才队伍建设

**1. 持续引进高端人才**

以"一流大学（科研机构）郑州研究院"建设为牵引，组建国家级重点实验室 14 家，推动中原之光、曙光 8000 等国家大科学装置落地郑州，吸引上海交通大学、北京理工大学等一流大学在郑州设立研究院。①

**2. 做好技能人才培训**

郑州积极整合社会资源，精准实施十大培训专项，全面提升培训质量，持续优化培训评价，强化全过程监管，着力打造技能人才高地。郑州技能人才在国内外竞赛中屡获佳绩，2022 年世界技能大赛特别赛期间，中国代表团 5 名河南选手参加 3 个项目获 2 金 1 铜。截至 2023 年底，全市技能人才总量达 290.11 万人，其中高技能人才 97.98 万人，分别占全省的16.63%、18.96%。

**3. 加强青年人才培育**

2023 年驻郑普通高等学校 74 所，全市共有研究生培养机构 13 个。全市高等教育在校生总规模 175.11 万人，比上年增加 5.90 万人，增长

---

① 《河南省科学院人才总量跃居全国省级科学院第一方阵——"全面贯彻党的二十大精神　奋力推进中国式现代化建设河南实践"系列第三场新闻发布会举行》，河南省科学院网站，2023 年 11 月 15 日，https://www.hnskxy.com/info/1006/4820.htm。

3.49%。其中，普通本专科在校生 139.36 万人，比上年增加 6.35 万人，增长 4.77%；在校研究生 7.05 万人，比上年增加 0.49 万人，增长 7.47%（见表 1）。

表 1　2021~2023 年郑州市高等教育在校生规模情况

单位：万人

| 在校生类别 | 2021 年 | 2022 年 | 2023 年 |
| --- | --- | --- | --- |
| 普通本专科 | 127.38 | 133.01 | 139.36 |
| 成人本专科 | 26.79 | 29.64 | 28.70 |
| 研究生 | 5.76 | 6.56 | 7.05 |

资料来源：历年《郑州市教育事业统计公报》。

4.加速会聚主导产业人才

先后组建量子技术、集成电路、激光制造、半导体、新型显示、先进陶瓷、生物医学等 21 家研究所，牵头组建墨子、黄淮、人工智能、超硬材料等省实验室（产业技术研究院）。积极对接国家战略科技力量体系，与中国科学院、中科曙光等强化合作，开展智能超算、环形正负电子对撞和引力波天文台等重大科技基础设施建设。围绕提高自主创新能力，实施高层次创新型科技人才队伍建设工程，培养和引进具有国际先进水平的领军人才。

## 二　郑州争创国家吸引集聚人才平台
## 面临的机遇与挑战

### （一）面临的机遇

郑州在争创国家吸引集聚人才平台方面迎来前所未有的机遇。作为国家中心城市，郑州凭借得天独厚的区位优势、"米+井+人"形的交通枢纽，以及万亿元 GDP 的经济实力，为人才提供了广阔的发展空间和良好的创新创业环境。同时，市委、市政府的高位推动和一系列优惠政策的出台，为人才平台载体建设注入了强大动力。从全社会研发经费投入强度来看，郑州连续五年持续提升，2022 年郑州全社会研发经费投入为 344.7 亿元，全社会研发经费投入强度为 2.67%，在 2021 年首次超越全国平均水平后，再次高于全国平均水平（2.54%），也远超全省平均水平（1.86%）。从劳动年龄人口平均受教育年限来看，2020 年郑州劳动年龄人口平均受教育年限为 12.44 年，低于北京（13.30 年）和上海（12.60 年），高于长沙（12.27 年）和合肥（11.89 年）。根据郑州市统计局最新估算，2024 年郑州劳动年龄人口平均受教育年限预计达到 12.93 年，说明郑州劳动力素质整体较高。从每万名就业人员中研发人员的数量来看，2022 年郑州全社会研发人员规模达到 124163 人，每万名就业人员中研发人员的数量达到 186 人，研发人员比例连续五年呈现出递增的趋势，显示出郑州在人才集聚和科技创新方面的强劲动力。从国家级和省级重大人才工程培养和引进人才的数量来看，2023 年郑州存量为 1.27 万人，体现了郑州在吸引集聚高层次人才方面具有一定的竞争力。[①]

### （二）面临的挑战

#### 1. 人才结构有待优化

截至 2023 年，郑州的人才资源总量达 282 万人，落后于武汉的 286 万人，表明当前郑州人才资源总量不足以支撑郑州的高质量发展。高层次人才相对较少，高端人才的引进和培养方面仍存在一定的短板。人才与产业匹配度不高，郑州在新兴和未来产业上的人才需求大于市场供给，反映出人才结构还需优化。

#### 2. 人才效能有待增强

2023 年中国城市科技创新发展指数及其排名显示，郑州指数为 0.2797，在全国排第 18 位，落后于武汉（第 8 位）、合肥（第 9 位）、长沙（第 13 位）（见图 1），表明郑州在创新人才使用效能、原始创新能力、高端科技人才供给等方面还存在提升空间。

---

① 数据来源：郑州市统计局。

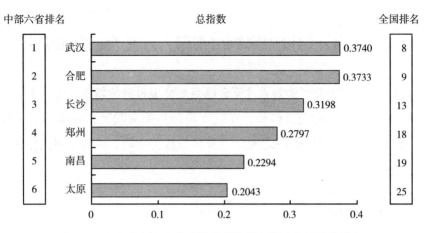

**图1　2023年中部六省省会城市科技创新发展指数及其排名**

资料来源：首都科技发展战略研究院课题组《中国城市科技创新发展报告（2023）》。

### 3. 人才黏性有待提升

从中国城市人才黏性情况来看，合肥、长沙和武汉在国内排名分别为第14位、第15位和第22位，郑州则居全国第28位，在中部六省省会城市中靠后（见表2）。同时，据2023年数据，全市境内外上市公司郑州、武汉、合肥分别有57家、97家、80家；国家级重点实验室郑州、武汉、合肥分别有9家、30家、12家。与武汉、合肥和长沙相比，郑州在人才载体上不具备优势，对人才的集聚吸引能力仍需加强。

**表2　中部六省省会城市人才黏性情况**

| 中部六省排名 | 城市 | 经济基础 | 创新潜能 | 文化开放 | 生态健康 | 社会福利 | 公共生活 |
|---|---|---|---|---|---|---|---|
| 1 | 合肥 | 17 | 13 | 28 | 12 | 23 | 12 |
| 2 | 长沙 | 21 | 21 | 39 | 20 | 25 | 1 |
| 3 | 武汉 | 13 | 11 | 24 | 27 | 37 | 29 |
| 4 | 南昌 | 28 | 32 | 29 | 13 | 32 | 5 |
| 5 | 郑州 | 19 | 25 | 33 | 21 | 18 | 15 |
| 6 | 太原 | 30 | 28 | 27 | 33 | 31 | 6 |

资料来源：北京战略人才研究院、北京大学《全球城市人才黏性指数报告（2022）》。

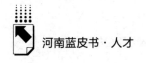

## 三  国内外建设国家吸引集聚人才平台的经验启示

郑州争创国家吸引集聚人才平台既需要体现自身的特色优势，也需要借鉴发达国家和地区的先进经验，在吸收消化相关实践经验的基础上积极探索，真正走出一条服务国家战略、支撑地方经济发展、体现郑州优势特色的发展之路。

### （一）国外吸引集聚人才主要经验

从国外来看，各国和各地区在吸引集聚人才方面展现出了独特的优势和实践经验。瑞士已经连续13年在全球创新指数中稳坐榜首，这得益于其完善的研究机构体系、高水平的研发支出，以及公平审慎的监管环境，这些共同构成了瑞士强大的创新生态系统，吸引全球众多科研人才和创新团队集聚。美国硅谷地区是全球著名的人才集聚地之一，汇集了众多高科技企业，形成了强大的企业集群。此外，硅谷地区还拥有活跃的风险投资环境，为初创企业和创新项目提供了充足的资金支持。同时利用其产学研融合以及高度开放的文化氛围，促进不同思想和观点的碰撞，为创新提供了源源不断的动力。德国在人力资本方面占据领先地位，排名全球第四，这得益于其十分重视技能人才和创新人才培养、高强度的研发投入，以及充分发挥中小企业的创新精神。新加坡作为一个资源有限、面积较小的城市国家，以其开放的人才政策、高质量的教育体系和优质的生活环境吸引了世界各地的人才。

### （二）国内吸引集聚人才主要经验

#### 1. 北京

北京聚焦打造具有全球影响力的吸引集聚人才中心，以"三城一区"为主平台，实施关键核心技术"攻坚战"计划、成果转化人才培育"朱雀计划"，大力建设国家实验室及新型科研机构、国家（中关村）火炬科创学院，盘活驻京高校、科研院所科教资源，吸引优秀科技成果就地转化，其创新政策具有以下三大特点。一是构建各部门一体化推动机制。北京制定并实施了《北京市促进未来产业创新发展实施方案》，在推动创新政策实施方面实现了各部门的协同合作，成功地推动了科技创新政策的创新、实施、评估和优化，实现了不同部门政策间的协同效应，提升了政策的执行效率和效果，形成了北京独具特色的创新优势，为北京在科技创新领域保持领先优势奠定了制度基础。二是注重创新考核指标建设。北京在《北京市"十四五"时期国际科技创新中心建设规划》中，明确以创新为引领的高质量发展导向，并以此构建人才考核指标体系。该规划标志着北京开启了科技强市建设的新征程，为北京创新发展开创了新局面。三是全面构建科技创新体系。《北京市"十四五"时期国际科技创新中心建设规划》中提出了一系列改革举措，包括构建国家实验室体系，加速北京怀柔综合性国家科学中心建设，持续建设世界一流新型研发机构，充分发挥高水平高校、科研院所基础研究主力军作用，积极构建由科技领军企业牵头的创新联合体等。这些改革举措有助于北京全面构建科技创新体系，为北京加快建设世界重要人才中心和创新高地提供了制度保障。

### 2. 上海

上海致力于构建科技创新中心，通过一系列政策和服务网络支持企业孵化和提升创新能力，其创新政策具有以下三大特点。一是不断加强科技软实力。上海将建立一个完善的企业成长生态系统，通过提供企业研发费用补贴、税收减免等一系列激励政策，协助企业在创新发展过程中获得稳定和可持续支持。二是科学规划提高整体竞争力。《上海市建设具有全球影响力的科技创新中心"十四五"规划》强调，要加强在气候变化、健康、人工智能、数字化、安全等领域的布局和支持，以便通过科技创新应对社会挑战，提升社会福祉，推动可持续发展。随后，上海市政府还发布了《上海市战略性新兴产业和先导产业发展"十四五"规划》，旨在进一步推进该市战略性新兴产业和先导产业的发展。三是加快科技成果转化进度。上海坚持科技创新和制度创新双轮驱动，支持围绕政府创新管理、科技成果转移转化、开放合作等6个方面进行改革试验，在全国复制推广的56条改革经验中，上

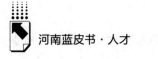

海贡献了 12 条，位居全国前列。在政府创新管理方面，建立更加灵活高效的管理机制，推动科技资源更好地流动和配置；在科技成果转移转化方面，积极探索市场化机制，促使科技成果快速转化为生产力。

3. 粤港澳大湾区

粤港澳大湾区是中国最富活力的地区之一。深圳等城市成为全国创新典范，高校研究实力显著，创业生态系统蓬勃发展，与邻近地区形成珠三角合作模式，其创新政策具有以下三大特点。一是不断为企业松绑赋能。2022年广东省科学技术厅印发了《科技创新助力经济社会稳定发展的若干措施》，持续加大对企业的政策扶持力度，推动科技金融相关部门、企业紧密合作，积极发挥科技创新引领高质量发展的核心作用，推动包括发展改革、网信、能源等在内的部门建立跨部门、跨地市、跨省份沟通协调的工作机制。二是鼓励发展高新科技产业。2021 年广东省人民政府发布了《广东省科技创新"十四五"规划》，旨在通过重点支持一系列领域的研发，以点带面快速发展；广东省科学技术厅和广东省工业和信息化厅在 2022 年发布了《广东省新一代人工智能创新发展行动计划（2022—2025 年）》，推动人工智能技术的发展和应用，提高人工智能领域的科研应用水平。三是重视高层次人才引育。印发《关于加快新时代博士和博士后人才创新发展的若干意见》，以及《关于进一步加强高技能人才与专业技术人才职业发展贯通的实施方案》，进一步深化广东省数字经济人才的"引、育、留、用、服"改革，壮大技术技能人才队伍，加强创新型、应用型、技能型人才的培养，更好地支持经济社会的高质量发展。

## 四　郑州争创国家吸引集聚人才平台的基本思路

一般来说，国家吸引集聚人才平台具有科教资源助推型、产业集群驱动型、综合优势复合型、创新生态引领型、国家战略承接型五种运行模式。不管哪种运行模式，其在人才存量、集聚增量和发展动能上均具有突出的比较优势：人才密度高、人才引力强、人才效能高。与具有全球影响力的高水平人才高地相比，国家吸引集聚人才平台建设的重点不在于全面发力，而在于以中心城市为基本单位做好以下几点：站位全国看河南，精准对接国家战略；立足长板找优势，凸显本地特色；抓住核心找突破，聚焦核心优势；力出一孔成合力，构建比较优势。这就要求在建设国家吸引集聚人才平台时，以更高站位谋划平台发展格局、基于运行模式异质性推动多层次发展、改革人才发展制度以集聚战略人才力量、重视关键核心技术攻关人才政策创新。

为此，郑州争创国家吸引集聚人才平台，要坚持教育、科技、人才一体推进，统筹国家创新高地和重要人才中心建设，把国家战略所需人才作为重中之重，重点聚焦国家粮食安全、黄河流域生态保护、黄河文化传承、郑州航空港建设、人口大省人才资源开发等，把培育郑州优势产业所需人才作为重要抓手，聚焦超硬材料、智能传感器、盾构、农机装备、生物育种、信息安全等优势产业，通过整合各种优势资源，协同形成整体合力，构建郑州特色优势。争取在 2025 年左右，获批国家吸引集聚人才平台；2030 年，基本建成高水平吸引集聚人才平台，支撑现代化河南建设；2035 年，建成国家创新高地和重要人才中心。

## 五 郑州争创国家吸引集聚人才平台的对策建议

### （一）构建"三足鼎立"科技创新大格局，夯实建设国家吸引集聚人才平台的底座

一是融入国家战略。坚持"四个面向"，结合郑州优势，积极对接国家战略，力争在关键领域和核心技术上取得突破。二是强化创新体系和人才建设。加强高能级创新平台建设，谋划布局重大科技基础设施，不断完善环省科学院、环省医学科学院、环国家生物育种产业创新中心的创新生态圈。三是建设一流创新平台。融入区域和行业创新体系，强化特色学科建设、拓展国际合作渠道，选择世界前沿课题与合作项目，提升郑州在国际人才市场上的影响力。四是加快推进关键领域人才发展体制机制改革。在生物医药、生

物农业、生物能源、生物环保、生物基材料等领域抓住重点发力，在数字核心产业，一体推进补芯、引屏、固网、强端，培育新型显示和智能终端、智能传感器和半导体、光电等产业链，通过人才发展体制机制改革，实施关键核心技术攻关人才政策创新，着力集聚国家战略人才力量。

### （二）推动新质生产力快速发展，持续引领区域经济高质量发展

一是聚焦"7+28+N"产业体系。以发展壮大先进制造业为核心目标，积极应对传统产业持续改造升级，加快构建以先进制造业为支柱的现代化产业体系。超前布局未来产业，以先进制造业为主攻方向，通过改造传统产业、培育新兴产业、布局未来产业，构建现代化产业体系，以抢占科技和产业制高点，为实现经济持续健康发展奠定基础。二是抢占新质生产力发展新赛道。培育发展新动能，加强创新引领和高能级创新平台建设，丰富创新生态圈。推动规上企业研发实现全面覆盖，聚焦未来产业发展，跨越赶超，推动集成电路、软件产业发展，突破关键技术难题，推进量子芯片、生物医药、新材料、氢能储能等领域发力，推动高端装备研制与产业化。三是注重数智赋能与绿色转型的双轮驱动。依托国家超算互联网核心节点项目打造算力高地，做强数字核心产业；实施"企业上云上平台"提升行动计划，推进智能化工厂建设，拓展"人工智能+""5G+"等应用场景。加快绿色转型，全链条推进减碳工作，构建绿色循环经济体系，提高能源安全保障能力。

### （三）坚决扛稳粮食安全重任，着力打造现代农业产业人才高地

一是助力建设农业强省。以黄河流域高质量发展为目标，坚持农业农村优先发展，加强农业科技和装备支撑，推动农业全面升级。深化农村改革，激发乡村内生发展动力；加快城乡融合发展，创新乡村治理方式，实现共建共治共享。二是为农业发展注入新科技。聚焦国家种业振兴和粮食安全重大需求，集聚一流创新资源，促进种业、粮食、食品聚合发展。建设国际一流生物育种技术研发平台，贯通产学研用关键环节，推动粮食科技创新。加强

农业对外合作交流，促进农业科技成果转移转化。三是引育一流农业创新人才。坚持引育并举、以用为本，培养农业科技领军人才和创新团队。完善全链条培育制度，鼓励高校、科研院所和企业实施农科生培养计划。

（四）助力河南打造内陆开放新高地，建设"一带一路"人才集聚地

一是强化交通枢纽优势。发挥跨境电商业态优势，举办好全球跨境电子商务大会，加快发展高铁物流、冷链物流、中欧班列、多式联运等运输产业，创新跨境电商监管模式，塑造枢纽经济新优势。二是推进航空产业革新升级。建设航空科技创新园区，吸引创新型企业和科研院所入驻，打造一个集研发、生产、服务于一体的综合性平台。推动航空产业与数字科技、人工智能融合，吸引更多航空企业和项目落户，形成产业集聚效应。三是打造宜居航空产业生态圈。优化航空港区工作和居住环境，完善交通、医疗、教育等配套设施，营造航空产业社区的文化交流氛围，增强人才吸引力。设立航空产业人才培训基地，推动产学研结合，培养外向型、国际化航空人才。加强与国际航空产业的合作，举办航空产业交流活动，吸引国际人才来郑工作。

（五）大力保护传承弘扬黄河文化，建设智慧文旅文创人才集聚地

一是推进文化旅游强省建设。积极搭建平台、优化环境，吸引和培养高质量的人才，举办文化活动、推出优秀文艺作品，提升郑州文化影响力和美誉度；深入挖掘中原文化的内涵和价值，与现代旅游元素结合，打造特色文化旅游品牌，叫响"黄河之都"文艺名片。二是数字赋能智慧文旅文创。推动文化旅游资源与新技术新应用跨界融合，提升国际传播效能。支持文化文物单位、景区景点等运用文化资源开发沉浸式旅游演艺、沉浸式娱乐体验产品，使文化可游可感可知。三是打造郑州文旅IP。围绕打造中华文化传承创新中心、世界文化旅游胜地两大目标，推动全民共享文旅高质量发展。通过创意驱动、美学引领、科技赋能，使景点、文物更加具象化和生动化，提升传播效能。

### （六）探索创新中西部人力资源开发模式，建设技能人才培养新高地

一是构建高技能人才培养体系。实施高技能领军人才培养计划，以行业企业为主体、职业学校为基础，坚持政府推动与社会支持相结合，重点培育急需紧缺高技能人才。鼓励企业制定高技能人才培养规划，依托培训中心、实训基地培养人才，创新培养模式，探索中国特色学徒制。二是建立产业人才配置机制。整合现有人才资源，建立全面的人才数据库，并通过信息技术手段实现人才信息的动态更新、共享。深化区域产业协作，推动产业人才共享，确保产业内的人力资源得到最有效利用，推动产业持续发展和创新。三是推动产才城互嵌融合。充分利用先进地区资源，配套搭建创新、包容的人才服务体系，破解后发地区引才难题。构建创新人才与产业的融合模式，促进成果高效转化和应用。同时赋予人才独立的金融属性，搭建多元化聚合平台，集聚创业者、投资人、金融机构和政府等各方力量，培育城市发展新动能新优势，探索产才城互嵌融合新模式，共同推动区域经济的发展。四是构筑青年乐居城市。建设多维度、广圈层的青年人才培育体系，优化城市基础设施和公共服务，打造有归属感、舒适感、未来感的城市环境，形成具有全球普适性的青年发展型城市建设路径和指标体系。

### （七）持续发挥辐射带动作用，探索建立郑州都市圈人才共享区

一是建立人才共享机制。积极利用郑州都市圈、郑洛新国家自主创新示范区、郑开科创走廊，探索建立创新共同体联合攻关机制。通过搭建人才交流平台、完善人才服务机制等方式，有效降低人才流动成本，提高人才使用效率。实施区域协同合作机制，推动建立跨区域创新联合体，促进项目、平台、资金和人才一体化配置。二是推进人才自由流动。推进郑州都市圈人才资质互认、人才标准共建、人才资源共享、人才服务互通、人才多元合作，促进人才要素在郑州都市圈更大范围内自由流动。推动科技创新和产业升级，通过搭建校企合作平台、推动科研项目合作等方式，实现人才、技术、资本等要素的有机结合。三是推动区域人才特色发展。把工作重心放在自主

培养国家战略人才力量和吸引集聚海内外高层次人才上，不在都市圈范围内抢挖人才，防止加剧区域之间人才发展不平衡。鼓励企业等积极参与人才共享区建设。

## 参考文献

何琪、敦帅：《人才环境要素如何驱动城市创新人才集聚？——基于组态视角的定性比较分析》，《科学管理研究》2024 年第 1 期。

徐军海：《建设高水平人才集聚平台的时代价值与实践走向》，《中国人才》2023 年第 9 期。

徐明：《基于人才集聚的科技政策对关键核心技术攻坚的影响——以北京市为例》，《北京社会科学》2023 年第 10 期。

刘俊苹等：《国家高新区建设数字经济人才高地的对策建议》，《人才资源开发》2023 年第 19 期。

高云虹、陈敏：《城市品质、人才集聚与城市创新》，《中国地质大学学报》（社会科学版）2023 年第 2 期。

樊贵莲、李蕊婷、郭淑芬：《殊途同归的区域人才集聚路径——基于创新生态系统理论框架的组态分析》，《科技管理研究》2022 年第 22 期。

吴方等：《人才集聚平台建设：内涵特征、运行机制与优化策略》，《今日科苑》2023 年第 8 期。

杨帆、杜云晗、徐彬：《西部地区创新发展、人才集聚关联性与经济高质量发展——基于模糊集定性比较分析研究》，《软科学》2022 年第 4 期。

# B.4

# 河南省强化新质生产力的
# 人才支撑路径研究

陈向英　韩晓明　张晓欣　胡霄汉*

**摘　要：** "新质生产力"是以习近平同志为核心的党中央立足于世界科技进步的前沿，着眼于全面建成社会主义现代化强国这一目标任务提出的全新重要概念。其有别于传统生产力，涉及领域新、技术含量高，依靠创新驱动是其中的关键，而创新驱动的本质是人才驱动，加快培养急需创新型人才是高质量发展新质生产力的第一要素。河南省加快形成新质生产力，要创新人才发展理念与人才政策体系，强化高端人才支撑、优化学科体系建设、打造人才创新平台、创新人才评价机制，打造新型科技人才队伍与高技能人才队伍，建设国家创新高地和重要人才中心，实现新质生产力人才的裂变生长、集聚涌现。

**关键词：** 新质生产力　人才支撑　河南省

2023年9月，习近平总书记在黑龙江考察调研期间首次提出"新质生产力"这一重要概念。① 2024年1月31日，中共中央政治局就扎实推进高质量发展进行第十一次集体学习，习近平总书记强调："为发展新质生产

---

* 陈向英，河南省社会科学院高级经济师；韩晓明，河南省社会科学院助理研究员；张晓欣，河南省社会科学院副研究员、副教授；胡霄汉，河南人才集团人才考试测评公司总经理。

① 《大力发展新质生产力》，新华网，2023年11月20日，http://www.xinhuanet.com/politics/20231120/f608b1b0497f44ee8fa085954c55be65/c.html。

力、推动高质量发展培养急需人才。"①新质生产力不再靠传统意义上的科技创新推动，而是由突破性、颠覆性、前瞻性、原创性的科技创新推动，从源头创新和底层逻辑突破上解决关键技术问题。人才资源是第一资源，创新驱动的本质是人才驱动。河南省加快形成新质生产力，就是要站位于今后河南现代化产业体系的前瞻布局，以人才发展理念与人才政策体系的创新，打造新型科技人才队伍与高技能人才队伍，实现新质生产力人才的裂变生长、集聚涌现。

# 一　河南省强化新质生产力的人才支撑现状

近年来，河南省加快推进人才强省战略与创新驱动平台建设，全面加强产业创新集群和产业生态建设，在改造提升传统产业的同时，实现战略性新兴产业和未来产业快速发展，加快形成国家创新高地和重要人才中心，为当前强化新质生产力提供了有效的人才支撑。高端人才的引育体系日益完善，与新质生产力相匹配的人才格局初具形态。

## （一）强化新质生产力的人才规模持续增长

高质量发展新质生产力，必须引进和培育一批大家大师和国内一流人才，产出一批重塑性、颠覆性、革新性的科学技术，推进一批科技进步型的领军企业不断涌现。2023年，河南引进顶尖人才12人、领军人才181人。根据《2023年河南省国民经济和社会发展统计公报》，全省博士一级学科授权点96个、硕士一级学科授权点386个，在校研究生9.90万人（其中，博士研究生6088人），毕业生27533人，高端人才的后备军已初具规模。加大青年人才支持力度，遴选中原青年拔尖人才215人，扩大省自然科学基金杰青、优青项目资助规模，启动卓越青年创新研究群体项目首批资助。截至

---

① 《习近平在中共中央政治局第十一次集体学习时强调：加快发展新质生产力　扎实推进高质量发展》，中国政府网，2024年2月1日，https://www.gov.cn/yaowen/liebiao/202402/content_6929446.htm。

2022 年底，河南省人才资源总量达到 1410.31 万人，比上年增加 209.08 万人，实现了 17.41% 的大幅增长。郑州大学徐明亮教授获得国家杰出青年科学基金项目资助，首批省自然科学基金杰青、优青项目中，26 人入选国家级人才计划，81 人获国家级项目资助。在未来产业领域，高质量人才不断充盈。为培养人工智能技术高端人才，河南省人工智能职业教育集团成立；聚焦河南省软件产业发展，陆续建设 19 所省级特色化示范性软件学院，每年培养软件类大学生约 2.5 万人。2023 年，两院院士增选上河南取得重大突破，在农业、化学、冶金与材料工程、遗传医学、复合纳米材料、智能系统等领域新增河南籍院士常俊标、康相涛等 6 人。《2024 年河南省政府工作报告》提出，要加快引育高端创新人才，深入实施"中原英才计划"，加强特聘研究员海内外选聘，大力引进培养一批高层次人才担任高校校长、学术副校长、科研院所负责人。新建一批院士工作站和 30 家中原学者工作站，培育中原学者、中原领军人才 180 人以上。

## （二）强化新质生产力的人才平台量质齐升

加快新质生产力建设，亟须突出人才平台力量，发挥平台对人才、项目、技术的集聚作用，提升大数据的整合效能，让人才平台推动原创科技涌现，提升河南省的区域竞争力和科技竞争力。河南打造出中原科技城、中原医学科学城、中原农谷，构建"三足鼎立"科技创新大格局。河南省已连续举办六届中国·河南招才引智创新发展大会。2023 年累计签约本科及以上人才 29.7 万人，高层次人才合作项目 2452 个，签约高质量人才合作项目 1800 余个。2022 年河南省人才集团有限公司揭牌，是中部地区首个省级人才集团，旗下拥有分（子）公司 60 余家，实现各地市服务全覆盖，省外建设北京、上海、深圳"三中心"，业务覆盖 30 余个省份。截至 2023 年，河南省已累计吸纳了包含约 37.4 万人的科研创新团队。

河南省科学院、省实验室体系、创新联合体等平台载体助力河南打造高质量"人才大脑"。河南省在高端装备、生物医药、新材料等新兴产业领域，已落成 25 家省产业技术研究院、36 家省中试基地、12 家创新联合体，以及 50 家国家级工程研究中心和 171 家国家级创新平台，例如：柔性电子产业技术研究院助推柔性电子学科及未来产业发展；超硬材料产业创新中心开拓培育钻石市场；数字光电创新联合体、时空大数据技术创新中心、国家超算郑州中心为先进计算、人工智能、类脑发展奠定基础。在国家和省重点实验室中，有聚焦新一代信息技术的嵩山实验室；专攻新材料领域的尧山、中原关键金属实验室；助推高端仪器和智能装备发展的龙门实验室；在生物学、人体健康及生命科学新技术领域攻坚的神农种业、中州、牧原实验室；专注病因病理及药物创新的天健、平原实验室；紧扣半导体光电子芯片需求的墨子实验室；引领"双碳"及绿色能源转型的龙子湖新能源实验室；等等。以龙门实验室为例，已引入两院院士、国家杰青等为首席科学家的科研创新团队 15 个，279 人的科研创新团队中拥有博士研究生学历者占 70%，拥有副高及以上职称者占 65%，并成功落地了 XKZ-50H 型果园智能除草机器人等项目。

（三）强化新质生产力的人才政策不断优化

发展新质生产力，河南省要下好"先手棋"，棋局走向良好的关键在于出台与新质生产力相匹配的人才政策，政策的出台是对先进生产力发展模式的推进，是催生先进生产力质态的关键所在。河南省委书记楼阳生提出，要坚持久久为功，把引育人才、集聚人才作为基础性、战略性大事来抓，放眼全球引进高端人才、顶尖人才，持续招引青年人才、潜力人才，不拘一格用人才，创造人尽其才、才尽其用、用有所成的优良环境。[①] 河南省委持续优化升级人才政策，近百项人才决策部署密集落地，有力推进了一系列重要行动事项。河南以《关于加快建设全国重要人才中心的实施方案》为引领，制定涵盖引才措施、推进机制、服务配套等的"1+20"一揽子人才引进政策措施，"含金量"满满。顶尖人才突破行动、领军人才集聚行动、青年人

---

① 《河南高校接连迎来高端人才"新掌门"》，"大河网"百家号，2023 年 10 月 18 日，https://baijiahao.baidu.com/s?id=1780064128280873726&wfr=spider&for=pc。

才倍增行动等"八大行动"持续推进。河南省科技特派员"五个一"工程获评全国人才工作创新案例"最佳",并有"鹤壁模式"、企业人才服务团等5项案例入选全国人才工作创新案例。《河南省科学院发展促进条例》为国内首部为1家科研单位发展"量身定制"的地方性法规,彰显科创决心。《实施"创新驱动、科教兴省、人才强省"战略工作方案》《河南省创新驱动高质量发展条例》《关于汇聚一流创新人才加快建设人才强省的若干举措》等明晰了"一号战略"的规划路线图。河南省创新、人才政策体系在省级层面已进入全国第一方阵(见表1)。

表1　2021~2023年河南省创新、人才政策梳理

| 年份 | 政策文件 |
| --- | --- |
| 2021 | 《河南省"十四五"科技创新和一流创新生态建设规划》<br>《关于加快构建一流创新生态建设国家创新高地的意见》<br>《河南省"十四五"人才发展人力资源开发和就业促进规划》<br>《河南省省直青年人才公寓管理暂行办法》<br>《河南省加快医学教育创新发展实施方案》<br>《高质量推进"人人持证、技能河南"建设工作方案》 |
| 2022 | 《河南省中原科技城总体规划管理条例》<br>《关于加快建设省管企业人才新高地的若干措施》<br>《河南省支持科技创新发展若干财政政策措施》<br>《河南省科学院发展促进条例》 |
| 2023 | 《关于加强和改进优秀青年专业技术人才队伍建设的若干措施》<br>《关于加强和改进技能人才队伍建设的若干措施》<br>《中原医学科学城"再造新高峰"人才发展十条(试行)》<br>《河南省综合评标专家库和评标专家管理办法》(修订版) |

### (四)强化新质生产力的人才载体取得突破

企业是强化新质生产力的核心载体,企业研发中心的前瞻性发展布局决定了今后一个时期新质生产力发展的高水平,聚焦国家发展战略、产业重大需求、科技创新前沿,提前布局一批高质量的企业研发中心是河南省目前的

重点任务。截至 2023 年，河南共有省级及以上企业技术中心 1545 家，其中国家级 93 家，高校与企业共建研发机构 1200 多家。战略性新兴产业和未来产业领域的重点企业通过研发中心延揽高层次人才。譬如：华兰生物牵头建设生物大分子药物技术创新中心；安图生物牵头揭牌新发突发重大传染病检测国家工程研究中心；超聚变在全球部署 11 家研发中心、9 家 X 核心实验室，不断推进数字化转型研究院、FusionOS 生态创新中心建设；汉威科技成立智能感知与处理工程研究中心，目前已会集专职工程研发人员 21 人、副教授 10 人、博士 13 人，并与郑州大学共同建设物联网研究院，自 2018 年成立以来已累计培养研究生 100 余名，研究涵盖云计算、AI、5G、智能传感、工业互联网等热门领域；郑煤机通过成立智能开采创新中心、高端智能刮板输送设备研究中心等形成全链条创新矩阵，目前拥有专业职称人数超过 700 人，其中技术带头人 3 人、享受国务院政府特殊津贴专家 3 人、省高层次人才 6 人。

## 二　河南省强化新质生产力在人才支撑方面面临的挑战

河南始终坚持以高质量发展作为全省经济社会发展的主旋律，立足创新驱动、科教兴省、人才强省战略，加快建设国家创新高地和重要人才中心，凝心聚力为发展新质生产力提供高质量人才支撑。但从发达省份的成功经验来看，河南省在高端人才引育、高端人才发展、高端人才配置等方面仍面临着一定的挑战，其制约了高端人才在强化新质生产力过程中支撑作用的有效发挥。

### （一）高端人才引育能力仍需强化

创新驱动本质上是人才驱动，发展新质生产力，归根结底要靠人才实力，人才是生产力发展中最活跃、最具决定意义的能动主体，是新质生产力的创造者和使用者。河南虽然是人力资源和人才大省，但在高端人才，特别是关键技术领域顶尖人才的培养和引进方面，仍面临着严峻的挑战。高端人才的短缺，一定程度上限制了河南在高科技领域竞争力和创新能力的提升。与此同时，国内外对于人才的竞争日益激烈，如何在国际、国内竞争中吸引和留住优秀人才，成为一个亟待解决的问题。除此之外，河南在高等院校数量上虽居全国首位，但在"双一流"教育资源配备上与顶尖人才的培养需求难以匹配。特别是在理工科教育方面，理论与实践、基础研究与应用研究之间的衔接需要进一步加强。随着科技的快速发展，新的研究领域不断涌现，传统的教育模式和内容如何快速适应发展新质生产力的需求，也是当前面临的一个挑战。

（二）高端人才发展环境亟待优化

一是从高能级创新平台数量质量来看，河南在短短 2 年多的时间里，共批复建设了 20 家省实验室和 6 家省产业技术研究院，高能级创新平台实现跨越式增长。但因高能级创新平台建设运营时间较短，如何快速打造一支数量庞大、质量过关、经验丰富的高层次人才队伍，对支撑平台高质量发展提出了严峻挑战。对标国家实验室"预备队"标准和先进地区省实验室建设水平，河南省创新平台在体制机制建设、人才培养、物质保障等方面仍存在持续完善的空间。二是从产业结构与企业类型来看，河南亟须优化高端人才培育的经济环境。在河南公布的 100 强企业之中，缺乏腾讯、大疆、比亚迪一类高附加值、高技术的领军型龙头企业，排名靠前的企业多为能源矿产型、劳动密集型、地产或农业型，民营企业以中小规模居多，留给高端人才就业成长的机会较少。

（三）高端人才配置效率仍需提高

从生产力要素的维度分析，发展新质生产力，就是要激发创新、知识、技术、资本等要素的活力。有效提升各项要素尤其是高端人才要素配置的效率，是加快新质生产力发展进程的关键。目前，河南科研人员中高端人才较为匮乏，同时高端人才更多集中在高校等科研事业单位中，企业作为提供新质生产力的一线市场主体，会聚高端人才数量相对较少，人才配置效率低制约了高端人才真正参与、从事创新活动。

## 三　河南省强化新质生产力的人才支撑路径

### （一）强化高端人才支撑，释放新质生产力"新红利"

新质生产力作为人类在实践中形成的改造和影响自然以及使其适合社会需要的物质力量，它的"新"体现在对人力资源的储备，旨在"让人才根系更加发达"，进而形成推动社会发展进步的"新红利"层面。习近平总书记强调"培养造就一大批熟悉市场运作、具备科技背景的创新创业人才"，[①]这一重要论述为新质生产力的发展指明了方向。为实现这一目标，必须畅通教育、科技、人才的良性循环，完善人才培养、引进、使用、合理流动的工作机制。对此，河南省应坚持以打造创新型人才为导向，不断强化高端人才支撑，做好高水平人才的相关工作。一是引进培育战略科学家。要有意识地引进培育更多具有战略科学家潜质的高层次复合型人才，围绕重点领域、重点产业，组织产学研协同攻关，探索构建战略性科技人才的发现与有效识别机制。重大科技项目实施"揭榜挂帅""赛马制"，打破国籍、户籍、身份、学历、年龄等限制，形成唯才是举的用人机制，让更多战略科学家脱颖而出。二是吸引集聚高精尖人才。要以建设国家创新高地和重要人才中心为目标，突出"高精尖缺"导向，聚焦战略性新兴产业和未来产业，发挥平台优势，创新引才聚才制度设计，重点吸引集聚一批掌握国际先进技术、能够在关键领域实现突破、带动战略性新兴产业和未来产业跃级发展的高精尖人才。三是精准引育高技能人才。健全高技能人才引进交流机制，围绕河南省先进制造业集群和千亿级产业链对高技能人才的需求，引导鼓励企业以岗位

---

① 《加快培养创新型人才（新知新觉）》，人民网，2021 年 11 月 15 日，http：//m. people. cn/n4/2021/1115/c25-15297169. html。

聘用、项目合作等方式柔性引进高技能人才，推进产业链、人才链深度耦合。统筹职业教育、高等教育、继续教育，推进职普融通、产教融合、科教融汇，源源不断培养兼具传统技能人才普遍特征和创新人才独特气质的复合型高技能人才。

（二）优化学科体系建设，发挥新质生产力"新优势"

新质生产力以劳动者、劳动资料、劳动对象及其优化组合的跃升为基本内涵，具有强大发展动能，能够引领创造新的社会生产时代，它的"新"具体显化于培养各类实用性专业人才，实现从科技创新到科技成果应用无缝衔接的"新优势"层面。优化学科体系建设，为推动高质量发展培养急需紧缺人才是根据科技发展新趋势，提升人才专业性和适应性的基础工程，也是培养与新质生产力相适应的高端产业人才的必然要求和发展新质生产力的关键一环。因此，要加快调整优化学科结构。充分发挥河南省高等教育在人才培养中的引领作用，推动高校加快适应新质生产力使人才市场需求总量和结构产生的变化，实施学科结构调整优化和内涵提升。通过动态调整高等教育学科设置，有的放矢培养国家战略人才和急需紧缺人才，提升教育对高质量发展的支撑力和贡献力。持续推动学科交叉融合。积极发展新兴交叉学科，创新学科发展机制，以新质生产力发展为契机，突出跨学科协同创新。创新多学科集成攻关模式，推进学科链和产业链深度融合。在支撑引领社会生产力高端化、绿色化、智能化发展过程中，重塑适应新产业、新业态、新模式的交叉学科及学科融合体系。全力打造中原特色学科。引导高校围绕国家战略发展需要和河南产业发展需求设置中原特色学科，时刻保持与河南现代化发展"同频共振"。增设高效农业、粮食安全、中原文化、黄河文明等中原特色叠加大数据、云计算、人工智能等新技术的学科和课程，推进校地融合、功能协同的特色学科设置，助推省内高校成为全省创新创业人才、产业原创性技术成果和战略新兴技术的重要策源地。

（三）打造人才创新平台，激发新质生产力"新动能"

新质生产力是智慧与劳动的结晶，展现出人类独特的创造力和能动性，它的"新"体现在用好用活人才，提高人才效能，并为人才创设更多发展空间与平台，为新领域、新赛道提供"新动能"层面。在这一过程中，打造人才创新平台扮演着至关重要的角色，能为集聚创新要素、开展技术创新、驱动产业变革提供有效载体，也能为抢占科技制高点提供关键支撑和发展动能，是推进河南省新质生产力建设的关键一环。因此，要不断健全国家实验室体系。深化高校、科研院所、尖端企业之间的科研合作，加快建设跨学科、大协作、高强度的协同创新平台。充分发挥嵩山实验室、神农种业实验室以及黄河实验室吸引人才、打造区域人才高地的引领作用，实现全国重点实验室、国家重大科技基础设施对高水平人才的集聚效应，推动产业蝶变升级。推动建设高校科创平台。加快推进河南高校科技创新平台建设，统筹布局科学中心以及科技创新中心，依托郑州大学、河南大学等"双一流"建设高校积极组建国家实验室、国家重点实验室等平台，带动全省其他高校建设科技创新平台，不断汇聚起推动河南高质量发展的磅礴力量，为新质生产力提供更多重大科技创新"沃土"。加快构筑产业创新平台。企业是市场创新的主体，也是推动创新创造的生力军。要加快建设以企业需求为导向的产业创新平台，提升企业创新的自主性、能动性。对接企业发展与市场需求，加强科技型企业引育发展，推动大中小企业融通，实现引人才、促项目、育产业的多方共赢。

（四）创新人才评价机制，构筑新质生产力"新生态"

新质生产力是人才链、创新链、产业链深度融合的结果，它的"新"体现了以聚才、爱才、用才为代表的"新生态"层面。通过创新人才评价机制，能够最大限度地激发人才创新活力，挖掘人才创新潜能，从而为新质生产力构成中的社会生产力、智慧生产力等充分释放和高效融合创建良好的、有利的"新生态"。由此可见，有效的人才评价机制是促进科技进步和激励人才的基础，是实现生产力跃级发展的重要基础。因此，要创新专业技术人才评价机制。完善资格评价、职务聘任和聘后管理办法，加强科学设岗、聘用合同管理。确立用人单位专业技术人才的评价自主权，适度开展市场化人才评价，做到人才评价与岗位管理、薪酬激励的有机衔接。完善评价激励机制，提倡内在价值判断，注重群体业内评价，形成社会和业内公认的公开公平公正的评价体系。创新技能人才评价机制。构建与新产业、新技术、新业态、新模式相适应的职业资格评价制度，畅通技能人才职业发展通道，打破职业技能等级"天花板"。开展多种形式的职业技能竞赛，支持高技能人才参与科技项目攻关、工程技术项目研究、新产品研发等活动。聚焦新质生产力发展，加大产业紧缺技能人才、企业关键岗位技能人才培训力度。创新紧缺拔尖人才评价机制。开设紧缺拔尖人才职称评聘"绿色通道"，对符合相关规定的，可不受本单位专业技术职务结构比例、最高等级和岗位数额限制评聘相应专业技术职务，不占事业单位专业技术岗位及时聘用。突出创新能力和社会贡献评价标准，对业绩特别突出的紧缺拔尖人才，可破格或越级评聘高级专业技术职务。

**参考文献**

张林、蒲清平：《新质生产力的内涵特征、理论创新与价值意蕴》，《重庆大学学报》（社会科学版）2023 年第 6 期。

周文、许凌云：《再论新质生产力：认识误区、形成条件与实现路径》，《改革》2024 年第 3 期。

刘雅静：《中国式现代化视域下新质生产力：理论渊源、价值意蕴与推进路向》，《改革与战略》2024 年第 2 期。

胡洪彬：《习近平总书记关于新质生产力重要论述的理论逻辑与实践进路》，《经济学家》2023 年第 12 期。

钟茂初：《"新质生产力"发展演进及其增长路径的理论阐释》，《河北学刊》2024 年第 2 期。

王水兴、刘勇：《智能生产力：一种新质生产力》，《当代经济研究》2024 年第 1 期。

石建勋、徐玲：《加快形成新质生产力的重大战略意义及实现路径研究》，《财经问题研究》2024 年第 1 期。

# 河南省构建"三足鼎立"科技创新
# 大格局对策与展望

梁 宇 路 林 王 巍*

**摘　要：** 构建"三足鼎立"科技创新大格局对河南实现高质量发展、建设国家创新高地和重要人才中心、发展新质生产力具有重要战略意义。在中原科技城、中原医学科学城、中原农谷"三足鼎立"科技创新大格局构建过程中，河南集聚了一批高层次人才、搭建了一批高能级创新平台、孵化了一批高新技术企业、落地了一批高质量产业项目、产出了一批高水平成果、形成了一批改革创新经验，发展成效显著。但是，在龙头带动、融合发展和联动发展方面仍有待完善。未来可从打造特色鲜明且优势突出的科创高峰、建立高水平创新平台协作共建机制、建立人才共育共用机制，以及健全科技成果转化机制等方面进一步完善"三足鼎立"科技创新大格局。

**关键词：** 中原科技城　中原医学科学城　中原农谷　创新发展　河南省

近年来，河南牢记习近平总书记"在中部地区崛起中奋勇争先，谱写新时代中原更加出彩的绚丽篇章"① 的殷殷嘱托，坚持把创新摆在发展的逻辑起点、现代化河南建设的核心位置，深入实施以创新驱动、科教兴省、人才强省战略为首的"十大战略"，推动全省创新发展全面起势，创新已成为

---

＊ 梁宇，河南省科技厅战略规划与政策法规处副处长；路林，河南省科技厅战略规划与政策法规处一级主任科员；王巍，郑州大学商学院讲师。

① 《在中部地区高质量发展中奋勇争先、更加出彩》，新华网，2021 年 9 月 24 日，http：//www.xinhuanet.com/mrdx/2021-09/24/c_ 1310207219.htm。

现代化河南建设的显著标识。特别是在建设国家创新高地和重要人才中心战略目标指引下，河南省一体推进河南省科学院重振重建与中原科技城、国家技术转移郑州中心"三合一"融合发展，加快建设中原医学科学城，高位推动中原农谷建设现代农业科技创新高地，以中原科技城、中原医学科学城、中原农谷为支柱平台的"三足鼎立"科技创新大格局已然形成，为新征程上河南走好创新驱动高质量发展"华山一条路"提供了核心引擎，为全省科技创新"关键变量"转化为高质量发展"最大增量"夯实了坚实基础。

## 一 河南省构建"三足鼎立"科技创新 大格局的战略意义

（一）"三足鼎立"科技创新大格局是驱动河南高质量发展的重要力量

党的二十大报告明确指出"高质量发展是全面建设社会主义现代化国家的首要任务"，同时强调"必须坚持科技是第一生产力、人才是第一资源、创新是第一动力"。河南全面贯彻党的二十大精神，把创新摆在发展的逻辑起点、现代化河南建设的核心位置。特别是当前河南经济处在新旧动能转换的冲刺期，对科技创新提出了更高、更迫切的要求，更要依靠科技创新来推动现代化产业体系发展。在此背景下，河南聚焦科技创新谋篇布局，构建"三足鼎立"科技创新大格局，形成河南创新之"核"。其中，中原科技城五大核心产业加速崛起、中原医学科学城生物医药大健康产业集群快速形成、中原农谷建设一流种业高地全力提速，"两城一谷"的快速发展形成了强大的辐射效应、引领效应，有力夯实了河南省现代化产业体系之基，成为驱动河南高质量发展的重要力量。

（二）"三足鼎立"科技创新大格局是打造全国重要人才中心的战略平台

人才是第一资源。没有人才优势，就没有创新优势、发展优势。当今时代，区域竞争说到底就是人才的竞争。河南是人口大省、人力资源大省，但不是人才强省，河南高端人才还相对不足，高技能人才培养体系还不够健全，人才结构还有待进一步优化，对现代化河南建设的支撑作用还有待加强。对河南来讲，人才是强省之基、发展之要、竞争之本。特别是踏上新征程，站在新的历史起点，河南比以往任何时候都更加渴求人才、依靠人才。在此背景下，河南深入贯彻习近平总书记关于人才工作的重要论述，把引育人才、集聚人才作为基础性、战略性大事来抓，确立了打造全国重要人才中心的战略目标。创新平台特别是高能级创新平台是人才创新创业的舞台，只有平台不断强化，人才吸附力才会持续增强，创新能级才能稳步提升，打造全国重要人才中心才能实现。河南构建"三足鼎立"科技创新大格局，建设了一批高能级创新平台，吸引了一大批两院院士、长江学者、国家杰青等高层次科技创新人才，迅速形成了领军人才带动、创新人才涌动的"天下英才聚中原"新局面，为河南打造全国重要人才中心注入新活力、提供新动能。

（三）"三足鼎立"科技创新大格局是河南建设国家创新高地的核心支点

建设国家创新高地是实施创新驱动、科教兴省、人才强省战略的重要目标，也是确保高质量建设现代化河南和高水平实现现代化河南的必由之路。目前，河南在国家实验室、大科学装置等方面还有很大的提升空间，国家重点实验室、国家级创新平台、高新技术企业数量等低于发达省份，全社会研发经费投入强度低于全国平均水平，两院院士、国家杰青占全国总数的比重明显偏低，创新资源相对分散等。创新能力不足已经成为制约河南高质量发展的最大因素，河南迫切需要具有增强区域创新能力的关键支点来撬动、引领全省科技创新大发展。欲建高地，先起高峰。在这种形势下，河南全力建设以环省科学院创新生态为核心的中原科技城、以环省医学科学院创新生态为核心的中原医学科学城、以环国家生物育种产业创新中心创新生态为核心的中原农谷，形成"三足鼎立"科技创新大格局。目前，"两城一谷"已经成为全省自主创新重要源头、原始创新主要策源地，对全省创新发展的示范作用、引领作用、辐射作用全面彰显，有力推动国家创新高地建设驶入快车道。

### （四）"三足鼎立"科技创新大格局是河南发展新质生产力的关键起点

生产力迭代是人类文明发展的内生引擎。2023年9月，习近平总书记在黑龙江考察调研期间首次提到"新质生产力"。[①] 2024年1月31日，习近平在中共中央政治局第十一次集体学习时强调，加快发展新质生产力，扎实推进高质量发展。[②] 新质生产力是创新起主导作用，摆脱传统经济增长方式、生产力发展路径，具有高科技、高效能、高质量特征，符合新发展理念的先进生产力质态。进入新时代，新一轮科技革命和产业变革与我国加快转变经济发展方式形成历史性交汇，抓住生产力转型升级的契机，就能把握时代、引领时代。谁能抓住机遇，谁就能占领先机、赢得优势，真正掌握竞争和发展主动权，其中，科技创新是核心要素。河南构建的"三足鼎立"科技创新大格局为河南强化创新引领、培育新质生产力、发展新动能提供了有力支撑。这一科技创新大格局有利于健全高能级创新平台体系、加速技术攻关和成果转化、引育高层次科技创新人才和营造支持创新的一流生态，进而激活现代化产业体系"最大动量"，形成全省新质生产力的关键策源地，引领河南新质生产力加快发展。

## 二 河南省构建"三足鼎立"科技创新大格局取得的成效

### （一）集聚了一批高层次人才

人才是创新活动的核心要素，创新驱动实质上是人才驱动。创新只有落

---

① 《大力发展新质生产力》，新华网，2023年11月20日，http://www.xinhuanet.com/politics/20231120/f608b1b0497f44ee8fa085954c55be65/c.html。

② 《习近平在中共中央政治局第十一次集体学习时强调：加快发展新质生产力 扎实推进高质量发展》，中国政府网，2024年2月1日，https://www.gov.cn/yaowen/liebiao/202402/content_6929446.htm。

实到人才驱动上，才能真正形成最有潜力、最可依靠、最具持续性的发展优势。河南在构建"三足鼎立"科技创新大格局过程中高度重视人才引进、人才培育等工作，相继出台多项人才政策吸引高层次人才创新创业。截至2023年底，中原科技城累计引进各类高层次人才2183人，吸引带动3万余名青年人才创新创业。中原医学科学城累计引进高层次人才54人、产业拔尖人才2565人、教育医疗人才6481人、青年人才10万人，7位院士受聘为河南省医学科学院首席科学家，引聚长江学者、国家杰青33人，组建PI团队66个。中原农谷引进高层次人才310余人，成为农业创新人才首选"目的地"。"三足鼎立"科技创新大格局吸引带动各类人才会聚中原，让河南日益成为人才集聚之地、人才辈出之地、人才向往之地，推动新时代人才强省建设迈上了新台阶。

## （二）搭建了一批高能级创新平台

高能级创新平台是集聚创新资源的"强磁场"，是创新主体发展和创新活动开展的重要载体。高能级创新平台的建立有利于整合各类创新要素，促使创新活动蓬勃发展。截至2023年底，中原科技城已集聚国家重点实验室、部（委）重点实验室等国家级科研平台22家，省实验室、重点实验室、工程技术研究中心等各类省级科研平台292家。依托河南省科学院创新平台，建设研发实体42家，总数居全国省级科学院首位；成立嵩山、新能源、墨子、中州、牧原等9家省实验室；河南省柔性电子产业技术研究院、先进光子技术产业研究院等加快推进；一流大学（科研机构）郑州研究院建设进展顺利，哈尔滨工业大学郑州研究院落地运行，北京理工大学、上海交通大学等一流大学郑州研究院开工建设。中原医学科学城高效推进"两校两院一中心"标志性项目建设，河南省红十字血液中心、中国医学科学院肿瘤医院河南医院、河南省人民医院南院区相继开工建设。中原农谷已集聚了53家省级以上科研平台，建立国家首个生物育种产业创新中心、神农种业实验室、中国农科院中原研究中心、河南省农作物种质资源保护利用中心、农业农村部种子质量检验检测中心、中原种业科技成果转化交易中心等一批创新平台。

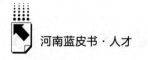

### （三）孵化了一批高新技术企业

高新技术企业是高质量发展的重要引擎，也是区域创新的重要主体，促进高新技术企业发展对建设国家创新高地具有重要意义。河南在推进"三足鼎立"科技创新大格局建设中始终把高新技术企业培育作为科技创新工作的重中之重，高效孵化了一大批高新技术企业，为河南经济高质量发展提供了有力支撑。截至2023年底，中原科技城已集聚超600家高新技术企业，逾千家科技型企业，超万家科创企业，形成创新人才高度集中、创新要素高度整合、创新活动高度活跃的蓬勃发展态势；中原医学科学城按照产业链细分组建"12个招商分局+4个服务保障组"精准招商，培育壮大生物医药、先进医疗器材等五大产业集群，带动引进国药、联影、复星等生物医药头部企业、科技型企业约60家，与13家全国医药百强企业建立合作关系；中原农谷推进优势种企引育行动，实施高新技术企业倍增计划和科技型中小企业"春笋"计划，引进先正达、中农发、河南种业集团、秋乐、牧原等一批国内外种业巨头和中粮、正大、首农、五得利等龙头企业，不断培育壮大创新主体。

### （四）落地了一批高质量产业项目

产业项目是推动经济发展和社会进步的重要因素，高质量产业项目是推动产业创新发展的重要抓手。落地实施高质量产业项目，可以促进产业优化升级，提高经济社会发展效益，促进新质生产力形成与发展。中原科技城揭牌打造全国首个量子谷后，推动长江量子、天健源达等重点项目加速落地；曙光智能超算中心开工建设，华为中原总部、中原大数据中心等重大项目加快推进，以华为、超聚变、奇安信等龙头企业为引领的数字产业集聚带动效应初步彰显；区块链、量子信息、元宇宙等领域的未来产业强势开局，已获批建设全省首批未来产业先导区、区块链发展先导区。中原医学科学城牢固树立"项目为王"导向，高效推进"两校两院一中心"标志性项目建设；国药集团生命科学谷、通用技术集团国际医疗健康园等重大产业项目落地实施，以关键核心技术突破带动了产业创新发展，在生命健康等尖端前沿领域取得了一批原创性科技成果。中原农谷投入 7100 万元组织开展关键核心技术攻关，支持平原示范区创建国家级制种大县和省级现代农业产业园（种业），协同新乡市建成高标准农田示范区 100 万亩，建成农作物良种繁育基地 63.2 万亩。可以说，河南在大力构建"三足鼎立"科技创新大格局过程中，以"人一之，我十之"的拼抢劲头推进高质量产业项目建设，以项目之建蓄创新之势、聚发展之力，为奋力开创现代化河南建设新局面提供了坚实基础。

### （五）产出了一批高水平成果

创新成果是衡量科技创新水平的重要指标，谁在创新上先行一步，谁就能拥有引领高质量发展的主动权。河南积极推进"三足鼎立"科技创新大格局构建，在科技创新上攻坚克难，产出了一批高水平成果。2023 年，中原科技城在全国科技城中的排名由 2022 年的第 31 位跃升至第 19 位；积极打造环河南省科学院创新生态圈，组建物理所、材料所、化学所、碳基所等 18 个研究机构，并在国际期刊发表论文数篇，获准立项重点研发与推广专项项目 30 余个。中原医学科学城推动中药新药研发与生物医药研究集聚发展，发布扶正感康丸、筋骨痛消丸等一批道地药材；发挥临床资源优势，推动临床应用转化，签约一批一氧化氮缓释涂层耳瘢痕夹、医用手术薄膜、医美贴剂等科技成果转化项目。中原农谷"一核三区"培育农作物新品种 126 个，大豆新品种"郑 1307"入选农业农村部主导品种（全国仅有 8 个大豆品种入选）；"新麦 58"生产经营权以 1618.88 万元的价格成功转让，打破了我国小麦单品种转让价格纪录；自主选育的"新麦 26"获河南省科学技术进步奖一等奖。"两城一谷"在技术攻关和科研创新上，打通堵点，不断刷新"成绩单"，辐射带动全省科技创新，为河南高质量发展带来新动能。

### （六）形成了一批改革创新经验

科技创新是高质量发展的重要引擎，体制机制创新是提升科技创新能力、推动高质量发展的重要保障。中原科技城以一整套全过程服务机制、"双拎空间"等六大服务体系和"政产学研金服用"七位一体创新生态吸引集聚了一大批高能级创新平台，最大限度地激发了各类创新主体活力；为河南省科学院发展"量身定制"的《河南省科学院发展促进条例》自2022年9月实施以来，从法治层面保障了省科学院体制机制创新，规范了省科学院科技创新活动。中原医学科学城深入推进体制机制改革，不仅在省级层面成立省医学科学院院城产融合发展建设领导小组，形成高效决策、协同联动，而且按照"管委会+公司"运营模式，成立中原医学科学城管委会，形成市场主导、政府支持、高效运转的管理运营体制。中原农谷形成了"专班+厅局+新乡市+项目主体"协同工作机制、"管委会+公司+专家咨询委员会"运作模式、重大事项协调督促机制和重大情况监测报告制度等体制机制创新经验，为实施"一核三区"发展战略、建设现代化农业强省保驾护航。河南构建"三足鼎立"科技创新大格局形成了一大批体制机制创新经验，为进一步优化区域创新资源配置、提升区域创新体系整体效能提供了有益借鉴。

## 三　当前河南省构建"三足鼎立"科技创新大格局面临的挑战

### （一）龙头带动作用有待进一步加强

"三足鼎立"科技创新大格局，为河南构建高效能协同创新体系、培育建设"7+28+N"产业体系提供了有力的科技支撑，但其引领河南经济社会高质量发展的龙头带动作用还有待进一步加强。如河南省科学院在主动对接国家战略科技力量体系，推动省实验室融入国家实验室体系方面还有待进一步发力。中原医学科学城在推进"一院一城一产业集群、医教研产资五位一体"融合发展格局构建方面需要进一步提速。中原农谷在生物育种、引育种业龙头企业、创品牌育优势方面还需要全面提质、蓄势突破。

## （二）融合发展合力有待进一步凝聚

河南省委将建设"两城一谷"作为打造国家创新高地和重要人才中心的重要举措，赋予了河南省科学院全省创新体系龙头的使命，但"两城一谷"在解决产业发展难题方面还不够有力，以科技创新服务支撑全省高质量发展的成效尚需提升，"两城一谷"需要加快形成融合发展的合力。如省科学院、省医学科学院、中原农谷相关科研机构需要进一步聚焦国家重大战略和区域经济发展需求，深入开展产学研合作，推进人才链、创新链和产业链深度融合，持续提升原始创新和关键核心技术攻关能力。

## （三）联动发展机制有待进一步健全

"两城一谷"作为全省"三足鼎立"科技创新大格局的核心支点，在加强自身建设的同时，各自发挥比较优势开展错位竞争的联动发展态势还未形成，内外合作和互融互通的机制没有真正建立，使得创新发展体系的特色性、差异性、协同性不够突出。比如，"两城一谷"在科创体系、人才机制、金融资本、产业发展、服务保障等方面统筹不够，没有形成"一体建设、联动赋能、融合发展"的局面。又比如，在工作机制方面，"两城一谷"重大任务协同推进机制、重大事项联合论证机制还未建立，使得城院融合发展、城谷融合发展方面缺少省市联动、部门协同、城院联合，造成在人才培养、科技攻关、成果转移转化方面没有形成全方位合作，一体化推进成效还亟须提升。

# 四　河南省进一步完善"三足鼎立"科技创新大格局的对策建议

## （一）打造特色鲜明且优势突出的科创高峰

推动河南省科学院坚持目标牵引，完善人才引育、科研管理、成果转化、激励评价等工作机制，坚持"四个面向"，聚焦"7+28+N"产业体系，加快省实验室、一流大学（科研机构）郑州研究院公共实验平台建设，产出更多原创性、颠覆性、迭代性科技成果。贯通产学研用，瞄准河南主导产业、战略性新兴产业和未来产业所需，持续增加产业技术源头供给，让更多科研成果产品化、产业化，在建设国家创新高地和重要人才中心中发挥核心引擎作用。推进河南省医学科学院、中原医学科学城一体建设、融合发展，提升医学科技创新、医疗健康服务、医药产业发展水平，搭建集医、教、研、产、资于一体的创新平台体系，加快打造医学科创高峰。推动中原农谷完善科研组织体系，创新科研组织方式，做大做强科研实体，打造形成千亿级种业、粮食产业集群，以及世界一流的农业科技基础设施集群、科研试验示范基地集群和全球粮食科技创新高地，成为国家区域性农业创新核心力量。

（二）建立联合战略咨询机制

组建"两城一谷"联合战略咨询委员会，把战略咨询力量聚焦到"三足鼎立"联动发展上，为一体设计"院、城、谷"中长期发展目标、战略规划、学科布局、重要改革举措等战略性、前瞻性问题提供决策咨询；为推动"两城一谷"建设成效宣传、实践经验推广、体制机制构建、创新人才生态打造等提供建议，推动"两城一谷"加快融合发展。

（三）建立高水平创新平台协作共建机制

坚持服务国家战略，支撑地方经济发展，立足新定位，锚定新目标，强优势创特色，攻弱项补短板，在基础研究、关键共性技术研发与创新成果转化领域，探索共建投资多元化、运行市场化的新型研发机构。支持"两城一谷"集中布局重大科技基础设施，协作共建重大科技基础设施集聚区。打造一批科技公共服务平台，建立实验室、研发中心、仪器设备检验检测中心共享机制。推进共建共用"飞地"科技产业综合体，不断提升对双创人才的吸引力，有效提升产业创新支撑力。

### （四）建立关键核心技术联合攻关机制

联合组织实施重大科技项目，构建大型科技合作共建项目的风险共担和利益共享机制，促进科技资源跨区域流动，协同攻关重大装备、关键环节，吸引和培养关键人才，形成一批基础研究和应用基础研究的原创性成果，突破一批"卡脖子"关键核心技术，建设具有自主研发能力的技术集群，共同推进关键核心技术产品国产化，提升全省产业核心竞争力。

### （五）建立人才共育共用机制

采取挂职、兼职、项目合作等形式，实现人才畅通流动，通过产权及股权的确认与保护、科技项目的扶持等方式实现人才"引育留用"。推动"两城一谷"建立互认互通的人才档案审核机制和"一体通办"的流动人员人事档案转接受理机制。建立"两城一谷"人才联谊交流机制，打造国际化、综合性人才交流平台，举办高层次人才交流活动，组织灵活温馨的人才沙龙等活动。

### （六）健全科技成果转化机制

推动国家技术转移郑州中心发挥更大作用，吸引高水平技术转移机构入驻，支持"两城一谷"加快培育技术转移机构，加快建设专业化技术转移人才队伍。发挥河南省市科技成果转移转化公共服务平台作用，促进"两城一谷"技术成果与需求高效对接，加快推进科技成果转移转化。

### （七）建立金融资本融合机制

进一步争取河南省市两级政府引导基金在"两城一谷"布局，探索引入第三方机构开展市场化运营，打造"两城一谷"金融"微中心"，构建具有竞争力的资本、基金和金融人才等支持政策，形成互为支撑、互相促进的良性资本生态。实现河南省属银行"两城一谷"支行之间融合发展，建立信息共享平台、联合开发跨境支付、探索联合授信机制，引导银保监会进行联合监管等，创新科技金融联合服务。

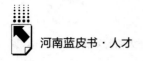

（八）构建统一的政务服务生态

深化"放管服"改革，促进服务流程再造、标准互信互认、数据汇聚共享，打造区域一体化企业服务平台。探索试行商事主体登记确认制，尊重市场主体民事权利，对申请人提交的文件实行形式审查。深入实施"证照分离"改革。率先实践一批营商环境改革举措。推进市场主体事中事后监管制度创新，营造规则统一、公开透明的监管环境。

**参考文献**

乔国栋等：《"四梁八柱"：科技创新中的"河南构造"》，《中国经济报告》2021年第3期。

师喆、曹萍：《"三足鼎立"蓄势未来》，《河南日报》2024年1月30日。

于善甫、刘晓慧、郭军峰：《河南创新要素集聚提升的成效、挑战与对策》，《黄河科技学院学报》2023年第12期。

张占仓：《河南省高质量实施科教兴省战略的新布局与新举措》，《创新科技》2023年第4期。

卜瑞鹤：《"中原农谷"助力河南建设农业强省》，《农村农业农民》2022年第7期。

叶春风等：《重塑重构省属科研类事业单位　为创新驱动发展提供体制机制保障》，《行政科学论坛》2023年第7期。

# B.6
# 河南省招才引智工作成效与展望

程宝龙　朱殿潇　陈洁　王攀*

**摘　要：** 　2023 年，河南省招才引智工作继续取得优异成绩，全省累计引进本科及以上人才超过 30 万人，有效充实了河南省各行各业的人才储备，取得这一优异成绩得益于全省近年来形成的招才引智工作服务体系支撑。在人才强省战略指引下，省内各用人单位采取灵活多样的方式加强对高层次人才的引进，尤其是已连续举办六届的招才引智大会已成为全省招才引智工作的金字招牌。人才结构的优化和人才综合素质的提升，对于河南省发展新质生产力具有重要意义。但河南省招才引智工作仍存在一定的问题，主要体现为招才引智的难度越来越大、引才存在一定的同质化现象、引才主体和渠道较单一、部分领域引才完成情况未达预期等。未来，河南省仍需高效长效引才聚才，搭建人才长期发展的支撑体系，丰富工作举措以提升引才精准度，积极调动全社会的引才主动性，并强化招才引智工作的责任落实机制，以更好地吸引和留住人才，为新质生产力发展提供人才保障。

**关键词：** 　招才引智　顶尖人才　新质生产力

## 一　河南省招才引智工作成效

2023 年河南省继续坚定不移实施人才强省战略，聚焦建设国家创新

---

* 程宝龙，河南人才集团高端智库事业部项目经理；朱殿潇，河南省人力资源和社会保障厅规划财务处处长；陈洁，河南人才集团高端智库事业部咨询师；王攀，河南省人力资源和社会保障厅专业技术人员、管理处副处长。

高地和重要人才中心的宏伟目标，在省委、省政府的统筹领导下，全省各界积极搭建招才引智载体，会聚八方人才，招才引智工作取得巨大成效。

## （一）全省招才引智工作多头并进

2023年全省聚焦"7+28+N"产业体系发展需求，各省辖市、省管高校、科研院所、省管企业等纷纷立足自身需求，重点引进顶尖人才、领军人才、青年人才、潜力人才等共计超过31万人，并呈现以下特征。

### 1.省管高校和科研院所是顶尖人才引进的主力军

相关数据显示，2023年河南省所引进的若干名顶尖人才，全部来自省管高校、科研院所系统，当前这两类单位是河南省高层次人才密度最高的单位。引进领军人才去向分布情况（见表1）与河南省人才发展平台分布现状相吻合，也符合高层次人才流动的规律。

表1　2023年河南省引进领军人才去向分布情况

单位：%

| 类别 | 省辖市 | 省管高校 | 科研院所 | 省直医院 |
|---|---|---|---|---|
| 领军人才 | 28.2 | 23.8 | 47.0 | 1.1 |

资料来源：根据相关部门调查统计数据测算获得。

### 2.省辖市、省管企业引进潜力人才方面表现优异

潜力人才是2023年河南省引进的最主要类型，整体占比达到98.8%（见表2）。河南省引进的潜力人才主要是指本科生、硕士研究生、博士研究生等，其中以应届生或参加工作年限较短的毕业生为主，这类人才大多数凭借受过高等教育、拥有更强的创意创造能力、更高的个人素养等，逐渐成为劳动者队伍的主力军，因此潜力人才的引进是河南近年来招才引智工作的重要方面。

表 2　2023 年河南省引进潜力人才占比情况

单位：%

| 类别 | 省辖市 | 省管高校 | 科研院所 | 省直医院 | 省管企业 | 整体 |
|---|---|---|---|---|---|---|
| 潜力人才 | 99.4 | 57.2 | 70.3 | 85.8 | 99.4 | 98.8 |

资料来源：根据相关部门调查统计数据测算获得。

### 3. 省管企业在招才引智工作方面勇担当

2023 年河南省 41 家省管企业共计引进各类人才超过 4000 名，且以潜力人才和青年人才为主。省管企业平均引进人才数量、引进人才中高学历人才比重等均高于全省平均水平。这表明在服务人才强省战略和稳就业大局中，省管企业积极作为，成为优化全省人才队伍不可或缺的力量。

### 4. 省内科研型岗位吸引了大量青年人才

2023 年全省各系统均更加注重青年人才的引进，其中省管高校系统、科研院所系统和省直医院系统引进的青年人才数量占其全年引进人才数量的比重依次约为 40%、20%、15%，其中两所"双一流"建设高校引进的青年人才占比超过 75%。这显示出河南省将引进青年人才作为储备未来人才的关键举措，同时表明在河南省创新系统中青年人才未来可期。

## （二）招才引智渠道不断丰富拓宽

为不断拓宽全省招才引智渠道，增加招才引智工作的抓手，河南全省各级政府部门、企事业单位、科研院所等纷纷采取招才引智系列措施，促使全省招才引智工作形成合力。

### 1. "双招双引"机制为人才引进提供强力抓手

随着科技创新与人才等要素对经济社会发展的驱动作用愈加明显，为应对内外部环境变化，河南省内各级政府相继把招商引资与招才引智相互结合起来，将"双招双引"工作作为经济社会高质量发展的重要抓手。河南省在抓"双招双引"方面已经进行了积极大胆的探索，初步形成了各个层面抓"双招双引"工作的特色和经验。河南省对重点产业链实行"链长+专班"工作机制，全省谋划的 28 个重点产业链推进专班全部由省级领导担任链长，以 1 个省直部门为责任单位、1 个盟会长单位为重点依托，按照党政机关、重点企业、专家智库"三三制"参与原则，协同开展顶层设计，分链组织专题调研，逐链编制"四图谱六清单"和三年行动方案，对"双招双引"工作实行挂图作战。省内各地市各自发挥区位、载体、文化等优势，配套出台"双招双引"政策，主动面向全球引进落地重大产业项目的同时，亦加强对各类高层次人才的对接引进。

**2.统筹实施灵活多样的人才引进专项行动**

河南省的招才引智工作始终紧扣"创新发展"主线，聚焦重大关键技术需求，以及战略性新兴产业发展、重点创新平台建设等省级重大战略目标，有针对性地举办各类招才引智活动。将政府部门引才的职能作用和市场化机构灵活引才的优势作用相结合，依托省外办事机构、商会等，联合市场化机构建立省外人才招引平台，统筹开展招才引智、招商引资和豫商豫才回归等专项活动。开展岗位征集、项目征集、嘉宾邀约等各项工作，着力促进人才链与创新链、产业链有机融合，推动人才、技术、平台等各类创新资源在省内充分集聚涌流。为更好地满足重点创新平台对高端人才（项目）的需求，在高端人才（项目）对接洽谈会现场专门设置了嵩山实验室、神农种业实验室、中原科技城以及博士后招募等专区，安排了重点创新平台招才引智专场活动，省内多家创新平台提供了优质的岗位和丰厚的待遇求贤揽才。

**3.线上线下紧密衔接提高了人才引进效率**

河南省在全国省级层面率先开发 VR 线上人才招聘平台，利用 VR、大数据等技术，将视图平面化的招聘网页升级为具有信息发布、形象展示、实时交流等功能的虚拟展位，打造沉浸式、可互动、全时性的引才平台。在招才引智工作中，充分发挥线上平台精准识别的优势，大幅拓宽了人才引育的渠道，相关用人单位依托平台优势形成了"人才+项目+资金"模式，围绕主导产业开展柔性引智、积极引进高层次人才团队和科技型项目。相关用人单位尤其重视借助线上渠道面向京津冀、长三角、大湾区等重点地区开展招才引智工作，运用大数据技术摸清在外豫籍高端人才和省内高端人才信息，运用大数据、云计算为人才绘制"自画像"，向用人单位精准推送人才信息，借助手机 App、小程序等，增加 AI 智能面试、网上签约等新功能，构建更加立体、多维、完备的人才（项目）网上招聘窗口，实现了线上线下人才招聘有机结合。

**4. 各用人单位优化管理机制推动人才引进**

河南省将招才引智作为具有全局地位的战略任务，在全省国企改革、开发区改革、企事业单位改革等重大战略任务中，均将招才引智工作纳入相关行动方案，并制定人才引进的目标和保障举措，对用人单位的招才引智工作发挥重要的引导作用。相关事业单位、国有企业等打破常规，通过特批人员编制名额、特设岗位、"一事一议"福利待遇等方式，针对高层次、急需紧缺人才，开辟"绿色通道"，"一站式"办理引进手续。在引才方式上，从用人单位实际情况和人才需求出发，灵活采取全职引进、项目合作、联合攻关、技术（专利）入股、兼职顾问等不同方式，不拘一格引进海内外创新领军人才。对高校毕业生等青年人才，通过高端人才（项目）对接洽谈会、省外招才引智系列活动等，集中招聘、送岗上门。

## （三）招才引智大会成为全省招才引智工作的金字招牌

自 2018 年以来，河南省已经连续举办六届中国·河南招才引智创新发展大会（以下简称"招才引智大会"或"大会"），在全国开创了举全省之力延揽英才的先河。招才引智大会是目前河南省在人才引进领域最高规格的活动，通过高水平举办相关活动，持续向外界传递河南重视创新、渴求人才的鲜明标签，并取得丰硕成果。

**1. 延揽人才数量创新高**

近年来，即便受到新冠疫情的不利影响，招才引智大会依然交出可喜答卷，在疫情防控降为"乙类乙管"之后，主要指标数据均迅速恢复并超越疫情之前水准，相关数据见图 1。

2018~2023 年，招才引智大会现场达成签约意向的硕博及副高以上人才

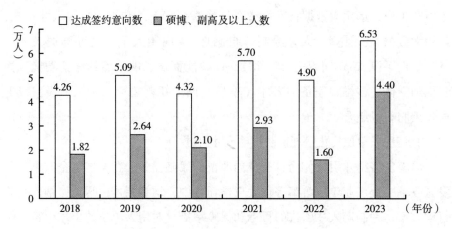

图1　2018~2023年招才引智大会招引高层次人才情况

资料来源：根据历年招才引智大会工作总结统计数据测算获得。

比例分别为42.72%、51.87%、48.61%、51.40%、32.65%、67.38%，整体占比较高。

**2.项目质量不断提升**

历年招才引智大会均面向全球邀请海内外顶级人才出席，其中2023年大会开幕式共邀请466名海内外嘉宾，含171名两院院士、国际院士、长江学者等顶级人才。举办大会开幕式、高端人才（项目）对接洽谈会、重点领域和重点创新平台专场、高层次人才河南行、高峰论坛、高端人才沙龙、省外招才引智活动、省辖市招才引智活动等56场，共计组织140余名国内外知名专家学者赴中原科技城、中原医学科学城、中原农谷等重点创新平台实地考察调研，其间开展多种形式的学术交流、项目洽谈合作等活动，共计4.38万人次入场参加高端人才（项目）对接洽谈会，成功实现签约的项目达到2539个。[①]

**3.大会的品牌影响力逐渐彰显**

近年来，招才引智大会在打通招聘和求职信息渠道，链接劳动力市场与工作岗位方面的作用越来越突出，其高规格和较强公信力的属性，

———————

① 数据来源：根据历年招才引智大会工作总结统计数据测算获得。

成为求职者与创新创业人才链接资源的平台。大会的功能已突破招才引智的范畴，成为全省企事业单位链接高层级创新资源、开展技术成果转移转化合作、开展宣传推介的绝佳平台。同时，大会早已走出河南，通过全天候的网络渠道和在全国各地的专场活动，成为河南省打造的全国性乃至全球性的人才活动。2018年的第一届大会现场有约2100家用人单位提供了约6.6万个工作岗位，得益于网络渠道和省外专场活动的拓展，2023年通过各渠道参会的用人单位数量总共达到21000多家，共计提供岗位数量约27万个。在郑州主会场现场达成签约的数量从2018年的3.14万人增长到2023年的4.60万人，与此同时，各分会场的现场签约人数也实现同步增长。招才引智大会的周期跨度长，各分会场活动几乎横跨全年并且形式多样化，相继开展过中国（河南）自由贸易试验区专场招聘会、跨国技术转移大会、中医药论坛、博士后创新创业大赛等特色鲜明的活动。①

### 4. 大会搭建平台促进项目落地

招才引智大会越来越凸显其作为链接资源和聚合要素平台的作用，近年来省内相关单位通过大会引进落地高水平的产业与创新项目，如中国工程院赵沁平院士团队、中国科学院何满潮院士团队、牛津大学大卫·帕特森院士团队等一批高端人才（团队）项目相继与河南省实验室、科技企业、地方政府签约，在高端装备、新材料、仿真技术等领域开展合作。依托大会举办的博士后创新创业大赛，共有573名博士后参赛，征集391个参赛项目，河南大学"全营养膳食透皮贴的创制"项目、郑州大学"高强—透波—隔热微波高温窑炉内衬先行者"项目等一批创新性强、科技含量高的优秀项目脱颖而出，并获得资助。这展现了大会为省内高校培养的高层次人才提供了干事创业的广阔舞台，成为高层次人才转变成为新质生产力的重要驱动因素。

---

① 数据来源：根据历年招才引智大会主会场及省外专场活动相关统计数据测算获得（不含地市数据）。

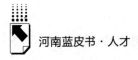

### （四）招才引智工作为全省新质生产力蓄势聚能

新质生产力已经在实践中展示出对高质量发展的强劲推动力和支撑力，新质生产力的特点是创新，关键在于绿色和优质，劳动者、劳动资料、劳动对象及其优化组合的跃升是新质生产力的基本内涵，其本质上是先进生产力。人才是创新的主体，在生产力发展中起到决定性作用，河南省招才引智工作有助于提升劳动者综合素质、开发更先进的劳动资料、普及更广泛的劳动对象。

**1. 劳动者层面：推动人才队伍数量与质量双提升**

当前省内各企事业单位纷纷布局新质生产力，通过与国内外大院大所大校大企业合作共建研发机构，联合开展技术攻关，推动科技成果产业化落地。围绕全省"7+28+N"产业体系，引进落地一批高技术、高附加值的产业与创新项目，带来了先进科技成果的同时，亦引进了一批高层次人才。通过科技引才、项目引才等方式，河南省人才队伍持续壮大、人才结构持续优化，集聚了一大批高层次人才、技能人才、产业工人和高水平创业者，人才链与产业链的融合更加紧密，人才正彰显出对新质生产力发展的强大助推作用。

**2. 劳动资料层面：助力劳动工具和要素的革新升级**

劳动工具是一定时期社会生产力发展水平的重要标志之一，发展新质生产力必然对劳动资料的革新提出新要求。随着科技革命和产业变革加速演进，人工智能、虚拟现实和增强现实设备、机器人、物联网、自动化制造设备等新型劳动工具迭代涌现，这些新型劳动工具的创新使用必将推动传统产业改造提升、战略性新兴产业巩固壮大、未来产业加快培育，进而加快新质生产力的形成与发展。新型劳动资料的能效发挥同样需要与人才的创造性相结合，招才引智工作将有助于河南省不断开发符合新质生产力要求的劳动工具和要素。

**3. 劳动对象层面：开拓具有战略效应的产业领域**

进入数字经济时代，信息技术和数字技术使得虚拟与现实高度交互，新的劳动场景不断代替原有劳动场景，使得劳动对象既包含实体形态的物质，也包含非实体形态的物质。河南省重塑全省创新体系、完善产业格局，打造形成"三足鼎立"科技创新大格局和"7+28+N"产业体系，它们成为发展新质生产力的重要载体，并将是相关产业领域不可替代的一环。河南省有一大批战略性新兴产业、未来产业项目是通过人才招引而实现落地转化的，显示出开展招才引智工作成为全省发掘新型劳动对象的关键举措。

## 二 河南省招才引智工作面临的形势和问题

### （一）高端人才的引进难度逐渐加大

近年来，高端人才成为全球范围内的战略性稀缺资源，各地对高端人才的争夺已经进入白热化阶段，区域间和行业间围绕高端人才展开激烈竞争。河南省正处于从传统工业化向新型工业化转变阶段，产业发展处于中低端，高新技术产业规模不足，优质企业数量较少，现代服务业发展滞后，传统人才、中等人才、操作维护人才相对较多，高层次人才、创新创业人才、研发设计人才相对较少。特别是河南省内大院大所、龙头企业、重点实验室等高端人才承载平台较少，吸附集聚人才功能未能充分凸显，相比发达地区尚未形成人才虹吸效应。近年来，河南省引进的顶尖人才、领军人才的数量均不足以支撑经济社会发展需求。此外，随着部分领域高层次人才受到越来越多的兼职限制，原本行之有效的"柔性引才"模式将受到极大影响，这些因素在客观上增加了引才的难度。

### （二）引才的同质化有待进一步规避

当前，河南省部分领域的招才引智工作存在一定的同质化现象，导致引才匹配度、适用性不高，存在一定的盲目性，所引进的人才未能充分发挥最大价值。部分领域招才引智工作脱离实际，未能真正结合本地区产业发展和科技创新的实际需求，在前沿科技领域、未来产业领域的招才引智工作投入过多资源和精力，反而对本地区现有产业领域的人才需求有所忽视。各地区人才引进政策工具、人才福利待遇、人才或团队荣誉称号等亦存在一定的相似性，对具体行业发展阶段和行业自身创新规律的考虑有所欠缺，对不同行业的人才区分度较低，导致无法快速匹配到细分领域的人才。部分用人单位对引进的人才重视程度不足、人才使用方法不恰当，未能真正实现人岗匹配，造成人才资源的极大浪费。此外，在招才引智工作的考核方面，当前部分用人单位对高层次人才的回报预期不明确，对高层次人才的年度考核、任期考核等均有不完善之处，这增加了引才成效的评估难度。

### （三）人才引进的主体和渠道较单一

当前，河南省招才引智工作主要由政府部门自上而下主导，引才目标的确定、引才工具的选择、引才政策的出台等各个环节均主要依靠政府部门。尽管在招才引智过程中会征求部分用人单位及相关专家的意见，但并未能全面掌握实际需求情况，导致人才需求目录无法准确反映省内各细分行业的实际需求。相关用人单位人才引进的方式和理念仍较传统，主要依靠招聘、考录等手段引才，而利用学术交流、国际合作等渠道主动发现、引进海外人才的还比较少。市场配置人才的作用尚未充分体现，基于市场化原则为企事业单位、科研院所提供高层次人才引进服务的机构较少，对高端人才开展一对一、个性化、长周期引进工作还不够到位。部分用人单位对引才新载体重视程度不够，对线上"云招聘"渠道不够重视，查阅线上简历数量较少、反馈时效性不强，未能很好地发挥VR线上人才招聘平台作用，影响了引才进度和效果。

### （四）部分领域招才引智工作成效不明显

河南省现有的高层次人才仍主要来自传统的装备制造、新材料、能源化工等产业领域，在高端装备、新能源、量子信息、类脑智能、生命健康科学等前沿领域，高层次人才仍较为缺乏。目前全省虽然批准建设20家省实验室、6家省产业技术研究院等，谋划形成28条千亿级产业链和"三足鼎立"

科技创新大格局，7 所省内高校的 10 多个学科领域积极争创一流，全省各地市建设了一大批智慧岛等创新载体，但人才队伍建设水平不高仍然是这些高能级创新载体发展的主要短板之一。河南省在事关国家重大战略的集成电路、智能制造、碳中和等重点领域的顶尖人才和领军人才较少。部分单位参与高层次人才引进的主动性不高，所能提供的岗位质量不高，部分省管高校、科研院所、省管企业和省直医院等单位，引进的人才层次质量与其"做大做强做优"的发展目标不匹配，服务人才强省战略的效果不明显。

# 三　进一步做好河南省招才引智工作的对策建议

## （一）构建人才长期发展的支撑体系

### 1. 整合资源打造高能级创新平台

重点聚焦战略性新兴产业科技前沿，充分挖掘全省科技创新潜力，持续扩大创新主体规模，围绕全省"7+28+N"产业体系，依托科研型平台集聚高端人才。深入建设政校企融合创新发展的科技创新平台和人才集聚平台，最大限度地发挥平台载体对产业提能的支撑作用，实现人才链、创新链和产业链精准对接、深度融合，打造政校企融合创新发展新模式。对标国家级创新平台的建设标准，引导省实验室、省产业技术研究院等现有的创新平台升级为国家级，充分发挥高能级创新平台对高端人才的吸引力。

### 2. 扩大高端人才的福利待遇覆盖范围

持续优化高端人才的薪酬、福利待遇、奖励制度等，推动用人单位形成以岗位价值为基础、业绩为导向的薪酬体系，通过综合评估岗位价值及个人胜任力，匹配固定薪酬，以绩效考核为重要衡量标准，通过对业绩达成的评估，体现奖金激励及个人薪酬调整。针对战略型特殊人才、急需紧缺型人才等实行协议工资、项目工资制等，引入薪酬奖励的"对赌"机制，对于参与重大科研项目攻关的人才、从事原创性研发和开展高水平科技型创业的人才，可享受专项特殊奖励、超绩效奖励等额外奖励。

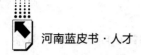

### 3. 将事业长期发展纳入人才服务链条

进一步完善"全生命周期"人才服务体系，推动产业链、人才链、创新链、金融链、服务链深度融合，建立多元化投入机制，全力保障各项人才政策落地见效，并有针对性地解决后续人才长期发展中面临的各类问题。对发展新质生产力所急需的顶尖人才及团队，实行"一人（团队）一策"量身定制，构建人才、人才团队、人才项目的跟踪服务机制。构建更便捷高效的分类服务保障体系，及时掌握并协助解决人才被引进之后，基于事业长期发展的科研环境需求、创业投融资需求、科技成果转化服务体系需求、产品市场渠道开拓需求等。

## （二）丰富工作举措以提升引才精准度

### 1. 运用大数据技术提高产才匹配效率

谋划建设全省产业人才大数据平台，运用大数据技术的识别、核对、检查、匹配功能，推动人才供给端和需求端的精准对接。围绕全省产业端的人才需求，提供人才服务场景供应、在线产才匹配诊断、人才政策检索、人才综合服务等功能。建设线下人才招引全流程服务平台，积极运用数字化技术，面向全省人才供需市场，开展人才政策宣传、引才模式研究、人才引进咨询、急需紧缺人才需求预测和诊断服务等活动，将人才综合服务植入全产业生态体系，大幅提高人才匹配的精准度。

### 2. 聚焦战略性新兴产业领域靶向引才

积极服务全省和国家重大战略及重点工程，优先满足战略性新兴产业及国家重大项目等最急需紧缺领域的人才需求，依托产业链"链长+专班"、"双招双引"、人才专项引进等工作机制，整合高校智力资源、社会资本资源、政府政策资源，完善高层次人才引进的协同机制，持续丰富引才手段。引导各用人单位将招才引智工作当作重点工作事项，研究重点岗位配置、科研人才需求类型、人才服务模式、人才管理制度、人才创业投资等，从用人单位内部管理流程层面确保人岗匹配。

### 3. 面向应用端构建产才融合互动体系

聚焦发展新质生产力的时代需求，将招才引智工作贯通"产学研用"协同发展的关键环节，引进创新人才驱动产业升级，引进急需紧缺人才驱动产业发展，进一步激发人才在产业链、科技链、创新链中的活力。理顺"产学研用"机制，推动从研发到应用各个环节形成多轮驱动效应，引导鼓励地方政府对引进的高精尖缺人才、团队和项目，加大资金投入和支持力度，帮助创新创业人才解决孵化和研究场所问题，搭建"科技+金融+人才"的"一站式"服务平台。

## （三）积极调动全社会的引才主动性

### 1. 引导用人单位强化引才的主体意识

推动全省招才引智相关单位优化工作分工，着重强化政府部门在人才宏观管理、政策制定、公共服务、监督保障等方面的职能，减少政府对用人单位招才引智工作的直接干预，引导用人单位转变引才用才的观念，由"被动接受人才"转变为"主动吸纳人才"。探索"政录企用"模式，由市、县拿出事业编制建立"人才池"，将引进的人才交给辖区内企业使用，推进顶尖人才服务定制化、高层次人才服务个性化、人才基本公共服务便利化，集中力量为用人单位引进急需紧缺人才。

### 2. 引导市场化机构积极参与招才引智工作

健全统一规范的人力资源市场体系，更好地发挥人力资源服务机构在市场化引才中的作用，鼓励各级政府部门在招才引智工作中加强与市场化机构的合作，尤其是在高层次人才招引中开展"订单式""包干式"合作。成立政府部门、用人单位、人力资源服务机构共同参与的全省高层次人才服务中心和招才引智服务联盟，鼓励市场化机构充分发挥灵活高效的优势，围绕全省重点领域各类用人单位的人才需求，有针对性地赴省外先进地区或专业特色鲜明的高校开展专项引才活动。

### 3. 围绕高层次人才开展管理制度改革

支持中原科技城、中原人力资源产业园等区域或园区，充分发挥自身灵活先行的优势，推进高层次人才管理制度改革，按照"特殊政策、特事特办"原则，在人才培养开发、选拔任用、流动配置、激励保障等方面进行大胆试验和创新，充分赋予人才"引、育、留、用、管"自主权，打造全省人力资源服务的先行先试区。深入推进人才创新创业便利化改革，建设全市人才"一站式"综合服务中心，探索"人才卡+人才码"服务制度，提升人才"关键小事"满意度。

### （四）强化招才引智工作的责任落实机制

#### 1.加强对招才引智工作的规划与统筹指导

结合产业链和创新链需求，编制全省重点行业急需紧缺人才清单，分解引才目标至相关责任单位与责任人，健全对用人单位招才引智工作的统筹指导机制，建立重点单位招才引智工作联席会议制度，完善人才认定评价机制，规范引进人才待遇、服务等标准。引导用人单位结合自身实际情况，制定面向未来的、可持续发展的人才发展规划和培养方案，做到引进上量体裁衣、培养上扬长补短、使用上用其所长，处理好人才引进与培育、数量与效益、流动与管理之间的关系，提升招才引智工作的前瞻性、针对性、灵活性。

#### 2.鼓励用人单位构建宽松的引才环境

高效落实和保障高校、企业、科研院所等企事业单位的用人自主权，实行高层次人才引进事后备案制、内设机构编制调整备案制，鼓励省内企事业单位落实高层次人才工资分配激励机制和科研人员科技成果转化现金奖励政策，构建充分体现知识、技术等创新要素价值的收益分配体系。探索支持高校、企业、科研院所建立人才发展特区，整合创新创业资源，建立招才引智基地，配置创新创业全链条要素，吸引人才和项目的落地。

#### 3.持续优化招才引智工作成效的考核标准

持续构建分层次分领域的招才引智工作成效考核体系，采用常规考核、重点事项考核相结合的方式对招才引智相关单位开展差异化考核。从引才难度、产业发展阶段、岗位匹配情况等维度，制定体现行业特点、用人单位性质及岗位需求的招才引智考核指标。探索引入"积分制"对招才引智工作成效进行考核，通过完善相应的考核及积分规则，强化各种考核方式的结果与积分运用，在一定的周期内对相关单位招才引智工作成效作出客观评价，同时将积分情况作为人才招引政策修订完善的重要参考依据。

**参考文献**

楼阳生：《在第六届中国·河南招才引智创新发展大会和第三届中国·河南开放创新暨跨国技术转移大会开幕式上的致辞》，《河南日报》2023 年 10 月 29 日。

司海燕、王庆怡：《"双招双引"深度融合发展问题研究》，《边疆经济与文化》2021 年第 3 期。

# 专题篇

## B.7
## 河南省实验室建设人才发展
## 实践与对策研究

刘　申*

**摘　要：**　河南省实验室是落实河南省委、省政府"十大战略"中创新驱动、科教兴省、人才强省战略的重要载体，人才是河南省实验室建设的基石和支撑。通过总结河南省实验室（含省产业技术研究院）建设和科技人才发展的基本情况及特征，以问题和目标为导向，分析当前省实验室建设过程中人才发展面临的四个问题，从优化政策导向、完善培养体系、创新引育机制和强化配套服务等四个方面提出了对策建议，为全省科技人才发展政策制定提供了参考借鉴。

**关键词：**　河南省实验室　人才发展　科技创新

---

\* 刘申，河南省社会科学院城市与生态文明研究所高级工程师。

党的二十大报告明确指出，优化配置创新资源，优化国家科研机构、高水平研究型大学、科技领军企业定位和布局，形成国家实验室体系，统筹推进国际科技创新中心、区域科技创新中心建设，提升国家创新体系整体效能。2024 年国务院政府工作报告指出，完善国家实验室运行管理机制，发挥国际和区域科技创新中心辐射带动作用，还强调推进高水平人才高地和吸引集聚人才平台建设，促进人才区域合理布局和协调发展。作为国家创新体系的重要组成部分，各类省级实验室在基础科学研究、关键核心技术突破、创新人才队伍培养方面发挥着巨大作用。近年来，浙江、广东、江苏、湖北等省份围绕重大科技前沿和支柱产业发展需求，陆续组建了各类省级实验室。河南把创新摆在发展的逻辑起点、现代化河南建设的核心位置，河南省实验室（以下简称"省实验室"）建设正是省委、省政府推进国家创新高地建设和现代化河南建设的重大举措。人才是省实验室生存与发展的关键战略性资源，也是省实验室开展创新研发的核心动力，还是保障其高质量可持续发展的坚实基础，更是实现高水平科技自立自强的关键因素。如何充分发挥重大科研创新平台在吸引、培养和集聚人才方面的作用，吸引全球顶尖人才和研发团队，以此推动省实验室的高质量发展，是一个值得深入探讨的课题。

## 一　河南省实验室建设情况

截至 2024 年 2 月底，河南省已批复建设 20 家省实验室和 6 家纳入省实验室体系管理的省产业技术研究院。省实验室主要分布在郑州、洛阳、平顶山、安阳、新乡、濮阳、许昌、漯河、三门峡、南阳、商丘、信阳等 12 个省辖市及郑州航空港经济综合实验区，其中由漯河、平顶山、安阳、许昌、濮阳、信阳等省辖市主导建设省实验室 6 家，由三门峡、商丘等省辖市主导建设省产业技术研究院 2 家。

省实验室聚焦经济社会发展的战略需求，围绕基础研究和应用基础研究，着力突破前沿技术、攻克"卡脖子"技术，推动源头科技创新转化为新质生产力，将省实验室建设作为建设国家创新高地和重要人才中心的重要抓手，推动省实验室从无到有再到"军容鼎盛"，为经济社会高质量发展提供强有力的科技支撑。河南立足省情特点，以优势学科为基础，紧盯特色专业领域，稳步推进省实验室建设工作，这一过程中主要存在三方面特征。

一是以郑州为中心，梯次稳步推进省实验室建设。自2021年7月成立嵩山实验室以来，河南省实验室第一批和第二批全部集聚郑州和洛阳，而后向全省其他城市逐步拓展。依据资源依赖理论，实验室创新体系发展需要充分的学术资源依赖、财力资源依赖和人力资源依赖。作为国家中心城市，郑州市科技创新优势明显，首先推动省实验室布局，同时发挥辐射带动作用，逐步向其他区域中心城市和省辖市扩展。这也说明省实验室的梯次式建设推进与河南省区域科技创新资源集聚分布一致，符合河南省发展实际。

二是以优势产业为导向，重点聚焦国家战略和区域经济特色。河南省立足产业基础和资源禀赋，将新一代信息技术、生物技术、新材料、节能环保等作为主导产业，省实验室所涉及产业研究领域与河南省主导产业高度契合。此外，作为农业大省，确保粮食、畜禽、油料、蔬菜等重要农产品供给是河南省重要任务，省实验室推进种业科技领域和食品科技领域的创新，也展现了农业大省、粮食大省的责任担当。河南省沿黄地区是黄河流经区域地形地貌特征最为特殊的区域，把握沿黄地区生态特点和资源禀赋，是河南省落实黄河流域生态保护和高质量发展战略的重要任务。因此，河南省实验室的建设推进与河南省主导产业和国家战略定位要求相匹配，充分彰显了中原区域经济特色。

三是以"国内一流"为定位，积极探索新型研发机构体制机制创新。河南省实验室按照"国内一流"新型研发机构的定位来建设，对标国际国内一流研发机构，探索构建与国际接轨的充满活力的新型体制机制，实行理事会领导下的实验室主任负责制，赋予实验室充分的人、财、物自主权，构建与人才科研能力和贡献相匹配的激励机制，赋予首席科学家选人用人、资金管理和技术路线的决定权，极大地激发了创新活力、释放了创新效能。在内部管理与运行机制方面，组建了实验室管理层，建立了实验室主任办公会制度，设立了综合管理、成果转化等内设服务机构，并制定了科研管理、人力资源管理、财务管理等内部运行制度。这些体制机制的建立为省实验室规范化管理和常态化运行提供了可靠的制度保障。

## 二　河南省实验室的人才发展现状

近年来，河南省紧紧围绕省实验室建设的人才需求，不断完善升级人才政策体系，关注重点领域，聚焦新兴产业，吸引创新人才，逐步引进、培养、集聚了一批高层次科研人才，打造了一批高水平创新研发团队和科研创新平台，积极开展重大前沿基础研究、应用基础研究和关键核心技术攻关，取得了一批原创性、标志性成果，正逐步形成中部地区的英才会聚新高地。

### （一）人才总量

深入贯彻落实省委书记楼阳生"建设科研同步推进，加快打造创新高峰"的指示精神，[①] 省实验室按照"边建设、边科研、边引育人才、边产出成果"的思路，在引进各类高层次人才方面卓有成效。其中，常俊标（平原实验室主任）、赵中伟（中原关键金属实验室常务副主任）、康相涛（神农种业实验室首席科学家）、黄和（中原食品实验室首席科学家）当选2023年两院院士。

### （二）人才结构

在人才类型上，省实验室的人才队伍主要分为科研人员和管理人员两类。科研人员聘用按照"创新机制、畅通发展、岗位管理、任务导向"的原则，以立德树人为目标、业绩成果为导向，充分激发科研人员的创新活力；管理人员主要为科研人员提供管理服务。以嵩山实验室为例，科研人员

---

① 《［河南新闻联播］楼阳生到省科学院调研时强调　建设科研同步推进　加快打造创新高峰》，央视网，2023 年 2 月 23 日，https://politics.cntv.cn/2023/02/23/VIDET4gstfmdHZLk4AAITLOk230223.shtml。

约占比 3/4，管理人员约占比 1/4。在专业结构上，各省实验室已基本形成院士等首席科学家领衔，以领军人才、拔尖人才、优秀青年骨干、博士后/博士为核心的人才队伍。如天健先进生物医学实验室除实验室研究方向领军人物（李蓬院士、董子钢教授、唐本忠院士）外，还聘任国家杰青、国家优青，以及河南省中原学者、中原科技创新领军人才、中原基础研究领军人才等高层次人才。

### （三）人才方向

省实验室人才引进主要聚焦国家重大战略需求和传统产业转型升级需要，结合河南省优势学科和重点产业，人才引进重点方向主要集中在信息技术、种业、新材料、新能源和生物医药等众多专业领域。省实验室战略布局不仅成功吸引了众多高层次科技人才会聚河南，更为他们搭建了一个优质的培养与集聚平台。截至 2024 年 2 月底，省实验室人才专业方向基本覆盖电子信息（嵩山、柔性电子、墨子、中原人工智能等 4 家）、现代农业（神农种业、中原食品、大别山等 3 家）、资源与环境（黄河、黄淮等 2 家）、先进制造与自动化（龙门、抗疲劳制造、中原电气等 3 家）、新材料（龙门、中原关键金属、尧山、超硬材料、龙都、超纯矿物等 6 家）、生物与新医药（龙湖现代免疫、天健、平原、中州、牧原、中原纳米酶等 6 家）、新能源与节能（龙子湖、清洁能源等 2 家）、航空航天（蓝天 1 家）等 8 个研究领域 20 余个研究方向。

### （四）人才引聘

省实验室人才引进采取引育并举的策略，积极探索"人才、科研、学科、产业"四位一体协同创新模式，形成了全方位、多领域、高层次创新人才培养体系与成长机制。省实验室人才引进主要包括公开招聘、平台引才、柔性引才 3 种方式。公开招聘方式，省实验室通过官网、官微以及第三方平台（如前程无忧、智联招聘等）发布招聘公告，参加省市招才引智招聘活动以及校园双选会招聘活动，全职引进符合实验室发展需要的高层次人才和青年人才。平台引才方式，省实验室通过推进院士工作站、博士后工作站以及科研平台建设，为高层次人才搭建合适的平台以吸引人才。柔性引才方式，省实验室面向国内外知名高校、科研院所、企业等，以双聘、合作研究等方式柔性引进各类高层次人才。在人才聘用方式上，省实验室采用了全职、全时、双聘和弹性4种方式。

### （五）人才成效

依托省实验室平台形成的各级创新研发团队，以提升重大领域原始创新能力、突破重点产业发展关键核心技术瓶颈为使命，聚焦优势领域，形成一流创新课题，凝心聚力进行科研攻关，产出了一批重大科研成果，人才引育成效明显。例如，神农种业实验室开发了适用于我国地方鸡基因组系列液相芯片——"神农1号"，能够实现新品种快速、高效、低成本培育，对我国家禽种业振兴与可持续发展具有重要意义；龙门实验室已经攻克了电子级多晶硅提纯关键核心技术，其关键核心技术指标达到了国际先进水平。

## 三 河南省实验室人才发展面临的问题

按照省委安排部署，围绕"持续完善顶层设计、政策制定、工作协调、平台建设、服务配套等，打造一流人才生态，努力建设全国重要人才中心"的目标任务，为高质量推进省实验室建设，省委人才工作领导小组办公室会同省委宣传部、省委编办、省教育厅、省科技厅、省工业和信息化厅、省公安厅、省人力资源和社会保障厅、省住房和城乡建设厅、省卫生健康委等部门制定出台以《关于加快建设全国重要人才中心的实施方案》为引领，涵盖引才措施、推进机制、服务配套等各方面的"1+20"一揽子人才引进政策措施，有效推动了省实验室高水平建设。但是，当前省实验室人才发展在政策宣贯、培养体系、引育机制、服务保障等方面仍有不足。

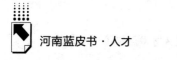

### （一）人才政策宣贯还不够，实施效果有待提高

省实验室作为一流的新型研发机构，得到了省委、省政府的大力支持，允许其在政策引导下积极探索和创新，寻找符合科研规律、激发科研人员创新活力的新路径和新模式。省委、省政府先后出台了一系列人才引进政策，但是对于政策的宣贯解读还有待于进一步深入，导致部分省实验室对相关人才政策理解不全面、不透彻，不能很好地利用国家、省相关人才政策支持。部分政策与当前省实验室高层次人才需求还不完全匹配，亟须加快修订完善。

### （二）人才培养体系还不健全，全职顶尖人才仍然匮乏

省实验室基本形成由院士等高端人才牵头的创新研发团队，巩固创新人才"近悦远来"的良好态势，初步形成各具特色的人才培养体系，部分省实验室柔性引才较多，较缺乏全职顶尖人才。省实验室的品牌效应尚未完全彰显，相比沿海发达地区，人才待遇较低，对外省人才和拔尖人才的吸引力不足。省实验室差异性较大，对于人才需求程度不一样，部分省实验室的事业编制利用不足。部分省实验室基础设施建设不够完善，工作环境有待优化，尚未形成良好的科研"软硬件"环境。

### （三）人才引育机制还不完善，人才梯队尚未形成

实验室人才队伍大多呈"金字塔"形状，既需要"塔尖"人才，也需要"塔基"人才，目前高层次人才引进政策支持较多，但部分省实验室对于急需紧缺专业的基础研究人员（硕士研究生）和高技能工程师也有一定需求，受当前人才招聘条件限制，部分省实验室基础性"蓝领"研究人员缺乏，尚未形成合理的人才规模和人才梯队。如墨子实验室急需大量一线实验人员，中原关键金属实验室急需实验室成果转化后的产业化人员，受当前实验室偏向高层次人才的政策限制，基础性研究人员缺少引育通道。

## （四）人才福利待遇受限，服务保障体系不够健全

作为一类全新的研发机构，省实验室科技人才政策在人文关怀方面还有待完善，部分省实验室在双跨双聘人员职称评聘和学术成果互认方面缺乏政策支持。实验室人才服务保障覆盖范围以"保姆式"服务为主，重点围绕住房、子女入学等方面，难以适应高层次人才多元化、特色化、高端化的需求。受传统事业单位制度约束，省实验室在经费使用、人才评聘、人才福利待遇保障等方面的突破性、创新性和灵活性不足，人才活力释放不够。

# 四　河南省实验室人才发展的对策建议

随着省实验室"朋友圈"的不断扩大，省实验室人才需求也将越来越强烈，以问题为导向，借鉴国际国内先进经验，省实验室人才发展政策措施亟须不断优化创新、精准落实，同时，应全方位引进培养人才，发挥高层次人才的"引擎作用"，助力省实验室建设再上新台阶。

## （一）优化政策导向，精准落实人才发展战略

一是强化政策引导，充分激发新型研发机构的潜能。在省级层面，加强部门协同，大力推动省实验室等新型科研平台发展，全面推进省实验室科技人才队伍建设，重点实施顶尖人才突破行动、领军人才集聚行动、青年人才倍增行动、潜力人才筑基行动、实验室赋能行动等，通过加强全方位的政策引导，确保省实验室人才队伍建设政策的精准实施。二是突出重点，精准引才，分类实施人才引进计划。针对省实验室人才需求差异化的现实情况，人才引进政策应体现灵活性、高效性，定制引才"政策包"，对不合时宜的政策要结合当前高层人才需求进行修订，对重大战略任务急需、领域稀缺的顶尖人才、特殊人才，采取"一事一议"方式按需支持，以承担重大任务能力作为选人核心标准，推进引才绩效考核量化、标准化建设，精准围绕核心领域重大任务搭建"全链条"引才工作体系。三是畅通人才招聘和职称评

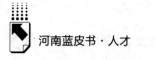

聘通道，创新人才晋升机制。针对省实验室开设人才招聘"一对一"绿色通道，简化人事办理手续和材料，加快办理进度，压缩入职时间；建立常态化评价机制，实行特殊人才特殊申报政策，实行代表性成果评价体系，激励实验室人才科研创新，优化职称评审程序，确保实验室人才职称晋升不受限制。

### （二）完善培养体系，吸引培育高水平创新人才

人才是省实验室创新发展的核心资源，高层次人才及其团队不仅是省实验室科技创新的动力源泉，也是提升省实验室科技创新研发能力的关键因素，更是加快培育新质生产力的重要载体。一是建立完善人才梯次引育体系，吸引集聚一流人才团队。面向海内外制定具有优势竞争力和吸引力的引育人才政策制度，创新人才工作体制机制，优化引才育才环境，以长远的战略眼光、思维和举措，大力引育海内外高层次人才、杰出人才和骨干人才，集聚一流人才团队；对于"塔基"型基础性研究人员，赋予省实验室自主引育人才权限，完善选聘制度，增强省实验室基础研究和应用基础研究人才招引能力。二是强化人才制度设计和政策落实。依托现有人才政策体系，补充针对潜在高层次人才的发现、培养、引进和激励政策，加大人才政策宣传力度，完善人才交流平台，加强与国内外一流大学合作，通过留学、访问、邀请等交流方式，提升实验室现有科技人才及其团队的科研能力和水平。三是建立研究生联合培养机制。与相关单位加强沟通，争取单独的研究生招生指标，与省内外知名高校和科研院所合作，依托博士后创新实践基地联合培养博士后。

### （三）创新引育机制，多措并举引进高层次人才

省实验室应聚焦科研方向和运营需求，实行积极、开放的人才引进举措。一是建立高层次人才多元化引入机制。加快推进省实验室品牌建设，壮大以全职人员为主的核心创新研发团队，以项目需求为牵引，突出靶向引才，精准引进国内外细分领域高水平创新研发团队，利用猎头公司、PI引

聘等多种引才渠道和方式引入高水平科研人才。二是应积极加强与行业内顶尖专家的联系，通过利用这些专家在业界的广泛影响力和专业推荐，吸引集聚更多高层次创新研发人才和团队，从而实现"以才引才"的战略目标。三是探索更加灵活的用人机制。通过全职聘用、兼职双聘、纳入学术委员会、合作研究项目等形式，引入"揭榜挂帅"等竞争机制广聚天下英才。

### （四）强化配套服务，健全人才服务保障体系

要建设"一站式"人才服务平台，将省实验室人才引育、培养、激励等纳入"一站式"人才服务体系省级服务事项清单，积极落实各项人才配套政策，青年人才公寓、住房补贴、生活补贴等政策应优先向省实验室人才倾斜，为高端人才及其团队在落户购房、子女入学、医疗保障及奖励等方面提供服务保障，以提高省实验室科研人员的归属感和工作积极性。同时，省实验室牵头建设单位、共建单位以及属地政府应对引进人才在基本生活住房、子女入学入托等方面给予相应支持，提升服务层次，完善服务机制，建立起一系列具有人文关怀的激励留人制度和人才服务保障制度。

**参考文献**

河南省科技创新委员会：《关于印发〈河南省实验室体系建设方案〉的通知》，2021年 10 月。

河南省委人才工作领导小组办公室：《河南省"1+20"一揽子人才引进政策措施汇编》，2022 年 4 月。

河南省人民政府：《关于印发河南省实验室建设管理办法（试行）的通知》，2021年 8 月。

河南省人民政府办公厅：《关于印发河南省支持科技创新发展若干财政政策措施的通知》，2022 年 1 月。

赵俊杰：《河南省高层次科技人才引进存在的问题及对策研究》，硕士学位论文，华北水利水电大学，2023。

杨兰桥：《河南省创新人才发展体制机制研究》，《创新科技》2019 年第 5 期。

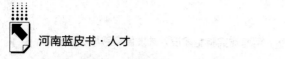

刘明定：《河南省科技创新人才培养研究》，《华北水利水电大学学报》（社会科学版）2018 年第 1 期。

刘若水：《河南省建设"人才高地"的发展路径研究》，《人才资源开发》2018 年第 3 期。

田金坤：《英国、美国和新加坡人才发展战略比较分析及经验借鉴》，硕士学位论文，厦门大学，2017。

李宇辉：《江苏、安徽、贵州实施人才强省的经验与河南省借鉴研究》，《改革与开放》2015 年第 17 期。

# B.8
# 河南省"双一流"创建学科人才
# 队伍建设成效与展望

岳德胜 杨 超 马 菲*

**摘 要：** 建设世界一流大学和一流学科是河南省落实党中央、国务院战略部署的重要举措，是省委创新驱动、科教兴省、人才强省第一战略的重要内容，是打造"双航母"、培育"第二梯队"的关键任务。"双一流"创建实施以来，各创建学科高水平人才队伍规模不断扩大、结构持续优化、服务国家战略和河南发展能力显著增强。与此同时，也存在人才工作理念需要进一步创新、管理效能有待进一步提升、高层次人才规模亟须进一步扩大等问题。建议从完善政府高校社会协同机制、强化一流人才队伍全链供给、构建引才育才留才良好生态、强化聚才用才展才关键支撑，以及探索学科特色人才发展路径五个方面重点发力。

**关键词：** "双一流"创建学科 人才队伍 河南省

为了全面推进世界一流大学和一流学科建设（以下简称"双一流"建设），2021年河南作出打造郑州大学和河南大学"双航母"、培育"第二梯队"的"双一流"建设总体部署，支持河南农业大学等7所高校的11个学科创建一流学科。省委、省政府坚持教育、科技、人才"三位一体"发展的战略考量，确立人才引领发展的战略地位，把创新驱动、科

---

* 岳德胜，河南省教育厅学位管理与研究生教育处处长；杨超，河南省教育厅学位管理与研究生教育处副处长；马菲，河南农业大学发展规划处处长。

教兴省、人才强省战略列为"十大战略"之首，以前所未有的决心和力度制定实施了《关于加快构建一流创新生态建设国家创新高地的意见》等一系列支持政策，在资金、人才、项目、平台等方面给予超常规支持，积极为"双一流"创建学科集聚高水平人才队伍，加快内涵式发展，打造一流人才生态。全省"双一流"创建高校解放思想、创新求变，把政策优势转化为高层次人才集聚、一流人才自主培养、服务国家战略需求和科技自立自强的优势，在人才引育、平台建设、标志性成果转化、改革创新、支撑国家战略和服务地方经济发展等方面持续发力，成效十分显著，为构建一流创新生态、建设国家创新高地和重要人才中心奠定了坚实基础。

# 一　河南省"双一流"创建学科人才队伍建设现状

"双一流"建设实施以来，河南成立省"双一流"建设领导小组和专家咨询组，组建省"双一流"创建高校联盟，高规格部署、科学谋划、统筹推进"双一流"创建。坚持立足河南、面向全国、放眼世界的发展定位，全省创建学科围绕"四个面向"重点打造学科、人才、团队、平台、项目"五位一体"的科技创新模式，人才队伍建设取得显著成效，也积累了丰富经验。

## （一）人才队伍建设取得显著成效

经过持续高强度投入和超常规建设，全省"双一流"创建学科人才队伍建设已经在规模和结构上取得了显著成效。通过"揭榜挂帅"和开展有组织科研，还产出了一批具有重要影响的原创性成果，向深向广提升社会服务效能，社会影响力显著增强。

### 1. 人才队伍量质齐升

2021~2023年，创建学科专任教师规模平均增幅达到16.67%，其中安全科学与工程、物理学学科增幅超过30%，各学科专任教师规模基本达到第五轮学科评估中"双一流"建设学科或 A 类学科平均水平（第五轮学科评估中，兽医学、安全科学与工程、测绘科学与技术学科参评的"双一流"建设学科少于 3 个，学科分析报告不显示参评"双一流"建设学科数据，相关数据无法获取。比较分析时，3 个创建学科与参评 A 类学科进行对比，下同）。专任教师的学历层次、研究生导师层次稳步提升，其中博士研究生比例平均增加 2.73 个百分点、博士生导师比例平均增加 3.68 个百分点，兽医学、测绘科学与技术、材料科学与工程、化学、中医学学科专任教师队伍中博士学位比例超过第五轮学科评估中"双一流"建设学科或 A 类学科平均水平，中医学正高级职称和博士生导师比例超过第五轮学科评估中"双一流"建设学科平均水平。

2. 人才队伍服务社会能力显著增强

河南工业大学与世界粮食计划署签署战略合作协议，向发展中国家供应粮食领域技术，制修订国际、国家和行业标准 30 余项，1 人入选 ISO 食品技术委员会谷物与豆类分委员会全谷物工作组中方专家（全国 4 人）；2023 年承办国家国际发展合作署、商务部等援外培训项目 12 期，为 29 个发展中国家开展培训。疫情期间，兽医学学科向匈牙利政府捐赠了由团队自主研发创制的 1 万支非洲猪瘟抗体快速检测试纸。2023 年河南夏收遭遇"烂场雨"后，农业农村部小麦专家指导组顾问、作物学学科郭天财教授等一批农业专家奔赴 40 多个县"把麦问诊"，指导夏粮抢收和后期麦田管理。张改平院士、李东艳教授等专家学者在全国两会建言献策。两位专家当选为三亚国际种业科学家联合体副主席，一批专家在国务院学位委员会学科评议组、教育部普通高等学校本科教育教学评估专家委员会等组织以及中国畜牧兽医学会等全国性学会担任兼职。

3. 人才队伍建设体制机制实现重大突破，高水平人才质量和贡献率显著提高

创建高校始终把人才强校作为实现"双一流"建设目标的核心战略，引育并举、以用为本，人才队伍质量有力提升。7 所高校先后引进院士、国家杰青等高层次人才担任校长、学术副校长或首席科学家。创建学科国家教学名师、全国高校黄大年式教师团队数增加 66.67%；院士等国家

级人才达到 56 人，增长率为 124%，其中自主培育中国科学院院士常俊标、中国工程院院士康相涛，全职院士达到 12 人，柔性引进国家级高层次人才 26 人。

近年来，创建学科形成以顶尖人才为引领、领军人才为核心、青年骨干为支撑的人才团队，在关键核心技术攻关和原创性成果转化方面接连取得突破。以第一单位牵头立项国家科技重大专项、国家重点研发计划、国家自然科学基金重大项目 29 项，国家自然科学基金项目达 584 项。获得河南省科技三大奖 132 项，其中一等奖及杰出贡献奖占 18%。一些专家团队的研究成果或填补了相应领域的重要空缺，如王道文教授团队领衔绘制的黑麦高精细物理图谱；或在国际顶尖期刊发表，如作物学学科汤继华教授团队首次解析的基因调控铁元素进入玉米籽粒分子机制、化学学科常俊标院士和朱博教授团队的高效抗抑郁药物研究、物理学学科高能物理研究团队的初末态重子数变化量为 2 的超子反超子振荡现象研究；或取得重大进展，如兽医学学科研究团队在新冠肺炎亚单位疫苗研制、地方鸡基因组学研究方面取得突破，1 项成果入选"河南十大科技创新成果"。

（二）人才队伍建设经验做法

为集聚更多优秀人才服务河南省一流学科创建，河南立足提质存量、优化增量的发展目标，持续建立完善"政策惠才、环境引才、平台聚才、服务留才、事业成才"体制机制，特别是在释放政策引领作用、推动内部以及外部建设主体融合发展、注重平台建设与产业支撑等方面积累了丰富、有效的发展经验。

1. 突出政策引领作用

近年来，河南省制定出台了以《关于加快建设全国重要人才中心的实施方案》为引领的"1+20"一揽子人才引进政策措施，以及《关于实施高等学校"双一流"创建工程的意见》《关于优化预算管理机制深入推进"十四五"时期"双一流"建设的意见》《河南省一流学科引进人才工作细则》《关于提升高校科技创新能力的实施意见》等政策文件。基于政策引领，细化高层次人才引进举措，优化调整人才评价、绩效奖励政策，畅通高层次和急需紧缺人才职称评聘通道，解决人才住房保障、配偶安置、子女入学等问题，为构建"双一流"创建学科人才队伍各尽其能、各展其才、各得其所的良好生态提供有效政策支撑。

同时，创建高校也纷纷制定人才工作办法，强化人才队伍建设的顶层设计和政策支撑。河南农业大学建设"双一流"创建工程学科特区，破除人才引进、职称评聘等方面制约学科高质量发展的障碍；河南理工大学出台《优秀青年教师直接评聘高级职称办法》，支持创建学科具有发展潜力的青年人才脱颖而出；河南科技大学以"双一流"创建学科为引领，建立人才分级分类评价机制；河南中医药大学通过"仲景学者"计划等，建设一流学科人才梯队；华北水利水电大学专项出台《"双一流"创建学科人才引进办法》，健全激励和考核评价机制，鼓励优秀人才脱颖而出。

2. 强优势补短板取实效

充分认识顶尖人才在快速提升学科声誉和学科建设水平中的关键作用，拓宽思路、创新举措，选优配强学科带头人，建立健全人才发展体制机制，加快学科高质量发展步伐。一方面，实施人才特区政策，"一人一策"引进适配院士等顶尖人才担任学科带头人或学科方向首席科学家，畅通中青年学术领军人才成长通道；深入挖掘学科潜力，深化学科集群建设和交叉融合，打通校内人才交流合作通道，强化以目标和产出为导向的创建学科高水平团队建设。另一方面，聚焦创建学科领域，面向全球，引进具有重要学术影响力的校长和学术副校长，优先选聘创建学科优秀人才任职于学校关键领导岗位，在创建高校形成自上而下、聚焦聚力的发展动力和建设合力，进一步增强创建学科实现弯道超车的能力。

3. 深化校地融合与国际合作

创建高校所在地持续深化校地融合发展，创新机制、创优生态，支持"双一流"创建学科会聚人才、提质晋位。郑州市全力支持河南农业大学中国现代农业联合研究生院建设，在院区规划、人才公寓建设等方面主动作为、强力推进；焦作市探索市校融合发展路径，将河南理工大学发展纳入城市整体规划；洛阳市在方案规划、平台建设、成果转化等方面为河南科技大学提供支撑；新乡市与河南师范大学共建科技创新港，全力打造校地深度协同、共建共享的一流创新生态和创新高地样板，为"双一流"创建营造良好外部环境。此外，以国家"111计划"绿色化学与电源材料学科创新引智基地、CIMMYT-中国（河南）小麦玉米联合研究中心、动物免疫学国际联合研究中心等平台为依托，不断加强与国际学术界的交流合作，引进新加坡科学院陈俊丰教授、罗德平教授和哈佛大学、佐治亚大学等高校高水平博士生。

### 4. 优化平台建设与产业支撑

创建学科充分发挥人才优势，以第一牵头单位建设国家级平台14个，创建以来新增获批抗病毒性传染病创新药物全国重点实验室、动物生物安全三级实验室2个国家级平台。深度融入河南重大科技创新载体中原农谷、河南中医药科学院建设，牵头建设龙湖现代免疫实验室、龙门实验室、中原食品实验室、平原实验室、神农种业实验室5家省实验室。国家小麦工程技术研究中心等国家级平台重组提质加速。新增动物病原与生物安全教育部重点实验室等高能级创新平台8个，建设海南南繁研究院、河南农业大学牧原联合产业研究院等新型研发机构。同时，围绕解决制约产业发展的关键问题，加强关键核心技术研发和成果转移转化，助力培育发展新质生产力。

# 二　河南省"双一流"创建学科人才
## 队伍建设形势分析

高水平人才队伍是"双一流"创建学科提升人才培养和科技创新水平，形成核心竞争力的关键因素。一流的学科和一流的大学离不开一流的人才，只有打造一支结构合理的人才队伍，"双一流"创建才能根基稳固。因此，持续关注"双一流"创建的机遇，在推进过程中及时发现存在的问题，以及可能面临的挑战和风险，是取得积极成效的必要前提和重要保障。

## （一）融入发展战略布局迎来新机遇

**1. 高等教育嵌入国家发展战略布局，为河南"双一流"创建学科人才队伍建设提供了良好的外部生态**

党的二十大报告首次对教育、科技、人才进行"三位一体"统筹安排、一体部署，深刻体现了新时代新征程教育的基础性、先导性、全局性地位和作用。习近平总书记明确指出"建设教育强国，龙头是高等教育"，[①] 并提出"加快建设中国特色、世界一流的大学和优势学科"，[②] 为河南省"双一流"创建指明了方向、提供了遵循。特别是第二轮"双一流"遴选坚持需求引导下的布局调整，更加突出学科内涵建设、坚持特色发展和服务战略需求，7所地方高校入选第二轮国家"双一流"建设名单，为河南省"双一流"创建高校探索自主特色发展新模式，在各具特色的优势领域和方向上持续努力、争创一流提供了示范样板。

**2. 人才强省成为河南发展重要战略支撑，持续为全省"双一流"创建学科人才队伍建设优化内部环境**

习近平总书记视察河南时指出"河南农业特别是粮食生产，是一大优势、一张王牌，这个优势、这张王牌任何时候都不能丢"，[③] 殷殷嘱托河南"在乡村振兴中实现农业强省目标"。[④] 河南面临新时代推动中部地区崛起、黄河流域生态保护和高质量发展等一系列机遇。尤其是河南省第十一次党代会提出，锚定"两个确保"，实施"十大战略"，把创新驱动、科教兴省、

---

① 《深入实施科教兴国战略（两会近距离）》，人民网，2024年3月7日，http://cpc.people.com.cn/n1/2024/0307/c64387-40190613.html。

② 《加快建设中国特色世界一流的大学和优势学科》，求是网，2023年8月14日，http://www.qstheory.cn/dukan/hqwg/2023-08/14/c_1129801684.htm。

③ 《河南粮食产业经济发展出彩中原》，农业农村部网站，2019年6月19日，http://www.moa.gov.cn/xw/qg/201906/t20190619_6318104.htm。

④ 《在乡村振兴中实现农业强省目标》，"求是网"百家号，2023年3月16日，https://baijiahao.baidu.com/s? id=1760512605986054057&wfr=spider&for=pc。

人才强省战略作为"十大战略"之首，并提出建设教育强省、农业强省、制造业强省、中医药强省。一系列战略的实施，对河南高等教育高水平人才供给提出了新要求。11 个"双一流"创建学科高度契合河南发展战略，建设高水平人才队伍，为现代化河南建设提供人才支持和智力支撑的任务比以往任何时候都更加迫切。

（二）发展不平衡不充分面临新挑战

**1. 既有发展不平衡的延续对河南省"双一流"创建学科人才队伍建设的消极影响持续累积**

多年来，国家通过实施"211 工程""985 工程"，以及"优势学科创新平台"和"特色重点学科项目"等的重点建设，建成了一批重点高校和重点学科，带动了我国高等教育整体水平提升，但重点建设也存在身份固化、竞争缺失、重复交叉等问题。基于此，河南省获得的政策红利不足，优质高等教育资源相对稀缺，河南高校在国家高水平大学和学科、国家级平台等的区域布局中处于弱势，第二轮"双一流"建设中，仅有郑州大学、河南大学的 4 个学科入选。此外，各地市为使在地高校在第二轮"双一流"遴选中抢占先机，不断加码人才相关待遇和"引、育、留、用"配套措施，各高校针对高层次人才的竞争已进入白热化状态。

**2. 发展新质生产力对河南省"双一流"创建学科人才队伍建设提出更高要求**

创新驱动本质上是人才驱动，河南现代化产业体系构建和强省建设迫切需要以与新质生产力发展需求相适应的人才结构引领支撑科技创新和产业升级。目前，全省创建学科人才队伍结构和高层次人才规模与"双一流"建设要求存在较大差距，在服务国家战略和全省发展大局等方面的支撑作用不够大，承接国家重大研发任务较少、产出重大标志性成果不多、推动产业升级的能力有待提升，已经成为河南深入推进"双一流"创建的关键短板。与此同时，省内高校还面临国内外高水平大学、经济发达省份地方高校、新型研究大学、新型研发机构等对优质人才的强力竞争，高水平人才引进遭遇前所未有的挑战。

# 三 河南省"双一流"创建学科人才队伍建设对策建议

当前,河南省"双一流"创建面临新的机遇和挑战,建议采取高位推动等策略,从协同机制、全链供给、生态建设、平台搭建、特色创新等方面入手,着力优化人才队伍结构、扩大高层次人才规模以及提升人才服务能力等。

## (一)坚持高位推动,完善政府高校社会协同机制

一是坚持和加强组织领导。省委、省政府要准确把握"双一流"创建的紧迫形势和建设实际,强力发挥在"双一流"创建和人才工作中的牵头抓总作用,把优化人才发展环境、打造一流创新生态作为引领"双一流"创建、加快建设教育强省的战略性、全局性、基础性大事来抓。强化重要人才项目牵引示范,推进人才计划优化整合和人才评价"破五唯"治理,修订完善高层次人才认定标准,提升高层次人才供给与"双一流"创建的适配度。加强教育引导和督促指导,支持创建高校完善创新人才工作举措、制度机制,加速推进"双一流"创建。

二是推进和深化政策落实。保持人才政策的连续性和稳定性,持续释放政策对人才的集聚效应,长效保障创建学科人才队伍建设。深化人事管理制度改革,注重减负放权赋能,打通政策实施的堵点,推进人才政策落地落细。在"6个自主"的基础上,进一步赋予创建高校经费管理、职称评审等方面更大的自主权,允许"双一流"创建资金预算高层次人才薪酬等支出,解决创建学科人才支撑不足与创建高校人才经费紧缺的矛盾。加大"中原英才计划"、省自然科学基金等对创建学科青年科技人才的资助力度,加快推进学科人才团队成长。提高行政管理效能,优化管理流程,全方位服务保障创建高校人才工作。同时,发挥"河南省学科发展指标监测平台"效能,从基础指标对比、核心指标突破、重点工作推进3个维度对创建学科人才队

伍建设情况进行持续跟踪和监测，加强对高校人才工作的督促指导。

三是推动和强化四链融合。支持机械工程、材料科学与工程、化学、物理学、食品科学与工程、兽医学等创建学科发挥人才优势，围绕河南加快新型工业化和重点产业链建设，与创新主体共建研发中心，共同承担重大项目，开展应用导向的基础研究和关键核心技术攻关；共建未来技术学院、现代产业学院等特色学院，创新开展产学合作协同育人，增加现代产业发展所需人才供给。鼓励创建高校建设专业化科技成果转化机构，强化创建学科研究成果转移转化，加快培育新质生产力，在服务提升河南创新体系整体效能和产业体系现代化水平中增强人才贡献力。

（二）聚焦一流目标，强化一流人才队伍全链供给

一是把握建设形势，强化一体配置。把创建学科人才队伍建设工作放在现代化强国和现代化强省建设的新形势、新格局下思考和布局。正确理解创建高校地方性的属性特征，准确把握"双一流"创建终极目标，推进重大科技项目与成果登记、推广示范、社会服务、奖励申报等工作衔接，统筹推进基础研究、应用基础研究、成果转化等人才的一体化保障，切实将建设成效转化为服务国家战略和河南经济社会发展的现实生产力，形成标志性成果，为"双一流"创建蓄势增能。

二是把握学科特色，引育适配人才。创建高校要坚持人才引领战略，以高水平人才队伍建设撬动创建学科高质量发展。理性看待各类评估评价及其衡量指标与"双一流"创建的关联，正确认识理、工、农、医学科门类内涵差异及创建学科对人才需求的差异，坚定学科特色化发展道路，强化有组织科研和成果培育，聚焦关键领域、关键成果，坚持需求导向、目标导向，精准引才、育才，强化创建学科标志性成果人才队伍保障。

（三）坚持特区发展，构建引才育才留才良好生态

一是强化优先支持。深刻认识河南省"双一流"创建紧迫形势与"双一流"遴选共性要求之间，创建高校整体办学水平、办学资源等方面与国

家队高校之间仍存在较大差距的现状，把握创建的形势任务，切实增强责任感和使命感，聚焦学科带头人引育等关键问题，创新人才工作体制机制。一方面，坚定非均衡发展理念，加强校内协同联动，推动一切要素向建设聚焦、一切工作为建设服务，解决制约创建学科高质量发展的人才工作问题。另一方面，坚持人才工作优先谋划、人才投入优先保障、人才事业优先发展，形成"学校层面经常研究、相关部门经常推动、师生员工经常谈论"的工作氛围，形成支持创建学科人才队伍建设的合力。对创建学科人才工作"特事特办""一事一议""一人一策"；准确研判当前国内外人才形势，充分利用国家和河南人才政策、人才计划，通过设立人才特区、面向全球"揭榜挂帅"等途径，采取专职与柔性、引才与引智相结合等形式，会聚优秀人才；对有发展潜力的优秀人才重点培育，完善青年人才成长和创新团队建设机制，培养造就更多大师、战略科学家，形成以顶尖人才为引领、领军人才为重点、青年人才为支撑，规模适度、结构优化的人才格局。

二是加强制度保障。创建高校要深刻认识"双一流"创建对河南高质量高等教育体系建设及学校事业发展的重要性和紧迫性，把创建学科高水平人才队伍建设作为学校人才工作的核心任务和"双一流"创建的首要任务，不断完善人才政策体系，加强人才服务保障。完善科学、规范、高效的人才培养、选拔、评价和激励保障体系，引导高层次人才围绕国家重大战略、区域发展作出创新性贡献，发挥高端引领和关键支撑作用。探索人才、团队、平台"三位一体"综合评价体系，促进学科交叉融合和团队协同创新，推动科学研究回归初心。要加强人才工作监督管理，优化岗位设置，强化聘期绩效评价，完善职称分类评审，持续探索高层次人才目标年薪制、协议工资制和项目工资制，充分调动人才积极性和创造力，持续提升人才工作效能。

三是用好用活政策。落地落实落细、用足用好用活国家和河南人才各项政策，为人才创造干事创业、持续发展的良好环境，让政策红利最大限度地惠及创建学科及其人才队伍。结合学校实际，以"双一流"创建项目为抓手，加强相关学科与创建学科的交叉融合，积极争取高层次人才引进以及薪酬、安家费、科研启动费、团队建设等方面的经费落实。确保创建学科高层次人才实验室、安家费等相关待遇。协调解决高层次人才子女入学、配偶安置等问题，确保优秀人才引得进、留得住、用得好。

### （四）建强平台载体，强化聚才用才展才关键支撑

一是积极融入国家战略科技力量体系。加快抗病毒性传染病创新药物全国重点实验室、动物生物安全三级实验室等平台建设，推进作物学国家小麦工程技术研究中心等现有国家级平台重塑提质，提升牵头的5个省实验室创新效能。以高能级创新平台为载体，以任务为纽带，加大创建学科人才引育力度，打造跨领域、多层次的科技攻关人才队伍，产出一批服务国家科技自立自强的标志性成果。支持作物学、兽医学、食品科学与工程、中药学等创建学科深化与中原农谷、中原医学科学城、河南中医药科学院等重大创新载体的融合发展，强化开放合作，推进产教融合、科教融汇，形成资源共享、优势互补、产学研用贯通的创新格局。

二是持续探索新型研发机构体制机制。围绕创建学科研究方向，以需求为牵引，不拘一格引进、使用人才，遵循科研规律和人才成长规律，突出创新、结果和实绩导向，建立与创新能力和创新绩效相匹配的收入分配机制，完善中长期绩效管理和评价考核，有效激发人才队伍内生动力和创新活力，努力在优势领域和方向上强势突破，加快建设科技创新高地、人才高地和制度开放高地，为实现"双一流"创建目标任务提供支撑。此外，为应对发展新质生产力对创建学科的要求，结合学科特色，适时搭建"人工智能+"跨学科研究平台，推进传统学科与新兴学科交叉融合，加快催生推动产业升级的大成果。

### （五）深化改革创新，探索学科特色人才发展路径

一是推进人才评价改革。秉承"一切为了一流、一切聚焦一流、一切服务一流"的理念，进一步破除"五唯"束缚，在人才认定和评价上先行先试。一方面，实施人才综合评价，把思想政治素质和师德师风放在首位，突出教育教学实绩，基于学术水平、实际贡献、发展潜力和现实表现等科学

设置评价指标和考核周期,优化评价标准和方式;坚持服务国家战略、地方需求和注重实际贡献的导向,切实把握认定人才基本资格条件,依据人才代表性成果评价、同行业专家评价、学科专业急需程度评价,建立科学、合理、分类、多维的人才认定和评价机制。另一方面,探索人才分类评价,遵循理、工、农、医等不同创建学科发展规律,突出学科特色和人才岗位差别,借鉴中国农业大学等先进高校经验,针对部分学科对于特殊技能人才的需求,敢于破除学历桎梏,大胆引进具有权威认证专业资质的高水平人才;在代表作评价中,对基础研究类人才重点评价高质量论文代表作或国内外公认的重大成果,鼓励更多成果在具有影响力的国内期刊发表;对应用基础研究和技术开发类人才,重点评价技术标准、技术解决方案、高质量专利、成果转化产业化、新产品开发应用、产学研深度融合成效等代表性成果。

二是深化职务科技成果赋权改革。创新职务科技成果资产管理模式。以河南省赋予科研人员职务科技成果所有权或长期使用权改革试点单位为依托,进一步深化职务科技成果所有权或长期使用权改革,选取部分"双一流"创建学科作为试点,赋予职务科技成果更大的自主权,探索职务科技成果管理、转让、作价入股等相关工作,进一步规范操作流程、健全收益分配机制、完善成果评估评价机制,充分激发创建学科人才队伍创新活力。

三是建好"双一流"创建高校联盟。围绕河南省"双一流"创建需求,联盟高校按照上下联动、信息互通、资源共享、互学互促的原则,创新合作机制与模式,推动建立持续协同关系,搭建资源共享平台,促进优势互补。加大高端人才引育等方面的合作力度,着力引进院士、国家杰出青年科学基金获得者等国家级人才和国际知名学者,致力在国家级重要人才项目申报等方面开展合作,强化高层次人才引领作用,充分释放联盟集群效应和联合攻关、协同创新效能,为河南省建设国家创新高地和重要人才中心提供坚强支撑。

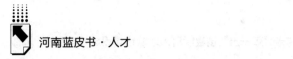

## 参考文献

《习近平：决胜全面建成小康社会　夺取新时代中国特色社会主义伟大胜利——在中国共产党第十九次全国代表大会上的报告》，中国政府网，2017 年 10 月 27 日，https：//www. gov. cn/xinwen/2017-10/27/content_ 5234876. htm。

《习近平：高举中国特色社会主义伟大旗帜　为全面建设社会主义现代化国家而团结奋斗》，"新华社"百家号，2022 年 10 月 25 日，https：//baijiahao. baidu. com/s？id=1747667408886218643&wfr=spider&for=pc。

《【读懂中国——党的二十大精神学习宣传阐释⑩】申祖武：推进数字化转型　服务高质量发展》，文澜新闻网，2022 年 11 月 9 日，http：//wellan. zuel. edu. cn/2022/1109/c1675a314913/page. htm。

《国务院关于印发统筹推进世界一流大学和一流学科建设总体方案的通知》，中国政府网，2015 年 10 月 24 日，https：//www. gov. cn/gongbao/content/2015/content_ 2967215. htm。

《教育部出台文件规范使用高校人才称号　如何让人才称号回归学术性荣誉性本质》，教育部网站，2020 年 12 月 19 日，http：//www. moe. gov. cn/jyb_ xwfb/s5147/202012/t20201221_ 506636. html。

杨凝晖：《"双一流"背景下地方高校人才队伍建设的机遇与挑战》，《继续教育研究》2018 年第 12 期。

# 河南省高端人才培育现状与优化对策

## ——以"中原学者"为例

邱 静\*

**摘 要：** 河南省高度重视高端人才的引进培育，以中原学者为重点强化高端人才培育，成效显著，走出了独具特色的高端人才培育路径。本报告分析了中原学者的结构布局，对培育中原学者的举措和经验进行了梳理，并在归纳总结外省高端人才引育做法与经验的基础上，结合河南自身优势和问题，提出了高端人才培育的优化对策。

**关键词：** 高端人才 中原学者 河南省

高端人才是区域创新发展的核心动力，是赢得区域竞争优势的第一资源，也是承载一方发展的重要"容器"。近年来，为实施创新驱动、科教兴省、人才强省战略，河南高度重视高端人才引进培育，为区域创新驱动发展提供强大人才支撑。本报告以中原学者为例，对全省高端人才培养进行分析，"中原学者"计划作为河南省高端人才的重要品牌和"中原英才计划"（育才系列）的最高层次，在培育科技领军人才和团队、增强自主创新能力等方面成效显著。河南走出了独具特色的高端人才培育路径。

## 一 河南省中原学者培育发展现状

2007年以来，全省共遴选了17批累计97名中原学者。截至2023年，

---

\* 邱静，河南省社会科学院数字经济与工业经济研究所助理研究员。

已有 11 名中原学者分别当选中国科学院院士和中国工程院院士，"中原学者"计划成为河南省培育两院院士的"摇篮"和全省人才工作的响亮品牌。

（一）年龄结构分析

97 名中原学者入选时年龄分布在 39 岁至 60 岁之间，中原学者入选年龄以 56~60 岁为主要构成。其中，39~45 岁中原学者占比为 8.2%，46~50 岁中原学者占比为 30.9%，51~55 岁中原学者占比为 27.8%，56~60 岁中原学者占比为 33.0%（见图 1）。这表明在中原学者的选拔中偏向于中年和稍高年龄段，这可能反映了这些学者在其学术领域中已经积累了丰富的经验和成果，具有更高的学术地位和影响力。

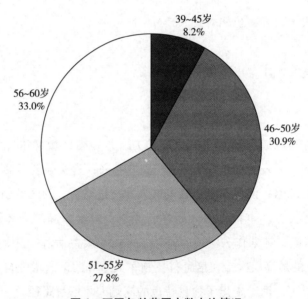

图 1　不同年龄范围人数占比情况

资料来源：根据河南省科学技术厅内部数据整理所得，下同。

（二）性别结构分析

97 名中原学者以男性为主，共计 88 名男性中原学者。相比之下，女性中原学者较少，仅有 9 名。这表明在中原学者队伍中，男性数量远远超过女性，反映了在高端人才领域性别结构的不平衡情况，这在一定程度上提醒在后续中原学者遴选过程中可以适当向女性高端人才倾斜。

（三）学历结构分析

97 名中原学者以博士研究生学历为主，占比 88.7%（见图 2）。其中，本科学历仅有 4 人，硕士研究生学历有 7 人，而博士研究生学历的中原学者数量最多，达到 86 人。这表明中原学者普遍具备较高的学历背景，尤其是博士研究生学历，这可能反映了其在学术领域的深厚造诣和较高的专业能力，也体现了河南省在吸引和培养高端人才方面的努力和成效。

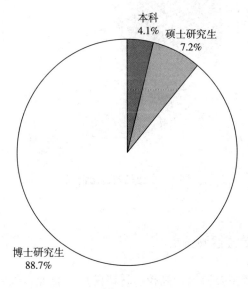

图 2　不同学历占比情况

（四）专业领域分析

传统领域多，新兴未来领域少。数据显示，97 名中原学者的研究领域主要涉及农业、生物医药、材料、机械设备、电子信息以及其他。在这些领域中，农业领域占比最高，为 30.9%，生物医药领域次之，占比为 26.8%，材料领域占比为 12.4%，机械设备和电子信息领域占比分别为 11.3% 和 8.2%（见图 3）。然而，新兴未来领域的覆盖较少，河南省在引进培育中原学者时还有待加强对新兴未来领域的关注和支持，以更好地适应科技发展的趋势和需求。因此，未来可以重点关注新兴未来领域的培养和引进，以促进河南省科技创新和经济转型升级。

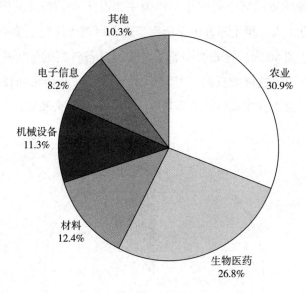

**图 3　专业领域占比情况**

## （五）所在单位性质分析

97 名中原学者主要所属于高校、科研院所、企业以及其他性质的单位。其中，高校的中原学者占比最高，达到 67.0%，科研院所的中原学者占比次之，为 23.7%，企业的中原学者占比为 7.2%，而其他性质的单位仅占 2.1%（见图 4）。这表明高校是中原学者的主要归属地，科研院所也承担了较多的培养和引进任务，而企业领域的中原学者数量相对较少。这种分布反映了河南省在高端人才引进与培育上的结构特点，同时也提醒相关部门在不同单位性质中加强人才的流动与合作，促进科技成果的转化和应用。

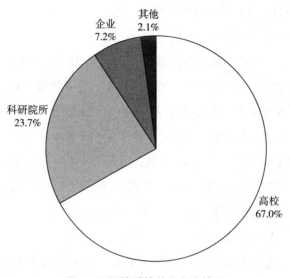

**图4 不同性质的单位占比情况**

## 二 河南省培育壮大中原学者群体的举措与经验总结

### （一）河南省培育壮大中原学者群体的举措

#### 1.完善中原学者评选管理体系

自 2007 年评选中原学者开始，河南省制定和修改了相关政策法规，不断完善中原学者评选管理体系。为规范和加强中原学者的管理工作，根据《河南省创新型科技人才队伍建设工程实施方案》，制定了《"中原学者"遴选及管理办法》（豫科〔2007〕149 号），后续依据省委、省政府《关于深化人才发展体制机制改革加快人才强省建设的实施意见》（豫发〔2017〕13 号）和《河南省高层次创新型科技人才队伍建设工程（2011—2020）实施方案》（豫科〔2011〕117 号），河南省科技厅印发《"中原学者"管理办法》。河南省人才工作领导小组办公室发布《关于开展 2020 年度中原英才计划（育才系列）申报工作的通知》（豫人才办〔2020〕4 号），实施"中原英才计划"（育才系列），遴选培育中原学者。

### 2.建立中原学者平台支撑体系

"中原学者"计划实施以来，共启动建设了 13 家"中原学者工作室"，其中，2018 年首批"中原学者科学家工作室"完成授牌，12 名中原学者入选首批中原学者科学家工作室首席科学家，2021 年建设了 1 家中原学者科学家工作室。另外，自 2020 年开始，共设立 117 家中原学者工作站，其中，郑州 11 家，许昌 11 家，三门峡 10 家，平顶山 9 家，南阳 8 家，洛阳 8 家，新乡 8 家，驻马店 8 家，信阳 8 家，安阳 7 家，焦作 6 家，商丘 5 家，周口 4 家，开封 3 家，鹤壁 3 家，济源 3 家，濮阳 2 家，漯河 2 家，邓州 1 家。

### 3.不断强化中原学者科研支持

对每年评选的中原学者，每人给予不低于 200 万元特殊支持；对考核优秀的中原学者工作站给予 20 万元补助；对中原学者科学家工作室给予连续六年每年 200 万元稳定支持。同时，坚持分类按需支持，针对不同科学家工作室的具体情况和研究领域，采取"一事一议、按需支持"方式给予特殊的政策支持和经费保障；提高基础保障水平，科学家工作室配备必要的办公场所、实验空间和科研仪器设备等基础条件支撑；建立稳定支持机制，省级财政统筹相关专项资金，对科学家工作室给予科研项目经费支持；提高薪酬待遇，探索年薪制、协议薪酬制、特别补助等分配方法和激励方式，适当提高首席科学家及团队成员的薪酬待遇。

### 4.持续优化中原学者发展环境

2017 年，"中原学者"被纳入"中原英才计划"（育才系列）体系中最高层次的唯一培养支持对象。2017 年底，六部门启动了"中原学者科学家工作室"建设工作，持续优化科学家工作室发展环境。持续加强团队建设，赋予首席科学家更大的人、财、物支配权，采取自组团队、自主管理、自我约束的管理制度，使科学家及其团队能够潜心从事科学研究；不断创新科研管理模式，赋予首席科学家更大的技术路线决定权，鼓励自由探索和自由选择研究领域和方向，探索符合人才创新规律、与国际接轨的科研管理体制。此外，省科技厅多次组织中原学者赴外省开展学术交流活动以及在省内开展中原英才服务基层活动，激励高层次科技人才更好地服务科技创新和经济社会高质量发展。

### （二）河南省培育壮大中原学者群体的经验总结

#### 1. 围绕河南优势领域培育中原学者

设立"中原学者科学家工作室"旨在进一步加强对中原学者的支持，科学家工作室紧紧围绕河南省重点产业、重点领域和优势学科，重点面向自然科学和工程技术的基础研究和应用基础研究领域。具体而言，依托河南省农业科技与生物技术、医药健康产业、新能源与环保技术、制造业与工程技术等领域的优势，积极培育中原学者。通过设立科研项目、建设科研平台、加强产学研合作等举措，支持中原学者在这些领域开展研究。

#### 2. 聚焦高端创新平台培育中原学者

高校与高层次科研机构是中原学者的主要来源单位，河南省整合优势创新资源，聚力构建中原科技城、中原医学科学城、中原农谷"两城一谷""三足鼎立"科技创新大格局，争创国家级重大创新平台，持续推进省实验室体系建设，优化布局产业技术研究院、中试基地等创新平台，为中原学者潜心开展探索性、原创性研究提供了高能级创新平台支撑。另外，河南省已建立13家"中原学者科学家工作室"和117家中原学者工作站，旨在进一步深化创新链、产业链融合，促进中原学者科技成果落地。

#### 3. 优化政策支持环境培育中原学者

制定了多层次的人才引进政策，包括针对青年学者、海外留学人才和高层次人才的不同政策措施；加大对中原学者科研项目的经费支持力度，设立专项资金，支持科研项目的经费支出和设备购置。同时，积极建设科研平台，投资建设实验室、研究中心等科研基础设施，为中原学者提供先进的科研条件和技术支持；加强政策宣传和服务，通过各种渠道向中原学者宣传政策，并提供政策咨询和服务指导，确保他们能够及时了解和享受相关政策支持；建立了科研成果奖励机制，对取得突出成绩的中原学者进行奖励，激励其积极投入科研工作。

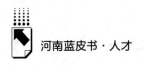

# 三　外省引进培育高端人才的借鉴与启示

近些年，为实施创新驱动、科教兴省、人才强省战略，各省份纷纷出台高端人才引育计划。

## （一）沿海省份引进培育高端人才的借鉴与启示

广东省扎实推进重大人才工程，优化实施"珠江人才计划"，组织有关项目榜单挂榜及动员人才揭榜，设立领军人才和青年拔尖人才项目，共涉及汽车制造及零部件、高端装备、新材料、制造业数字化转型、碳达峰碳中和、新型储能等6个专业领域，共设立216个榜单，以加速吸引和培养国际高端人才。近年来，广东省新增院士人数整体呈现递增趋势，2013年新增4名，2017年新增5名，2019年新增2名，2021年新增7名，2023年新增8名，院士增选名单涵盖了高校、科研院所、企业和医疗机构等多个领域，尤其是来自企业的院士比例增加，展现了广东在高端人才培养方面的多样性和实力。

浙江省设立了"特级专家"称号，其是浙江省设立的最高学术技术称号，被誉为"浙版院士"，评选对象为在自然科学基础研究、工程科学技术及工程管理、哲学社会科学和文化艺术领域取得重大成果或作出巨大贡献、学术技术水平处于国内领先地位的知名专家学者，每三年评选一次，每批30人左右，2023年第7批产生了30名特级专家。

## （二）中西部省份引进培育高端人才的借鉴与启示

湖南省实施"三尖"创新人才工程，重点支持三类高层次人才——战略科学家（顶尖）、科技领军人才（拔尖）、青年科技人才（荷尖），打造战略人才湘军。2022年，湖南科技厅印发《"三尖"创新人才工程实施方案（2022—2025）》，对"顶尖"人才牵头的项目，给予支持期最长5年、最高1亿元的综合支持；对"拔尖"人才领衔的团队，给予支持期最长3年、最高 3000 万元的综合支持；对"荷尖"人才，给予不低于 50 万元人才项目经费支持，每年发掘和培育 300 名左右各领域"小荷才露尖尖角"的优秀青年科技创新人才，给予稳定的科研经费支持，为全省培养造就新一代学术、技术和产业领军人才储备力量。

四川省开展优秀青年科技人才"顶青"专项，2023 年 12 月发布《四川省优秀青年科技人才"顶青"专项实施方案》，省级层面每年遴选支持 15 名左右具有冲刺国家级领军人才潜力的青年科技骨干，创新建立两院院士举荐优秀青年科技人才制度，提出长周期稳定支持、经费使用"包干制"等一系列实打实的服务支持激励措施，赋予"顶青"人才更大的技术路线决定权、经费支配权、资源调度权；加速壮大全省一流科技领军人才队伍。

# 四　进一步优化中原学者培育的对策建议

近年来，河南省积极响应国家创新驱动战略，加快了高素质科技人才队伍的建设，特别是重点培育高层次创新型科技人才，取得了显著成效。但是，全国各地都在加快布局新质生产力，对于引进培育高端人才愈加重视，河南要想在激烈的竞争中脱颖而出，还需要继续加大力度培育中原学者。

## （一）持续优化中原学者结构

一是引进培育青年人才。加大对"国家杰青""国家优青""青年长江""青年拔尖"等优秀青年学者的引进力度，提供良好的科研条件和发展环境。二是培育前沿学科和交叉学科。加强对前沿学科和交叉学科的培育和支持，鼓励中原学者跨学科开展研究，推动学科交叉融合，培育新的学科研究方向。三是投资新质生产力领域。加大对新质生产力领域（如人工智能、生物技术、新能源等）科研项目的支持力度，鼓励中原学者在这些领域开展创新研究，推动相关产业的发展。四是加强高端人才储备。借鉴湖南

"荷尖"人才工程的经验，加大对青年学者的培养和支持力度，提供科研项目资助、学术交流机会等，为培育更多具有创新精神和实践能力的中原学者储备力量。

## （二）打造高能级创新平台

一是建设科技创新园区和基地。在河南重点城市或区域建设科技创新园区和基地，提供先进的科研设施和优越的创新环境，吸引优秀的中原学者加入。二是建立科技孵化器和加速器。为创新型中原学者提供创业孵化、技术支持、资金扶持等服务，培育科技创新企业家。三是引进国内外优秀科研院所和高校。引进国内外知名的科研院所和高校，在河南设立联合实验室、研究中心，与当地学者开展合作研究，提升中原学者的科研水平。

## （三）完善中原学者支撑体系

一是提供专项资金支持。设立专项资金，用于支持中原学者的科研项目、科研成果转化等，提供资金保障。二是优化政策支持。制定更加灵活和有针对性的政策，包括人才引进政策、科研项目评审政策等，提供更多的政策支持。三是提供培训和指导。提供针对中原学者的培训和指导，包括科研方法、项目管理、知识产权等方面的培训，提高其科研能力和管理水平。四是加强学术交流。组织学术交流活动，如学术论坛、研讨会等，促进中原学者之间的学术交流与合作，拓宽其学术视野。五是制定激励政策措施。建立科研成果奖励机制，对取得突出成绩的中原学者进行奖励，激励其积极投入科研工作。

## （四）深化科学家和产业界合作

一是组织产学研合作对接活动。分领域组织中原学者与重点产业链对接活动，邀请相关企业和产业代表参与，共同探讨科技创新和产业发展的合作机会。二是设立科技成果转化平台。设立专门的科技成果转化平台，为科学家提供技术转移、科研成果转化等服务，加速科技成果向市场转化。三是推动产业需求驱动科研。政府加大对重点产业相关的科研项目的支持力度，鼓励科学家围绕产业需求开展研究，提高科研成果的市场适应性和产业化水平。四是设立产业化项目资助。针对有产业化前景的科研项目，设立专项资金进行资助，支持科学家将研究成果转化为实际产品或技术，并推动其在市场上应用和推广。

## （五）塑造中原学者活动品牌

针对中原学者活动品牌的建设，重点推出一系列具有特色的学术活动，如中原学者论坛、中原学者科学家工作室首席科学家论坛等。一是定期举办中原学者论坛，邀请地区内外的知名学者分享最新研究成果和学术观点，促进学术交流与合作。二是邀请国内外顶尖科学家担任首席科学家论坛的讲座嘉宾，分享科学前沿知识和研究经验，为中原学者提供学术指导和启示。通过这些品牌活动的打造，提升中原学者的学术影响力和地区科研形象，推动地方科技创新和学术发展。

## （六）优化高层次人才发展环境

给予更大的科研、团队组织等自主权。一是科研项目自主选择，给予高层次人才自主选择科研项目的权利，允许他们根据自身兴趣和专长选择研究方向，提高科研的自主性和创新性。二是团队建设自主管理，鼓励高层次人才自主组建科研团队，并给予他们团队管理的自主权，包括人员招聘、经费管理等，提高团队的凝聚力和执行力。三是科研成果自主处置，让高层次人才对科研成果的处置拥有更大的自主权，包括专利申请、技术转移、科研成果奖励等，激励他们更积极地投入科研工作。四是学术交流自主安排，支持高层次人才自主安排学术交流活动，包括国内外学术会议、访学、合作研究等，提升其学术影响力和国际交流水平。五是评价体系自主建立，让高层次人才参与科研成果评价体系的建立，确保评价标准公平合理，激励科研人员真正发挥创造性和创新性。

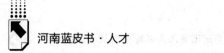

**参考文献**

于善甫、刘晓慧、郭军峰：《河南创新要素集聚提升的成效、挑战与对策》，《黄河科技学院学报》2023 年第 12 期。

曾凡清：《河南创新创业高端人才的引进和培育对策》，《人才资源开发》2023 年第 10 期。

陈桂生、林波、李丽芬：《实施重点人才工程　培养集聚优秀队伍》，《泉州晚报》2021 年 9 月 22 日。

柳进军：《"城市大脑"浪潮下的产业高端人才培育机制创新》，《中关村》2019 年第 6 期。

# 河南省发布全球"招贤令"的
# 成效与展望

王利军　王　慧　卫雨晴*

**摘　要：** 发展乃至高优先级，人才乃首要资本，创新乃核心推动力。当前，河南正处在产业转型升级的关键期，本报告分析了河南省国际化人才队伍建设工作的成效，结合工作进展指出了当前存在的主要问题，并提出了相关对策建议。具体来说，河南省完善了国际化人才工作政策，优化了人才发展环境，拓宽了人才交流合作渠道，健全了引才队伍，绘制了链接全球的"人才地图"，人才工作质效显著提升。但受到当前宏观环境的影响，仍然存在对国际人才吸引力欠佳、人才交流渠道有待拓宽、人才工作团队合力有待提升、人才数据体量有待扩大等问题。未来，河南省要在优环境、建渠道、扩团队、增体量等方面下功夫，进一步推动更多海外人才向省内流动，形成人才强省的强大优势。

**关键词：** 全球人才供应链　人才政策　河南省

## 一　河南发布全球"招贤令"的战略意义

在第六届中国·河南招才引智创新发展大会上，省委书记楼阳生再次发出"招贤令"，"诚邀天下英才加盟河南、圆梦河南，在中原这片历史厚土、

---

* 王利军，河南人才集团总经理；王慧，河南人才集团高端引才事业部总经理；卫雨晴，河南人才集团高端引才事业部行政经理。

创新热土上成就自己、造福人民"。① 持续推进国际化人才队伍建设是贯彻习近平总书记有关人才事业发展重大论断的关键措施，也是进一步落实创新驱动、科教兴省、人才强省战略的重大举措，对促进河南省打造国家创新高地和重要人才中心有着重大作用。近年来，河南多次发布"招贤令"，抛出橄榄枝，架起"招才引智桥梁"，广聚海内外英才，打造聚才"强磁场"。

### （一）贯彻"聚天下英才而用之"战略举措的必要之举

习近平总书记高度重视国际化人才队伍建设的相关工作，确定了"聚天下英才而用之"② 的战略举措。落实这一战略举措，就要深刻认清我国是人力资源大国，也是智力资源大国的定位，加快建立具有国际竞争力的人才制度优势。还要从满足省内战略转型需求出发，立足"引进高精尖缺人才"要求，在全球范围内着力引进能够促使河南省产业结构升级调整的两院院士（外籍院士）、具有推动重大技术革新能力的科技领军人才和企业家、河南省经济社会发展急需的其他各类博士等高层次人才。

### （二）重塑河南省高端人才结构的必然选择

当前，河南正锚定"两个确保"，持续实施"十大战略"，这离不开高层次国际化人才的支撑。国际化人才具备更好的创新创造活力、国际化技能和视野，主要表现在四个方面。一是国际化人才具备跨文化交流、系统整合资源的能力。国外的学习和工作经历使其熟悉不同国家的文化背景，可以凭借自身经验来系统整合，取其精华，从而在国内企业的国际化发展中发挥重要作用，推动河南省本土企业更顺利地与外国客户合作，增强国际竞争力。二是国际化人才拥有独特的专业知识和技能。国外学习和工作的经历使得此类人群可以接触到先进的教育培训体系，掌握国际前沿的学术研究成果和工

---

① 《让天下英才与河南"双向奔赴"》，河南省人民政府网站，2023 年 10 月 28 日，https：//www. henan. gov. cn/2023/10-28/2837382. html。

② 《习近平：聚天下英才而用之》，人民网，2017 年 6 月 26 日，http：//theory. people. com. cn/GB/n1/2017/0626/c40531-29363659. html。

作方法，相对于国内人才来说，对某些专业领域知识和技能的掌握可能更加全面和深入能够为企业带来创新和发展的动力。三是在国外的学习和工作经历使他们拥有开阔的国际视野，能够更好地理解和适应全球化的商业环境，在国内企业中更容易与国际市场接轨，为企业的国际化战略提供有力支持。四是大幅度吸纳境外优秀人才，尤其是聚焦先进科技、资深管理、创意等领域人才，以及学科带头人才，这是快速集聚一群国际化顶尖人才的关键方式，是建强高层次创新人才队伍、推动河南省以人才发展为核心战略的关键步骤，也是认真执行科学发展理念、发挥创新主导作用、促进综合跨越式发展和全方位建设、高质量建设现代化河南的迫切需要。

（三）全面推进中国式现代化建设河南实践的迫切需要

人才是科学发展的第一资源。面对当今科技日新月异、经济全球化日趋深入的发展大势，站在世界科技前沿和产业顶端的海外高层次人才越来越成为我国参与国际竞争、实现经济社会全面协调可持续发展的特需资源。通过畅通人才流动机制、强化创新创业激励，努力实现人尽其才、才尽其用、用有所成，才能有效提升全球人才供应链的质效。大力引进国际高层次人才，尤其是河南省产业结构发展的急需紧缺型人才、高技能人才以及学科领军人才，是在较短时间内迅速提升人才队伍质量的有效途径，是持续推动经济实现质的有效提升和量的合理增长、全面推进中国式现代化建设河南实践的迫切需要。

## 二　河南大力推进全球"招贤"的举措与成效

（一）国际高层次人才引进政策环境更加优质

近年来，河南全省呈现出高度的招才引智诚意，通过优化人才引进政策和建设人力资源产业园、科技园等专业化人才发展载体，加速释放人才红利，使得人力资源优势正在加速转向人力资本优势，为产业转型升级和经济高质量发展注入了新的活力。河南省为进一步实施人才强省战略，着力在人才"引育留用"的四个环节驱动，通过精准引才、精心育才、精诚留才、精益用才，实现河南全方位引进、培育、留下并用好高层次人才的战略目标。一是以《关于加快建设全国重要人才中心的实施方案》为引领，河南省出台涵盖引才措施、推进机制、服务配套等人才工作各环节、全链条的"1+20"一揽子人才引进政策措施，为河南省完善全球人才供应链提供有力的人才支撑。二是河南省委人才工作领导小组办公室围绕重点行业、重点领域以及重点产业，建立用人单位人才岗位需求动态调查和发布机制，对河南省急需紧缺高端人才有针对性地编制需求目录，绘制全球高层次人才分布地图（豫籍），实现人才引进"精准化""精细化"。三是各地市积极响应国际化人才队伍建设的相关工作，纷纷出台专项人才政策，因地制宜重塑高层次人才架构。多措并举落实人才工作相关政策，加快推进国际化人才的合作交流。郑州市高举引才大旗，着力构建一流创新生态。实施全球高层次人才合作专项工作方案，对留学归来的相关人才在郑开展就业创业活动进行资助，推动国际人才留郑创新创业。安阳市实施"洹泉涌流"人才集聚计划，以产业聚人才、用人才促产业，吸引全球人才围绕重点领域开展高水平创业活动。平顶山市出台"十万大学生集聚工程"，主要依托中国·河南招才引智创新发展大会活动平台和第三方人才服务机构，组织各类院校、上市公司、国有企业、事业单位及重点用人单位，引进国际化高端人才。

## （二）国际高层次人才引进数据更加亮眼

河南省持续推进国际高层次人才引进工作，围绕河南省产业发展需求系统性梳理全球人才需求清单，加快部署全球高层次人才队伍建设的相关工作。一是近年来，河南省以服务"三区一群"建设为主线，大力引进国外高端和紧缺人才，实施国家级和省级引智项目近千项，引进各类海外高层次人才2万余人次。二是全省常态化开展招才引智专项行动。2018年以来，连续举办六届中国·河南招才引智创新发展大会。在第五届中国·河南招才引智创新发展大会中，河南省引进海内外高层次人才1500多人，其中全职引进院士 3 人、国家杰青 3 人、海外高端人才 2 人。仅在 2022 年，河南就引进各类高层次人才 3737 人，其中海内外博士 3639 人，人才工作呈现高效推进、高质提升的良好态势。三是在 2023 年第六届中国·河南招才引智创新发展大会中，河南首次走出国门开展教育合作与人才交流会，赴德国、瑞士、法国开展高规格的人才延揽活动，会见访谈高层次人才代表、企业家代表 144 人，与 89 位留欧博士等高层次人才达成来豫创新创业初步意向，后续收集商业管理、人工智能、可持续农业、农学、材料化学等方向的高层次人才（博士及博士后）数据信息共计 89 条。①

### （三）国际高层次人才引进服务保障更加完善

河南坚持打造一流生态，关注国际人才的相关后勤问题，让人才安心。一是提升海外人才在郑"一站式"服务水平。在省政务服务中心、河南政务服务网、"豫事办"App 和一体机"四端"设立人才服务专区（专窗），开发河南省"一站式"人才服务平台，提供人才认定、落户、入编、奖励补贴、安居住房、项目申报、子女入学、医疗保健等服务，全方位解决人才"永居难、落户难"等后顾之忧。二是打造"海外人才之家"服务通道。对于国际人才的配偶，探索解决其就业、居留签证、子女入学、社会和医疗保障等配套服务问题，提高"宜居度"。三是推进全球人才服务保障的信息化建设。基于现有的人才政策研发应用全球人才服务保障信息系统，实现跨国引智工作过程中的信息发布、需求对接、引进落地等事项的线上办理，克服地域限制，实现跨国引智的"一网通办"。

## 三　河南全球"招贤"中存在的问题与挑战

### （一）对高层次人才的吸引力相对不足

置于全国视野中，现阶段河南的引才竞争力处于相对劣势地位，此状况

---

① 数据来源：根据相关部门调查统计数据测算和历年招才引智大会工作总结统计数据测算获得。

影响了其招揽人才的竞争力。尽管近年来河南的总体经济规模稳定保持在全国前列，但人均 GDP 的排名落后仍然明显，经济环境对人才的吸引力相对不足。第三产业发展尚不完善，仍旧低于国家平均水准，产业结构以能源和初级原料为主，迫切需要调整优化。这些问题不断削弱引进国外高层次人才的力度，相较于北京和上海等一线城市，河南在吸纳海外精英尤其是非本地高层次人才方面更显局限，导致在全球人才竞争中处于较为被动的状态。同时，以豫籍作为国际高层次人才招引的切入点，吸引周边省属的国际高层次人才范围较小，对周边籍贯国际高层次引进的力度较弱。

（二）对人才发展的各方面支持力度仍然不足

在认定层面，现行政策在确定引进人才的范围和分析引进人才与当地需求契合程度上尚未做到精准。在执行层面，一是没有充分调研人才需求，这在一定程度上造成国际高层次人才引进与河南省产业发展所需存在出入，在人才的"引育留用"过程中存在不利影响。二是河南省高校、科研院所相关的国际人才数据没有形成联动，各单位的国际人才队伍建设相关工作处于相对独立状态，对人才数据的收集存在数据来源不足、人才联系不通畅等问题。三是缺乏与国内顶尖高校、科研院所的人才互通工作，没有充分借助外力扩充高层次人才来源渠道，未能充分掌握高层次人才的相关数据信息。针对国际高层次人才工作采取的"一事一议"的模式，但这一过程中涉及的政策匹配、公告咨询、业务办理等尚无法做到一对一"管家式"服务，由此对构建全球人才供应链造成一定不利影响。

（三）人才提质扩容的手段相对单一

河南省关于国际高层次人才的相关数据信息，现阶段主要通过"全球引才大使""国际人力资源服务联络处"获取。而两个渠道的数据收集工作均面临人才层次较低、数据量少的问题。目前建立的"国际人力资源服务联络处"，合作单位大部分为当地的中国学联组织，而学联组织在链接高校、实验室以及对接国家、区域的高层次人才接洽方面存在不足。学联组织亟须提升合作质量，对接影响力较高的单位建立"国际人力资源服务联络处"。此外，自2023年开展的海外教育合作与人才交流会系列活动尚处于未成形阶段，在国际人才招引尤其是高层次人才活动参与、意向对接落地等层面还存在很多不足，引才方式较为同质化。目前开展的引才工作，没有形成"河南特色"，对于人才的吸引力度不足。而对于国际高层次人才数据的收集及整理，还处于较为初级的信息收集阶段，没能充分利用"人才地图""人才库"进行信息的深化与挖掘，对于人才数据的整理存在时效慢、价值低的不利影响。

（四）引进的国际人才与产业需求存在偏离

河南省国际高层次人才数据库建设仍处于起步阶段，所获取的数据量十分有限，且存在人才联系渠道较少、"线上、线下联系及数据整理"存在分离等问题。现阶段所收录数据的价值密度还有待提升，真正符合河南省"7+28+N"产业体系所需的国际人才信息仍较少，由此导致基于大数据底座设计的"人才产业地图"无法精准高效地实现人才快速匹配。河南省当前处于产业转型升级的关键阶段，直面全球竞争发展战略性新兴产业和未来产业，急需一大批具备国际视野、熟悉全球产业格局、掌握熟练技能的复合型国际高层次人才。但当前所引进的国际人才缺口巨大，且存在一定比例的人才综合素质和复合能力不能满足实际需求。

## 四 河南提升全球"招贤"水平的对策建议

### （一）健全国际化人才交流机制，开好"引才"良方

一是完善引进机制。建立灵活的引才机制和务实的评价标准，在引进成果上务实化，注重真正实现技术随人才回国；在引进对象上精细化，制定有针对性的引才清单点对点联系。二是优化人才政策。立足河南省产业发展和"三足鼎立"科技创新大格局的人才需求，制定符合"胃口"的引才政策，

真正实现精准、靶向引才，服务于河南省经济社会发展，实现人才与行业发展"同频共振"。三是加强系统规划。制定系统的海外人才引进发展规划，明确河南省海外人才专业领域需求重点清单及相关保障政策，各地市各部门在国家整体的全球人才供应链规划框架下，形成合力，及时引进一批能够突破关键技术、发展新兴产业、带动前沿科学发展的国际化领军人才和研发团队。

### （二）瞄准发展大局，下好人才引进"先手棋"

#### 1. 探索海外高端人才引进新理念、新机制

一是以河南省"7+28+N"产业体系等重大需求为导向，充分利用国内国外两种资源，坚持本土人才与国际人才并重、全职引才与柔性引才相结合。二是坚持"不求所有，但求所用"的引人原则，积极利用互联网等先进技术探索构建"人才共享"新机制，打造柔性引才新高地。三是大胆探索"人才飞地"柔性引才新模式，充分利用高端人才资源丰富城市的优势建设飞地孵化器及人才互通机制，有效弥补河南省人才招引的短板。四是坚持人才引进工作一体化的理念，在郑州都市圈范围内加快设立人才创新试验区，探索协同引才用才工作机制，让人才"来去自由"，实现"聚天下英才而用之"的引才格局。

#### 2. 了解人才供给需求，全省发力做到精准引才

人才发展新阶段，要突出优势求贤才、围绕产业需求找人才。一是解决国际高层次人才的供给端问题。以全球相关领域"关键领域专利科学家"名单为基础，梳理全球高层次人才分布地图，建设河南省国际高层次人才联系网络并率先联系，通过国际人力资源服务联络处及高校、实验室抢先联系海外高端人才，进一步争取河南省在全球人才"争夺战"的主动权。二是解决国际高层次人才的需求端匹配问题。构建国家、河南省和河南企业之间层次合理、统筹兼顾的国际人才招引留用计划体系和相对应的治理体系，制定国际高层次人才引进的职业清单，对人才引进进行优先级划分。要充分调研河南省大院大所、事业单位、高校等单位的国际高层次人才需求，密切了

解现阶段及未来发展所需人才，制定人才需求清单并公布于河南省人才相关网站，将目标划分到各单位，进行人才需求报送，举全省之力，及时发布有关国际人才的"招贤令""英雄帖"。

**3.组建海外人才引进队伍，提升人才引进专业度**

在省委组织部、省人社厅的共同领导下，鼓励河南人才集团等机构加快推进高端人才引进、高端人才数据库建设等工作，联合打造专业化人才服务团队，加大对国际人才引进政策的相关宣传力度，探索出河南省全球人才合作的新方法、新路径、新举措，通过专业化举措，切实提升海外人才联络的工作质效。

### （三）拓宽引才渠道，人才引进与产业升级有机契合

**1.打造河南招才品牌，凸显"老家河南"引才特色**

河南打出"感情留人"的人才牌，拿出更好的平台和品牌，吸引河南籍的人才回归。要充分开展招才引智系列专场招聘活动，尤其是面向全球举办高层次人才交流专场活动，例如人才交流会、高层次人才沙龙、圆桌会议等方式，创造与高层次人才洽谈机会。

**2.借助国际人力资源服务联络处，高效链接海外高校、实验室高端人才**

一是扩展国际人力资源服务联络处洽谈对象，依据联络处与国际知名高校、实验室达成联系，拓宽全球人才联络渠道，编织全球人才合作网络。二是充分利用国际人力资源服务联络处，创建全球高端人才联络网格图，搜集具有海外留学、访问学者、学术交流背景的专业人士关系图谱，做到"以才引才"。三是发挥杰出学者、校友网络、外国使馆教育科、各类学术组织、留学归国者社群、河南同乡会、海外地区河南商会等各界力量，通过国际合作等多种渠道来广泛搜寻和吸引海外高层次人才。

**3.多渠道收集海外高端人才数据，实现互联互通**

一是通过搭建海内外豫籍专家、学者联系网络，建立全球人才信息库，有针对性地制定全球人才优惠政策，变"推力"为"拉力"，吸引豫籍海外及周边省份的海外高端人才回流。二是在充分调研河南省大院大所、省属企

事业单位、高校人才需求的基础上，借助国际人力资源服务联络处对接各海外协会，收集全球豫籍高层次人才数据，密切关注与河南省产业发展与产业链集群发展相匹配的人才需求，做到精准引才。三是通过政府搭台、校企联合的方式，在聚集如郑州大学、河南大学等省内"双一流"院校海外人才数据的基础上，收集整理如清华大学、北京大学等国内一流高等学府的高层次人才数据，实现数据互联互通、引才互利互享。

### （四）育用结合，紧盯需求，不拘一格用人才

**1. 提升用才精准度，全力打造海外人才集聚高地**

一是充分发挥用人单位在选才、用才方面的主体作用。人才施展才华的舞台在用人单位，要鼓励用人单位将人才使用和人才培养相结合，尤其是注重配置功能全面的安置型津贴，帮助国际人才尽快融入国内工作环境。二是建设一批外国人才科技创新产业园或项目基地，激发国际人才创新创业活力。建立创新园区，设立"全球招才引智孵化基金"，为国际项目及人才团队的引入和落地提供孵化、对接等"一站式"服务，推动重点项目、基地、人才、资金一体化配置，用于科研启动和补助、外国专家引智活动开展等。

**2. 聚焦产业人才需求，建立高端人才培育强化机制**

一是为国际高层次人才，尤其是海外青年人才提供事业发展的平台。要敢于给他们铺路子、给位子，让他们在岗位上有归属感，在工作上有成就感，在事业上有荣誉感，真正实现以情留人、事业留人。二是持续加强人才政策实施效果评估。在政策实施过程中，要高度重视对现有政策及实施效果的评估，既要对标一线发达城市的先进做法，又要结合河南省的现实情况进行有针对性的改进和完善，建立人才培养发展长效机制，依据河南省"7+28+N"产业体系发展需求，针对海外招引博士、技术专家等与大院大所的培养机制相结合，充分利用其人才孵化机制，优化其职业生涯路径，重塑河南省高端紧缺人才培养架构。

### （五）完善全球人才服务保障机制，营造引才良好生态

#### 1. 优化建立"三个一"服务体系

将分别属于科技部门、公安部门出入境管理局的海外人才来华工作、居住等不同服务窗口合并，整合集成各部门的政策信息和办理要求，实现"一窗式办理"。打造"一张表填写、一站式审批、一卡通全覆盖"的海外高端人才综合服务体系，缩短工作许可和工作居留许可的办理时限。

#### 2. 优化人才发展的软硬环境

打造具有河南特色的人才生态圈，不断强化人才政策激励作用，最大限度地体现出留住人才的诚意。通过构建完善的人才协同治理体系，打造人才"全链条"服务体系，要不遗余力地为人才提供优质的公共服务，让人才能来之、能安之，从根本上解决人才的后顾之忧。打造海归、外国人才创新创业园，学习粤港澳大湾区打造"国际人才社区"，营造熟悉的生活环境、语言环境和人际交往环境。

#### 3. 全球高层次人才管家式服务

持续完善人才配套服务，优化新郑机场、高铁站"绿色通道"服务，通过发放"海外高层次人才绿卡"，可凭卡在出入境、就医、金融服务等方面享受"绿色通道"，为海外高端人才及其家属提供与国际接轨的医疗、教育和社保服务。从海外高层次人才"衣食住行商教娱乐"八项服务入手，提供住房或购房优惠、交通或购车补助，并在医疗、教育等方面给予便利，使各项税惠政策快申快享，为海外高层次人才落地提供便利。重点关注海外高层次人才的"安家"困难，在父母赡养、子女入学、公寓住房等方面扩宽"绿色通道"，打通人才服务"最后一公里"。让人才"安心"，才能促使人才落地生根、开花结果。

**参考文献**

《把握好海外人才"回流"机遇》，求是网，2020 年 9 月 15 日，http：//www. qstheory. cn/llwx/2020-09/15/c_ 1126493645. htm。

《"四轮驱动"河南实施人才强省战略》，大河网，2022 年 1 月 28 日，https：// theory. dahe. cn/2022/01-28/958836. html。

《两会聚焦｜集聚人才，河南如何开拓》，河南省人民政府网站，2024 年 3 月 7 日，https：//www. henan. gov. cn/2024/03-07/2958141. html。

《河南大力引进海外高层次人才　助推社会全面发展》，"大河网"百家号，2018 年 10 月 24 日，https：//baijiahao. baidu. com/s？id = 1615163011500675253&wfr = spider&for = pc。

《河南：人才"磁力场"引来八方才俊》，中工网，2022 年 9 月 21 日，https：// www. workercn. cn/c/2022-09-21/7171455. shtml。

《第五届中国·河南招才引智创新发展大会｜跨越山和海　且向中原行》，河南省人民政府网站，2022 年 9 月 26 日，https：//www. henan. gov. cn/2022/09-26/2612942. html。

《海外青年科技人才引进粗放，应从国家层面制定扶持政策》，"中国青年杂志"微信公众号，2021 年 3 月 10 日，https：//mp. weixin. qq. com/s/yz6R4xPUR2b5iSHb12C-HA？。

《河南省委办公厅、省政府办公厅　关于引进海外高层次人才的意见　豫办〔2009〕18 号》，新乡学院人事处网站，2016 年 5 月 13 日，https：//rsc. xxu. edu. cn/info/1199/1673. htm。

《河南：着力破解缺人才难题》，河南省人民政府网站，2019 年 9 月 23 日，https：// www. henan. gov. cn/2019/09-23/955340. html。

《河南省人力资源和社会保障厅关于印发〈河南省高层次和急需紧缺人才职称"评聘绿色通道"实施细则〉的通知》，河南省人力资源和社会保障厅网站，2022 年 4 月 12 日，https：//hrss. henan. gov. cn/2022/04-22/2436432. html。

薛洋：《新形势下海外高层次人才引进工作的问题与对策分析》，《人才资源开发》2023 年第 17 期。

刘如、陈志：《引进海外高端人才的战略思考与建议》，《科技中国》2021 年第 9 期。

# B.11
## 河南省创建青年友好型发展环境的
## 对策与展望

王砧林  韩 冰  樊宸雨  韩晓东  马小龙*

**摘 要：** 青年是经济社会发展的生力军和中坚力量，是实现发展质量变革、动力变革、效率变革的关键因素。青年因城市而聚，城市因青年而兴，建设青年发展型城市，创建青年友好型发展环境，对河南省促进青年发展、吸引青年人才、激发城市活力、提升城市品位具有重要作用。近年来，河南省在制度制定、服务保障、氛围营造等方面取得了一定的成绩，但也在工作合力、普惠性政策、全民参与性、城市特色等方面存在一些不足。未来，要在强化部门联动、扩大普惠性政策覆盖面、创新宣传形式、打造青年发展型城市特色等方面下功夫，从而更好地提升创建效果。

**关键词：** 青年友好型发展环境  城市活力  河南省

青年兴，则国兴。青年是整个社会力量中最积极、最有生气的力量。锚定"两个确保"，持续实施"十大战略"，统筹推进"十大建设"，实现河南省高质量发展，加快从人口大省转向人力资源强省，更离不开青年这支主力军。党的十八大以来，河南省经济社会发展水平全方位跃升，青年也迎来了全面发展。为切实提升青年的获得感、幸福感，河南省参照国家《中长期青年发展规划（2016—2025年）》，从创建青年友好型发展环境入手，围

---

\* 王砧林，团河南省委书记；韩冰，团河南省委二级巡视员；樊宸雨，团河南省委权益和社会工作部部长；韩晓东，河南省团校教研部主任，河南省青少年研究会副会长；马小龙，团河南省委权益和社会工作部干部。

绕青年就业创业、青年安居、青年心理健康等青年"急难愁盼"问题，制定印发了河南省历史上第一部《河南省中长期青年发展规划（2019—2025年）》（以下简称《规划》），助力青年成长成才，不断提升青年在中原更加出彩强省战略中的大局贡献度。2022年4月，中共中央宣传部、国家发展改革委、共青团中央等17部门联合印发《关于开展青年发展型城市建设试点的意见》（以下简称《意见》），明确提出"城市对青年更友好、青年在城市更有为"的发展理念。随后，河南多地提出建设青年发展型城市，2022年6月，郑州市、洛阳市洛龙区、鹤壁市淇滨区、三门峡市灵宝市、南阳市唐河县、信阳市平桥区六地入选全国青年发展型城市试点名单和全国青年发展型县域试点名单。2023年4月，开封市、洛阳市等5个省辖市（示范区）和郏县、林州市等15个县（市、区）启动省级青年发展型城市（县域）试点工作。此外，平顶山市、濮阳市、南阳市、信阳市等城市，也自主开展了青年发展型城市建设。从实践上看，河南省各地都结合自身实际，因地制宜地推出了一系列惠及青年发展的政策和措施，有效提升了青年对城市的归属感。但同时也要看到，河南对各类青年的吸引力还不够强，还需出台更多青年友好型发展政策，进一步优化青年友好型发展环境，从而在激烈的竞争中吸引和留住青年，更好地服务现代化河南建设全局。

# 一　河南省创建青年友好型发展环境的政策举措

## （一）逐步完善青年友好型发展环境的相关制度设计

### 1.各级青年友好型发展环境的相关制度基本建立

制度是创建青年友好型发展环境的基础和保障。为更好地推动创建工作，在《河南省中长期青年发展规划（2019—2025年）》出台后，17个省辖市和济源示范区全部印发落实《规划》的实施意见。同时，紧随河南"十四五"规划以专节的形式阐述"完善青年发展政策体系"，15个省辖市、95个县（市、区）的"十四五"规划也设立了青年发展专节（章），多个省级专项规划对青年发展进行了专门描述。2023 年，河南省委党的群团工作联席会议青年工作专项小组办公室又出台了《〈河南省中长期青年发展规划（2019—2025 年）〉纵深实施重点工作方案》，围绕加强青年科技创新人才支撑、加强青年乡村振兴人才支撑等七个方面，推动出台集成性青年发展政策和标志性项目，进一步优化青年发展型城市的政策环境。2021～2023 年，河南省出台各类青年发展政策 2700 余条，涉及毕业求职、创新创业、社会融入、婚恋交友、老人赡养、子女教育等各个方面，青年发展政策环境进一步优化（见表 1）。其中，郑州市委、市政府联合下发《郑州市青年发展型城市建设试点实施方案》等一系列文件，将"建设青年发展友好型标杆城市"写入 2023 年政府工作报告，把青年优先发展理念融入郑州国家中心城市、郑州都市圈、黄河流域生态保护和高质量发展等重大战略之中。

表 1    2021～2023 年各级青年政策出台情况

单位：条

| 年份 | 省级 | 市级 | 县级 |
|---|---|---|---|
| 2021 | 11 | 69 | 61 |
| 2022 | 62 | 463 | 655 |
| 2023 | 123 | 540 | 797 |

资料来源：根据相关网站整理所得，下同。

### 2. 推动青年友好型发展环境的机制逐步完善

为更好地推动青年友好型发展环境建设，推进青年发展规划实施，河南省建立了由联系共青团工作的副省长任召集人，省委、省政府联系青年工作的副秘书长和团省委书记任副召集人，47 家省直单位有关负责同志为成员的河南省青年工作联席会议制度（2023 年调整为省委党的群团工作联席会议青年工作专题会议），统筹安排《规划》实施工作，并每年明确《规划》实施的重点工作。截至 2023 年，全省 17 个省辖市和济源示范区、156 个县（市、区）全部建立了青年工作联席会议机制（或承担相应职能的其他议事协调机构），市县覆盖率均为 100%，同时每年召开全体会议，实现了省、市、县三级联席会议机制的有效运行。总体上看，各青年发展型试点城市（县域）的党政领导都高度重视青年发展型城市（县域）试点建设工作，全部成立了由党政领导任组长的试点工作领导小组，以党委和政府名义印发试点实施方案，党委常委会都进行了专题研究，并在党代会、党委全会或政府工作报告中部署试点工作，党政领导多次对试点工作进行批示。

3.青年友好型发展环境的监测评价体系更加全面

为切实保障《规划》的深入实施，科学把握河南省青年发展状况，团省委、省统计局会同相关成员单位成立了青年发展统计监测小组，建立了河南省青年发展统计监测指标体系，明确了5项核心指标和22项重要指标，健全完善了规划实施情况统计监测评估机制。从运转操作上看，河南会定期收集青年发展统计监测数据，从思想政治、教育、就业等方面分析青年发展现状和前景，分年度编制撰写《河南青年发展监测报告》，并指导13个省辖市开展市级统计监测工作。同时，为有效发挥青年工作领域专家学者"智库"作用，提升规划实施工作的科学化、专业化水平，团省委成立了《规划》实施专家委员会，并联合省社科联开展青少年工作研究专项调研课题。此外，为总结河南省《规划》颁布以来实施成效，省委党的群团工作联席会议青年工作专项小组办公室协调推动各成员单位撰写《规划》实施情况自评估报告，谋划研究"十四五"时期推动《规划》纵深实施的重点举措和建议。组织47个《规划》实施成员单位、17个省辖市和济源示范区，以及河南师范大学青少年问题研究中心、河南省青少年研究会等专业机构开展《规划》实施情况中期评估，印发《〈河南省中长期青年发展规划（2019—2025年）〉实施情况中期评估报告》，全面总结《规划》实施经验。

（二）全面聚焦青年急难愁盼的服务保障

1.青年就业创业环境不断优化

一个城市对青年是否友好，关键看这个城市能否为其提供合适的就业环境，能否为其提供就业创业的土壤。为此，河南省出台求职就业创业最低工资保障、技能提升等多项政策支持，为青年就业创业提供便利。近年来，河南各地纷纷建立青年驿站，为来豫求职青年提供 7~14 天的免费或优惠的短期住宿。截至 2023 年底，河南省已有 11 个城市建立了青年驿站 161 家（见表 2），占全国青年驿站的 9% 左右。2023 年，团省委通过实施大学生就业"引航计划"，累计开展 30 余次省级宣讲、1000 余次高校宣讲，覆盖学生 30 余万人。开展大学生实习"扬帆计划"，搭建实习平台，共征集政务和企业实习岗位 6.1 万个，组织 6.6 万学生参与职场体验活动。实施岗位拓展行动，动员青联、青企协发挥会员作用，联合"工作啦""智联招聘"等平台及各界资源发动 9300 余家企业提供就业岗位 21.6 万余个。高质量开展"人人持证、青年当先"工作，累计培训 7.4 万余人次，新增技能人才 2.3 万余人，新增高技能人才 5000 余人。省人社厅开展 2023 年高校毕业生等青年就业服务专项行动，着力推进就业政策落实、"职"在河南系列招聘、青年技能提升等 10 个专项行动。郑州市出台了《关于实施青年创新创业行动的工作方案》，涵盖就业创业、安居住房、生活补贴、金融保障等"服务套餐"。

**表 2  河南省部分地市青年驿站统计**

单位：家

| 项目 | 郑州 | 开封 | 洛阳 | 平顶山 | 鹤壁 | 新乡 | 焦作 | 漯河 | 三门峡 | 南阳 | 信阳 |
|------|------|------|------|--------|------|------|------|------|--------|------|------|
| 数量 | 16 | 4 | 41 | 1 | 17 | 36 | 4 | 2 | 11 | 25 | 4 |

城市的高质量发展离不开高素质的青年人才。为更好地服务创新驱动、科教兴省、人才强省战略，培育高素质青年人才，河南省积极搭建平台，持续举办河南青年创新创业论坛，邀请两院院士和全国知名企业家出席，推动创新创业要素有效流动。聚焦青年创新人才培育，实施"青年创新菁英培育计划""大学生创新创业扶持计划""优秀大学生引雁计划"，举办第十六届"挑战杯"河南省大学生课外学术科技作品竞赛，全面助力国家创新高地和重要人才中心建设。开展"青春谊站"河南青年科创交流、"科技之光青年讲堂"等活动近 700 场，书写"科技强国、奋斗有我"的青春担当。创新驻外团组织设置，成立京豫、甘豫优秀青年创新创业联谊会，设立

"河南在京青年人之家",更广泛团结豫籍在外优秀青年服务家乡发展。漯河市依托中原食品实验室,深化创新"十大工程",按照"九条标准"建设创新型示范园区,形成各类创新要素精准对接、相互赋能、高效耦合的"1+6+N"创新格局,培育青年创新创业生态,优化青年人才创新环境。

2. 青年住房安居保障体系逐步完善

为解决青年居住难问题,河南省逐步完善多主体供给、多渠道保障、租购并举的青年住房安居体系,加强青年人才公寓、人才驿站建设,为青年人才提供青年公寓和产业园区配套住房。2022年4月,河南省住房和城乡建设厅、省发展改革委、省财政厅、省自然资源厅联合印发《河南省关于发展人才公寓的意见》,坚持政府主导、多方参与、市场运作、统一管理的原则,多渠道筹集人才公寓,营造有利于人才安居乐业的环境,打造人才集聚新高地。比如,郑州市将首次购房补贴扩展到所有本科以上毕业生、技工院校预备技师和专科生,让更多青年人在郑州的万家灯火中,拥有自己的"一盏灯"。2023年,郑州市为7106位青年发放首次购房补贴37656万元,建设人才公寓17.2万套(间),确保青年住有所居、住有宜居。鹤壁市着眼青年人才实际需求,全方位做好住房与子女入学等配套措施,按照"中学服务半径1000米、小学服务半径500米、小区全部配套幼儿园"的规划布局,在青年集聚区周边增配优质公立幼儿园、小学、九年一贯制学校,实现城区基本全覆盖,保障青年人才子女教育需求。

3. 青年心理健康服务供给显著增加

随着城市生活节奏的加快,青年面对学业、就业、婚恋、社会融入等各方面的压力也在加大,青年心理健康问题日益凸显。为营造更好的青年发展环境,推动青年全面发展,团省委牵头开展了"青少年心理健康服务进村(社区)行动",自2022年起已连续三年将其列入省重点民生实事项目。截至2023年底,已开展青年心理健康科普、团辅活动7800余场,覆盖青年34.1万余人次,开展个案心理咨询3.5万余人次,覆盖重点青年群体1.3万余人次,建成446个12355青少年心理健康服务阵地——"青翼家园"。此外,2023年,河南省12355青少年服务台全年累计组织开展"12355中高考减压"活动 1800 余场，服务师生 84.1 万余名，开展"12355 青少年自护教育"1.4 万余场，服务青少年 330 万余人次。

### （三）持续营造良好的创建氛围

#### 1. 青年友好氛围日益浓厚

建设青年友好型发展环境，需要全社会的广泛参与，以营造良好的创建氛围。河南各城市通过提炼有自身特色和标识度的青年发展型城市理念表述、制作宣传片等形式，积极倡树"关心支持青年发展就是增强城市发展活力、积蓄城市发展后劲"的理念。在城市地标、火车站、商业中心等人群密集场所，通过条幅、宣传板、字幕等形式加大宣传力度，让青年对政策有感知、对城市有归属，让河南成就青年，让青年建功河南。河南省委常委、郑州市委书记安伟等 7 位市、县党委主要领导分别在《中国青年报》发表署名文章；郑州市在《郑州日报》开设"青年发展型城市建设·郑州实践"专栏，已经刊发中牟县等 11 个县（市、区）、市文广旅局等 3 个单位主要负责同志署名文章，全面展示青年发展型城市建设的成果和生动实践。郑州市、洛阳市洛龙区、南阳市唐河县、信阳市平桥区等多地发布了青年发展型城市（县域）宣传片，三门峡市灵宝市、南阳市唐河县等多地公布了青年发展型县域 LOGO 和口号，三门峡市灵宝市、信阳市平桥区等地通过举办青年发展论坛的形式宣讲青年发展政策。

#### 2. 打造城市特色风貌

河南各城市通过充分挖掘自身产业、资源、交通、人文等优势，因地制宜打造具有本地特色的城市风貌。比如，郑州市先后构建"赛事+消费+文化"的文娱供给格局，多角度打造青春多元空间场景，建成郑州记忆·油化场创意园等一批契合青年消费特点的特色美食街、夜经济消费区和网红打卡地，满足青年多元化、个性化消费需求。鹤壁市按照"颠覆性创意、沉浸式体验、年轻化消费"理念，建设人才公园、岗坡野营地、二支渠"樱花里"等一批青年消费娱乐的网红打卡地，打造集休闲娱乐、文化体验、游览观光于一体的青年集聚新地标。漯河市利用自身食品名城的品牌优势，通过丰富沙澧河文化风光带内涵，打造漯河宴、漯河味道等消费品牌店，创建省级康养旅游示范村，开通幸福乡村游 5 号线路，提升改造临颍鼓楼、漯湾古镇等美食休闲街区，拓展青年消费空间，提升青年对城市的认知度。

### 3. 推进社区青春行动

社区是城市服务青年发展的神经末梢，一座城市是否"青年友好"，社区至关重要。河南各地以青年发展型社区、街区等建设为抓手，深入推进社区青春行动，推动青年发展型城市建设在基层一线落地落实，不断激发青年社区服务效能。比如，团洛阳市委联合市民政局印发了《洛阳市社区青春行动试点工作方案》，推动律协团委、市青少年人工智能协会、市星火青年志愿服务中心代表分别与 21 个试点社区签订《"社区青春行动"结对共建合作协议》。信阳市通过在青年公寓、青年社区等场所建立"青年之家"，实现乡镇（街道）全覆盖，再进行项目整合、资源对接和宣传推广，进而不断提升"青年之家"的社会影响力和青年参与度。林州市通过构建"微网格+青年"治理模式，引领青年志愿者服务社会发展，号召青年社会组织投身公益培育项目，引导青年成为基层自治共治的参与者与践行者。

## 二 创建青年友好型发展环境过程中的问题与挑战

### （一）凝聚各方的工作合力有待加强

自青年发展型城市建设目标提出以来，河南各地牵头部门积极发挥作用，推动青年发展型城市建设初见成效，但也有一些地方的个别部门对这一工作的重视度不高，特别是对"城市对青年更友好、青年在城市更有为"的青年与城市发展之间的良性互动认识不足，甚至把促进青年发展看成"额外负担"，存在"青年工作是牵头部门一家的事"的错误观念。另外，从目前出台的各项青年发展政策措施看，多数是在其他政策中的相关表述，真正针对青年友好型发展环境的专门政策还不够（如通过对全省

2021~2023 年青年类政策的题目检索，"青年"关键词占比基本在 20% 以下，加上"学生""青少年"仅能占到 50% 左右，见表 3），导致青年发展类政策针对性不强，协同为青年排忧解难的合力不够，更无法对制度进行"一站式"推介。

**表3 2021~2023 年各级党政部门出台的青年政策题目中检索相关关键词的占比情况**

单位：%，个

| 年份 | | 青年 | 青少年（未成年） | 学生(中小学、高校等) | 青年类政策数量 |
|---|---|---|---|---|---|
| 2021 | 省级 | 18.2 | 9.1 | 9.1 | 11 |
| | 市级 | 17.4 | 18.8 | 24.6 | 69 |
| | 县级 | 47.5 | 1.6 | 14.8 | 61 |
| 2022 | 省级 | 0 | 4.8 | 38.7 | 62 |
| | 市级 | 16.4 | 4.1 | 8.6 | 463 |
| | 县级 | 12.5 | 20.3 | 13.6 | 655 |
| 2023 | 省级 | 3.3 | 1.6 | 43.1 | 123 |
| | 市级 | 22.4 | 2.6 | 13.2 | 545 |
| | 县级 | 20.6 | 6.9 | 11.3 | 797 |

## （二）政策的普惠性还需进一步提高

分析发现，河南各地青年发展政策主要集中于青年人才，尤其是高端人才的引进政策，如在 2021~2023 年的省市县三级青年发展政策中，青年人才类政策出台数量连续攀升（2021 年 5 个、2022 年 26 个、2023 年 41 个），涉及普通青年的政策较少，特别是涉及普通青年住房、就业等的普惠性公共政策较少，如购房补贴、租房补助、青年驿站服务等支持明显不足。究其原因，既有财政资金困难的客观因素，也有部分城市过于聚焦高端青年人才的主观影响，缺乏针对普通青年群体的调研，出台政策更多是从"我们需要什么"的角度，而不是"青年需要什么"的角度去思考，导致普通青年对该地区青年友好型环境和青年发展型城市建设的认知度较低，未能很好地调动普通青年群体参与政策制定和执行的积极性。

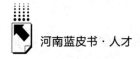

### （三）全社会高度关注参与的氛围仍需营造

目前，《规划》已实施近五年，《意见》也已出台两年，但全社会尤其普通群众的认知度仍然较低，尚未形成全社会高度关注的创建氛围。从宣传角度看，当前的宣传形式多停留于传统的电视、广告、报刊、标语等，青年聚集的抖音、B 站、微博等网络平台宣传较少，很多群众对青年优先发展理念的重要性、对青年发展型城市建设是什么还不清楚。从试点地区青年发展型城市建设的方案来看，总体目标、重点任务、工作要求等都很具体，但在小区、社区、街区、学区、厂区、园区、商圈等"基层一线""最小单元"的落地落实还不够，群众参与率较低。可以说，距离达成"2025 年青年优先发展理念成为广泛共识"这一任务目标还有一段路要走。

### （四）城市的特色吸引力需进一步提升

整体上看，河南省青年发展型城市建设还处于探索阶段，各城市之间都在相互学习和模仿，真正能结合自身实际精准打造特色品牌的城市较少，能够打造"人无我有、人有我优"示范性项目的更是屈指可数。近年来，虽然多个城市借助网络平台，将自身独特的自然、人文、产业等资源进行包装宣传，打造网红城市吸引青年，但河南省内各试点对自身特色挖掘还不够，在如何利用网络将青年从"流量"变"留量"上还需下功夫。换言之，当前河南各地推进青年发展型城市建设存在同质化程度较高的问题，不能体现各地在吸引青年、留住青年、服务青年方面的独特魅力。

## 三 创建青年友好型发展环境的对策与展望

### （一）凝聚共识以形成工作合力

#### 1. 不断优化工作机制
从创建青年友好型发展环境、建设青年发展型城市的工作机制看，坚持党的领导是根本，实现共青团协调推动是基础，发挥青年工作联席会议机制作用是关键，协同汇聚各方力量是保证。因此，河南各地应进一步解放思想，全方位树立"青年就是未来"的理念，加强顶层设计，各部门协同联动、各市县一体推进，增强主动服务意识，优化整合各类资源和力量，更加精准地推行青年人迫切需要的政策措施和服务内容。

### 2. 持续加强联动协同

要推动青年发展型城市建设走深走实，河南各地应统筹推动各部门工作形成合力。一方面，要强化工作统筹，常态化做好工作会商、督促指导、信息收集等工作，定期梳理青年发展型城市建设重点任务、特色亮点和存在的问题，统筹协调各方资源以实施好服务青年发展的举措和项目。另一方面，要注重工作实效，构建可定期观测、可纵横比较的评估体系，强化清单化管理、项目化推进，推动青年发展政策更加完善、项目更加精准。

### 3. 强化社会力量支撑

毋庸置疑，河南在青年友好型环境创建过程中会遇到许多难题和困境，这就需要全省高校、各类研究机构、智库部门加强研究，为河南在青年友好型环境创建的方向确立、评估指标体系建立、优势打造等工作上提供智力支持。同时，一些青年在成长发展过程中遇到的问题，也需要专业人士参与指导帮助解决，如在青年心理健康服务、维护青年合法权益、预防青年犯罪等工作中，应引入更多心理咨询师、社工、律师等专业社会力量，切实提升全省青年发展的整体质量和水平。

## （二）加大出台精准性普惠性政策的力度

### 1. 让政策红利惠及更多普通青年

有研究表明，从青年需求导向出发的城市建设能够切实提升青年幸福感，特别是对较低收入青年和中间职业阶层青年幸福感提升的促进作用会更加明显。因此，应充分关注不同青年群体，制定更多面向全体青年而非仅针对高层次青年人才的青年发展政策，立足青年对发展服务的多样化需求和可及性诉求，适时调整青年发展型城市建设任务目标和侧重点，提供普遍实惠又有所差别的支持政策，让青年发展型城市建设政策红利惠及更多普通青年，全面提升青年幸福感。

**2. 制定更多解决青年"急难愁盼"问题的政策**

调研显示，伴随着经济社会发展，青年一代的生活与工作满意度在不断提升，发展信心显著增强，但在部分领域仍倍感压力和焦虑。这就要求政策制定者坚持问题导向，常态化走进青年开展调研，倾听青年心声，找准青年的操心事、烦心事，大力解决困扰青年发展的"急难愁盼"问题，疏通青年成长发展的堵点，为其提供劳有所获、住有所居和心有所盼的生活发展保障，为青年奋发向上营造良好环境。

**3. 出台长期稳定的青年发展政策**

《规划》实施情况中期评估报告显示，河南省《规划》实施各项工作总体进展顺利，但部分领域中个别指标尚存差距，相关领域青年发展工作仍需加强，如青年人口规模日益减少、青年身心健康问题日益凸显、青年就业存在不稳定因素、青年违法犯罪案件在高位徘徊等问题。破解这些问题，依靠短期内政策还不够，更需要系统施策、综合施策。应聚焦重点领域，梳理、打通相关青年发展政策，出台集成性、长期性的青年发展政策，推动更多青年实事项目常态化纳入政府民生实事，形成服务青年成长发展、动员青年锚定"两个确保"、助力"十大战略"的长期稳定的政策体系。

**（三）提高青年友好型发展环境创建在全社会的感知度**

**1. 加大新媒体宣传力度**

河南各地应大力宣传党的二十大对青年工作的重要要求和习近平总书记关于青年工作的重要思想，积极倡树"关心支持青年发展就是增强城市发展活力、积蓄城市发展后劲"的理念。充分借助青年聚集的网络媒介，加强青年发展型城市的宣传。发挥新媒体"短频快"传播优势，加强网络媒体宣传的整体策划，打造微信、微博和抖音、快手等媒介品牌；邀请名家、名人来城市旅游、生活或体验，开设专栏、专题，举办网络主题活动，打造爆款视频与"青年发展型城市印象",让更多的青年人才了解城市、选择城市。抓住社会热点,打造"口碑"城市;关注热点事件,打造"出圈"亮点,赢得城市良好口碑。

### 2. 聚焦小区、社区、街区等"最小单元"氛围营造

一方面,通过对"最小单元"的适青化改造,建设一批社区青年之家、街心青年运动公园等"小而美"的项目,将青年元素有机融入城市更新行动。另一方面,通过打造一批充满青春元素、契合青年特征、满足青年消费和文娱社交需求的社区、街区,以点带面,激活城市整体的"年轻态",提升普通群众对青年发展型城市建设、青年友好型发展环境创建的感知度,提高城市对青年的吸引力,增强青年的城市归属感。

### 3. 建构丰富的城市青年场景

要大力构建更多满足青年服务需求的场景,将青年友好型发展环境创建融入城市的碎片化空间,如用好城市高架桥下空间、屋顶空间、废弃厂房等"金角银边",打造更多青年喜闻乐见的"口袋公园""健身公园"。加强和社区的合作,利用社区碎片化的闲置空间或借助老旧小区改造时机,融入更多青年元素,建设青年友好型社区,如在青年聚集较多的社区建设共享餐厅、共享自习室、共享健身房等。要积极打通各类碎片化青年空间的资源链接,构建全城青年各类资源供给和需求的服务交易平台。

### (四)打造适合青年发展的城市特色

#### 1. 打造优质生活城市

要着力推进城市更新,打造便捷交通,建设一批集精品商业、高端商务、高品质休闲娱乐于一体的青年社区、街区,节省空间移动成本和时间成本。要改善青年商业环境,打造数字生活服务平台,助力推动"潮店经济""首店经济",形成一批智慧商圈、特色商业街区、夜经济地标。同时,积极拓展商业新模式新业态,打造一批凸显青年元素的消费场景、娱乐场景,发展青年时尚经济。此外,要打造一批高品质的婚恋交友服务品牌,让城市

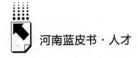

充满关怀、充满爱。

### 2. 培育城市文化内涵

文化是一个城市的软实力。调查显示，当代青年偏爱中国传统文化，青年的关注不仅局限于"国风"文化的外在表现形式，更聚焦于蕴藏在"国风"潮流背后的深厚历史底蕴，如洛邑古城在结合历史文化街区改造的基础上，将科技创新与传统文化相结合，形成了综合型人文旅游观光区。河南作为文化资源大省，各地均有深厚的传统文化底蕴、丰富的革命文化。因此，要善于挖掘自身特色文化，利用现代技术进行开发，引导青年去参与、去体验，实现城市与青年的双向互动。实际上，脱胎于农业社会的慢节奏文化，能够与快节奏生活的城市文化形成良性互补，使青年沉浸其中以调适生活压力，身心得到放松，如近年来一些城市开发的特色古城、老街，传统美食、技艺、文艺等吸引大量青年去体验，极大地提升了城市对青年的吸引力。

### 3. 打造标志性青年发展项目

标志性的青年发展项目能够迅速吸引青年，且在青年中形成传播效应。无论是实体化的项目借助其标志性的外观（独特的建筑、装修风格等），还是虚拟化项目提供实实在在的服务内容，都能提升该项目对青年的吸引力，进而形成传播效应。对原有的实体项目如青年驿站、青年之家等，既要进一步强化其外在的吸引力、传播力，也要提升其服务内容的针对性和实效性，最终形成在青年中广为传播的良好口碑。

**参考文献**

习近平：《在纪念五四运动 100 周年大会上的讲话》，《中国共青团》2019 年第 5 期。

胡文静：《城市发展如何影响青年幸福感？——来自京津沪的经验证据与启示》，《中国青年研究》2024 年第 2 期。

关乐宁、牛碧瑾：《大力解决青年"急难愁盼"问题 疏通青年成长发展的痛点堵点》,《中国经贸导刊》2023 年第 5 期。

王倩倩等:《高质量发展下青年友好型城市空间布局研究——以洛阳市为例》,《人民城市,规划赋能——2022 中国城市规划年会论文集(20 总体规划)》,中国建筑工业出版社,2023。

# B.12
# 河南省人工智能产业人才分析报告

王千一　常　亮　吴桂昆*

**摘　要：** 人工智能作为当前新一轮产业变革的核心驱动力，正在深刻改变着人们的生产生活方式，为经济社会发展不断注入新动能。河南省通过实施数字化转型战略，在人工智能政策完善、算力资源建设、数智人才培养、数据汇聚流通、应用场景牵引等方面取得了显著成效，为建设数字强省提供了重要支撑。本报告深入分析了河南省人工智能人才队伍建设现状，指出产业人才存在缺口、人才供给不均衡、教育和培训体系有待完善等问题，并提出了构建多元化引才模式、拓宽人才成长渠道、优化人才生态环境等对策建议，以期推动河南省人工智能产业人才队伍建设取得更大突破，为中国式现代化建设河南实践提供有力支撑。

**关键词：** 人工智能　产业发展　人才队伍建设

人工智能是赢得全球科技竞争主动权的重要战略抓手，是推动科技跨越发展、产业优化升级、生产力整体跃升的重要战略资源。近年来，河南省委、省政府深入实施数字化转型战略，构筑人工智能创新发展新优势，全省人工智能产业实现较快发展，为全方位建设数字强省提供了重要支撑。全方位引进培育用好人工智能人才，将有助于构建基础坚实、能级领先、应用繁荣的新一代人工智能创新发展格局，打造数字强省发展新引擎，为中国式现代化建设河南实践提供有力支撑。

---

* 王千一，河南人才集团高端智库事业部项目经理；常亮，河南人才集团高端智库事业部咨询师；吴桂昆，河南省工业和信息化厅数字化与未来产业处三级主任科员。

# 一 河南省人工智能人才队伍建设现状

## （一）完善产业支持政策，加大人才招引力度

河南省在人工智能产业方面出台了一系列政策，从宏观层面进行了规划和指导，以助力人工智能产业的快速发展。

首先，出台了《河南省新一代人工智能产业链培育行动方案（2023—2025 年）》《河南省"十四五"数字经济和信息化发展规划》《河南省加快未来产业谋篇布局行动方案》《河南省大数据产业发展行动计划（2022—2025 年）》《河南省加快数字化转型推动制造业高端化智能化绿色化发展行动计划（2023—2025 年）》等政策和文件，将人工智能和相关产业纳入全省重点发展规划，加快建设算力算法、5G 等基础设施，助力攻克人工智能产业关键共性技术，引进和培养龙头企业和科研机构，为人工智能产业发展夯实基础。

其次，政策支持延伸至人工智能的相关细分领域，这些领域的发展为人工智能产业提供更多的应用场景和技术支持，推动产业的多元化发展。如智能传感器方面印发《河南省加快高端仪器产业创新发展实施方案》；光电方面制定《关于支持南阳数字光电产业高质量发展的若干措施》；区块链方面印发《"河南链"总体框架规范》《"河南链"公共基础平台技术规范》《"河南链"跨链技术规范》；卫星产业方面制定《河南省重大新型基础设施建设提速行动方案（2023—2025 年）》《河南省培育壮大航空航天及卫星应用产业链行动方案（2023—2025 年）》；等等。这些政策和文件的深入实施和资源倾斜，为人工智能产业的发展提供了有力的保障，推动河南省在人工智能领域取得更大的突破和成就。

最后，河南省围绕培养和发展高层次人才陆续出台了一系列相关政策，为人工智能高层次人才的引进和培育创造了良好的政策环境。河南省人社厅出台《河南省高层次和急需紧缺人才职称评聘"绿色通道"实施细则》，河

南省科技厅出台了《重点培育资助高新产业的科技领军人才和青年科技人才》。各地市也相继出台人才引进政策，郑州出台了十条"青年英才新政"、洛阳孟津出台了新"金十条"等，进一步加快了河南完善优秀人才政策的步伐。《2023年高质量推进"人人持证、技能河南"建设工作方案》专门指出，全面开展人工智能等新一代信息技术领域从业人员的技能提升培训，加快培养产业数字化和智能化、加速转型升级的急需高素质数字人才。

（二）多维布局高校院所，提升人才引育效能

近年来，为深入实施数字化转型战略，河南省加大了人工智能领域的专业人才培育力度，夯实了 AIGC 人才的培养基础。根据教育部最新公布的2022年度普通高等学校本科专业备案和审批结果，此次共新增了218个人工智能和大数据相关专业。2022年新增数智专业数量排名前五的省份分别是河南省、湖北省、安徽省、广东省和山东省。其中，河南省共新增19个人工智能和大数据相关专业，其中人工智能专业和数字经济专业分别新增7个，新增数智专业数量全国排名第一（见图1）。

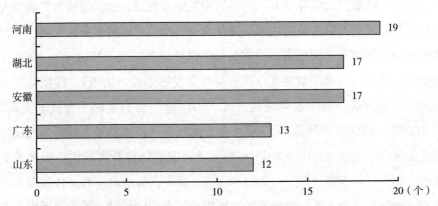

**图1　2022年普通高等学校新增备案数智本科专业数量排名前五的省份**

资料来源：根据2022年教育部公布的普通高等学校本科专业备案和审批结果统计所得。

初步统计调查，截至2023年底，河南省高校在人工智能产业链高层次人才的分布上占据了重要地位。近一半的专业人才集中在高校，这充分体现

了高校在人工智能领域的人才培养和吸引力。高校作为科技、人才和创新的交汇点，在人才培养、技术研究和应用开发方面具有独特的优势。郑州大学和河南大学作为"双一流"建设大学，在人工智能模型研究、高性能地理计算、基础算法、遥感测绘、智能交通、自然语言处理理论与应用研究等方面成果突出。河南科技大学、河南师范大学、河南农业大学、河南工业大学、华北水利水电大学作为河南"双一流"建设大学的第二梯队，积极投入人工智能产业领域的研究和开发中，并在智能交通组织算法与模型、教育大数据、智能粮食储存、智能水利数据建模、航空经济大数据等人工智能技术开发和应用方面取得显著突破。

同时，河南省30%的人工智能专业人才分布在企业，23%分布在科研院所（见图2）。其中包括河南省科学院、嵩山实验室、西安交通大学中原大数据研究院等省重点实验室、研究所，以及中原动力智能机器人有限公司、新华三大数据技术有限公司等人工智能产业的领军企业。科研院所集聚了大量顶尖科研人才，同时拥有先进的实验设备和充足的研究资金，为河南省在人工智能领域取得更多创新成果提供了坚实保障。领军企业不仅吸引到大量

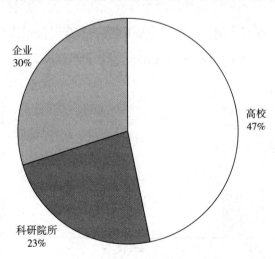

**图2　河南省人工智能产业链高层次人才分布情况**

资料来源：根据河南省工业和信息化厅调查统计所得。

优秀人才，还为他们提供了丰富的实践机会和广阔的发展空间。这种产学研互融的人才分布模式为河南省的人工智能产业发展提供了全方位的支持，实现了科研成果的快速转化和应用，为河南省的人工智能产业发展注入强大智慧和动力。

算法作为人工智能的核心技术，截至2023年，全省拥有相关优势团队120个（见图3）。其中基础算法优势团队31个，涵盖机器学习、表征学习、深度学习等方向，主要集中在郑州大学、河南大学、河南科技大学等高校，以及河南省科学院、嵩山实验室等科研机构。其中河南大学王家耀团队"时空大数据基础算法"、郑州大学徐明亮团队"智能群体行为模型"、嵩山实验室张建辉团队"空间智能融合感知算法"等技术水平在全国处于领先地位。应用算法优势团队80多个，服务范围涵盖工业、农业、教育、安全、地理、交通、医疗等行业，其中北京理工大学郑州智能科技研究院郭要军团队主要研发新型诊疗、光医学产品新型医学检验检测、康复治疗等设备，实现了关键零部件国产化替代；河南省科学院张良培团队研发高光谱遥感信息处理、高分辨率遥感影像信息处理等算法，获得国家测绘科技进步奖一等奖1项、省部级一等奖7项；中原动力智能机器人有限公司张建伟团队研发视

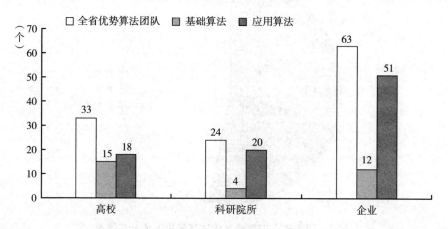

**图3 河南省算法优势团队统计情况**

资料来源：根据河南省工业和信息化厅调查统计所得。

觉智能分析、高精度运动控制、多模态人机共融等算法，填补了河南省城市管养机器人领域空白。

### （三）强化算力基础建设，支撑人工智能产业发展

河南省算力基础设施建设水平稳步提升，为人工智能产业发展提供了有效支撑。截至 2023 年 9 月，河南省算力规模约 4100PFlops（每秒 1000 万亿次浮点运算），居全国第 12 位。超算方面，科技部批复建设的国家超级计算郑州中心，在精准气象预报、大气污染防治、科学计算、智慧城市、工程仿真、生物育种、精准医学等方面开展了特色应用。智算方面，建成中原人工智能计算中心并投入运营，依托华为技术和资源优势，为省内外 100 多家企业、科研院所、高校提供算力服务。通算方面，加快推进各类数据中心、云平台建设，不断强化算力技术平台搭建，自 2022 年以来全省增设了大数据创新平台、大数据产业示范园区等多个数字经济平台，并成功筹建了两个人工智能公共算力开放创新平台，为产业人才提供了成长载体（见表 1）。

表 1　2022～2023 年河南省新增大数据和算力平台建设情况

单位：个

| 类别 | 名称 | 数量 |
| --- | --- | --- |
| 河南省大数据发展创新平台 | 大数据发展创新实验室 | 18 |
| | 大数据产业融合创新中心 | 32 |
| | 大数据创新服务机构 | 3 |
| | 大数据创新人才培训基地 | 7 |
| 河南省大数据产业示范园区 | 智慧岛大数据产业园 | 1 |
| | 郑州天健湖智联网产业园 | 1 |
| | 洛阳大数据产业园 | 1 |
| | 许昌高新区智能电力装备制造大数据产业园 | 1 |
| | 鹤壁市大数据产业园 | 1 |
| 国家新一代人工智能公共算力开放创新平台（入选筹建名单） | "嵩山"人工智能公共算力开放创新平台 | 1 |
| | 中原人工智能公共算力开放创新平台 | 1 |

资料来源：河南省工业和信息化厅公开信息。

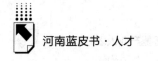

### （四）举办产业交流活动，推动人才合作共进

河南省积极举办产业大会，为人工智能产业相关人才、企业等提供了交流平台。2023年10月，2023 Eathink数字生态伙伴大会在郑州龙子湖盛大启幕，华为、阿里云、中兴通讯、金蝶软件等两百余家数字经济龙头齐聚郑州，共同探讨河南人工智能产业和数字经济发展新图景。11月，第三届中国（郑州）人工智能大会在河南省科学院举行，国内众多专家学者及华为、百度、360、科大讯飞等科技龙头企业参会，围绕人工智能前沿趋势、应用场景、大模型、网络信息安全等话题进行分享探讨，助力河南人工智能产业高质量发展。12月，河南省人工智能产业发展大会在郑州召开，指出要充分发挥河南省海量数据资源、丰富应用场景、广阔市场需求的优势，从强化算力支撑、推动算法突破、完善数据供给体系、提升产业发展能级、培育壮大产业集群、拓展融合应用场景等方面协同发力，打造具有全国影响力的人工智能产业高地和创新应用示范区。

同时，河南省积极举办人工智能相关赛事，有效促进了前沿技术交流。2023年5月，第三届中国人工智能创新大赛在郑州举办，吸引了269个参赛单位的355支参赛队伍参加。9月，成功举办昇腾AI创新大赛2023河南赛区赛事活动，吸引了100多支团队、300余人报名参与，围绕人工智能前沿技术打造具备行业属性及可落地性的解决方案，为千行百业数字化注入AI创新力。

### （五）紧跟前沿技术领域，引领产业人才发展

近年来，河南省瞄准产业发展的前沿方向，在智能网联汽车、卫星、智能机器人等领域注入人工智能技术，推动产业向智能化发展。2022年，河南省智能网联汽车云控平台上线，通过开放式端口架构，可支持各厂家网联设备、各品牌车辆、各厂商云控平台等产业链相关企业的数据交互与融通，逐步实现车辆、基础设施、交通环境等领域基础数据融合，为智能驾驶技术研发、应用场景落地、智慧交通管理、道路优化及测试认证、交通数字孪生体系构建

等提供支撑。2023年3月，"中原一号""鹤壁一、二、三号"4颗卫星在太原发射成功，卫星系统由"1颗主星+3颗辅星"组成，采用四星共面运行方式，深度结合人工智能技术，实现了高精度地形测绘、高分宽幅成像、高精度形变监测以及三维立体成像等能力，在全球地形测绘、地质灾害监测、洪涝灾害监测、实景三维建设、农业资源监测等方面具备极大优势。此外，商事登记智能审批机器人、轮足式城市管养机器人、智能粮内巡检机器人等创新成果不断涌现，成为机器人智能化的典范，在政务服务、城市运营等领域深入发展。①

同时，河南省重点跟进科技前沿，大力发展人工智能大模型。2023年8月，"独角兽"企业APUS将郑州智算中心算力扩容到50PFlops，为各类人工智能应用提供更加强大的支持，同时发布河南省第一个人工智能通用大模型平台"AiLMe"，为河南省实施数字化转型战略、全方位打造数字强省提供有力支持。②

（六）搭建行业应用场景，强化人才价值体现

当前河南省在工业、农业、交通、医疗、教育等重点行业形成一批人工智能示范应用场景，为产业人才发展提供了广阔的渠道。工业领域，累计建设智能车间773个、智能工厂332个，生产效率平均提升30%，运营成本平均降低20%，单位产值能耗平均降低10%。洛阳大鱼视觉生产的亚微米级外观缺陷自动化检测设备技术水平国内领先，广泛应用于平面显示、陶瓷基板、印刷电路板等行业在线检测。农业领域，延津小麦、柘城辣椒、浉河茶叶等3个国家数字农业试点项目落地实施，实现农业生产过程的精细管理。牧原建设的汝州综合体智慧一体化监管平台，实现设备智能化管控和生物安全、产线监管、智慧巡更等场景无人值守。交通领域，宇通拥有多元传感器融合感知、决策与规划、冗余与线控执行机构、车载超算平台及云控平台等自动

---

① 数据来源：河南省工业和信息化厅《2023年河南省人工智能创新平台、重点企业、优势产品和应用案例名单》。

② 《APUS高新区智算中心再扩容　提升河南在全国乃至全球人工智能领域竞争力》，郑州高新区管委会网站，2023年8月24日，https：//www.zzgx.gov.cn/qndt/7779760.jhtml。

驾驶核心技术，自动驾驶产品已在郑州、广州、南京等地开展示范运行，累计商业化运营超过 180 万公里。医疗领域，郑州大学第一附属医院建成大规模心电智能诊断数据库，用于心脏疾病实时预警、AI 智能分析及新型设备研发，实现心脏病全周期健康管理。教育领域，河南讯飞科技有限公司实施了金水区智慧教育项目，已覆盖 20 所学校，服务教师 2300 人、学生 2.1 万人。[①]

## 二　人工智能人才队伍建设存在的问题和挑战

当前，人工智能行业正在从传统的人工智能向新一代的人工智能发展，新一代的人工智能具备感知、认知和行为能力，并且可以互动、学习和自我成长。构筑匹配的人才生态系统，加速吸纳和培养紧缺的人工智能专业人才，集结研发创新团队，是建立基础稳固、能力卓越、应用广泛的新一代人工智能创新发展模式，并打造数字强省发展新动力的关键保障。从实际来看，目前人工智能人才队伍建设还面临着如下挑战。

### （一）存在产业人才缺口

人社部发布相关信息显示，我国人工智能产业人才供需比例严重失衡，特别是高水平人才相对稀缺。随着国内人工智能产业呈现出蓬勃发展的良好态势，传统制造产业进行智能化升级改造，人才紧缺度将会越来越高。目前，我国人工智能领域的顶尖科学家大多聚集在北京、上海、浙江、广东等发达地区，由于研发投入较大、人才待遇优渥，这些地区吸引着国内顶尖人工智能人才团队的加盟。人工智能产业在河南的起步较慢，基础产业研究较多，产业规模效应尚未形成，同时相关产业的人才薪酬待遇缺乏竞争力，对于高层次人工智能人才的吸引力不足，造成人才缺口较大，也成为制约河南省人工智能人才发展的重要因素。

---

① 《"破土""换道""出圈"——多样数据折射河南经济"向新力"》，经济参考报网站，2024 年 3 月 13 日，http://www.jjckb.cn/2024-03/13/c_1310767431.htm。

## （二）人才供给不均衡

从产业链来看，人工智能可分为基础层、技术层和应用层，其中基础层包含数据、算法、算力等，技术层涵盖计算机视觉与模式识别、自然语言处理、类脑算法等，应用层主要面向特定场景形成软硬件产品或解决方案。在整个产业链中，目前人才资源主要集中在算法和机器学习领域，少部分集中在机器人、硬件/GPU/智能芯片等硬件方面，其余领域人才分布较少。从专业学科来看，人工智能是一个综合程度较高的复合型专业，综合了计算机、神经科学、认知科学、社会科学、数学等多个专业，其中计算机、统计学、数学等基础专业人才资源相对较为丰富，而人工智能、生物计算、人机交互等专业领域人才不足，尤其缺乏复合型人才。

## （三）教育和培训体系有待完善

人工智能产业属于知识密集型产业，从业者的文化程度基本处于较高水平，其产业特征和核心技能决定了人才培养具有较高的挑战性。河南省开设人工智能专业的高校数量在全省高校总量中占比不高，且缺乏优质的师资力量，人工智能教育和培训仍处于起步和发展阶段，使得人工智能专业技能人才培养滞后于人工智能产业发展需求。目前河南省内高校人工智能专业课程体系尚不完善，缺乏与实践的结合，且在教学理论、教学内容、学科设计等方面亟待优化改革。要加强知识结构与产业、行业需求的结合，注重实践能力和创新创业能力的提升，以培养人才为目标，推进产学研深度融合。

# 三　对策建议

## （一）构建多元化引才模式

### 1. 产业引才

强化人工智能领军企业招引和培育。企业是产业发展的载体，是引才育才的主体。推动产业人才集聚，关键在企业。河南省当前人工智能产业领军企业、龙头企业等主体相对较少，对人才的吸引力亟须加强，因此加快吸引人工智能产业人才首先要壮大企业主体。一是要进一步引进行业领军企业，瞄准长三角、珠三角、大湾区等产业发达地区，重点引进具有行业影响力的领军企业，形成龙头企业带动效应，吸引产业链上下游企业集聚，为人才招引提供发展平台。二是要进一步引进行业内具有成长力的企业，与行业龙头企业形成梯度补充，有效扩大企业引才的渠道。三是要进一步强化河南省本土人工智能产业企业培育，建立健全人工智能产业孵化器和加速器，为初创企业及成长企业提供良好的创业环境和资源支持，助力其快速发展，成为集聚产业人才的有效载体。

2. 精准引才

依托大数据分析工具和人才信息储备库，针对河南省人工智能产业所需的精英人才进行精准定位和积极引进。鉴于河南省在数字政府建设方面已取得显著进展，可充分利用各部门的信息资源，筛选出与人工智能紧密相关的人才数据。一方面为了准确锁定目标人才，需要强化跨部门的数据共享机制，整合并持续更新人工智能领域的人才信息，通过大数据的精确匹配，确保人才引进与产业发展需求高度契合。另一方面要探索市场化引才新机制，依托国内知名人才中介机构、猎头公司等，深入挖掘行业高精尖缺人才资源，满足用人单位对高层次人才智力的引进需求。同时为吸引更多优秀人才，必须深入把握市场动态，提供具有吸引力的优惠政策和薪酬待遇，并确保用人单位提供全面的培训与发展机会。

3. 柔性引才

通过兼职、顾问、项目合作等方式，灵活引进人才，满足企业短期或特定项目的需求。探索灵活的柔性引才新模式，引导行业人才通过兼职、顾问、项目合作等方式进入河南人工智能产业体系。针对具有较高学术造诣的人才，可引导其担任顾问，提供战略咨询、项目管理、技术指导、业务拓展及其他相关方面的智力支持；针对持有专利技术的，可引导其技术入股，将技术成果作为无形资产作价出资，以股东身份参与企业决策；针对具有丰富管理经历和技术技能专长的，可挂职担任单位管理职务、技术首席等，或以特聘兼职的方式开展工作。同时探索项目合作的方式，吸引人才与用人单位达成合作，以成果转化、技术转让、科研攻关、技术推广等项目形式提供智力服务。

### 4. 人才飞地

探索人才飞地新模式，重点瞄准北京、上海、杭州、深圳等人工智能人才集中的地区，鼓励有条件的企事业单位建立省外人工智能产业人才工作站或研发中心，加强与省外科研院所联系，合作共建研究机构，突破地域限制，利用当地的人才资源，为河南省内用人单位提供远程支持和服务，以最大限度延揽智力资源。

## （二）拓宽人才成长渠道

### 1. 加强人工智能学科建设

当前人工智能相关专业知识技能更新快速，现有高校学科专业无法满足河南省人工智能产业蓬勃发展的要求，这就需要加强人工智能相关学科建设。一是建立完善的学科体系。要鼓励郑州大学、河南大学发挥河南省高校的领头羊作用，按照"新工科"的建设要求，加快人工智能学科、传统学科"人工智能+"的建设布局，以产业需求为导向，注重学科交叉融合，在通识教育、专业教育、个性化教育和实验实习体系设计中，突破传统的单一学科中心的局限，及时捕捉市场需求动向，强化技能应用导向，针对市场变化和人才技术技能需求动态更新专业计划。二是加强师资队伍建设。积极引进和培养高水平的人工智能专业教师和研究人员，提高教师的学术水平和教学能力。同时，加强与企业和研究机构的合作，吸引更多有实践经验的专业人士参与到人工智能教育中来。三是加大对人工智能科研的支持力度。鼓励教师和学生参与科研项目和创新活动，通过科研合作、学术交流等方式，提高教学质量。

### 2. 发挥高能级创新平台作用

利用河南省现有国家级、省级创新平台，如科研院所、重点实验室等，为人工智能人才培育提供优质的科研环境和资源支持。加快完善中原人工智能产业技术研究院建设，推动其成为中部地区人工智能领域具有影响力的先进研究机构，引导其积极承担省级以上重点科研项目，采取揭榜挂帅等制度，为院内研究人员提供成长机会。同时，鼓励河南省内有条件的平台积极拓展国际合作与交流渠道，与国内外人工智能领域一流高校、科研院所建立常态化联系，通过联合培养、互派交换生等方式，为人工智能人才提供更多的交流机会，提升竞争力。

3. 强化产学研合作

加强学校与企业之间在人工智能领域的合作，进一步推动产学研深度融合，鼓励并支持有条件的用人单位与高校、科研院所建立紧密的合作关系，通过实习实训、项目合作等多种形式，为学生提供丰富的实践机会，共同致力于人工智能人才培养和技术研发。同时，积极引导并激励企业增加对人工智能人才培养的投入，与高校和科研院所联合建立实训基地，开展订单式的人才培养模式，以确保精准培养人工智能产业发展所需的人才。鼓励企业单位的员工走进学校，加强人工智能知识学习和技能培训，提升理论和实践能力，为企业的持续发展提供坚实的人才保障。

4. 优化人才评价方法

建立科学公正、多元灵活的人才评价机制，注重人工智能人才的实际能力和业绩贡献，破除固有简单以论文、项目等的数量累加评判的方式，全面评价人才的综合素质和发展潜力。一是根据人才所在的不同产业链环节，针对不同领域的岗位要求、不同类别的人才成长规律，实行分类评价，建立科学合理、各有侧重的人才评价标准。针对基础研究人才，以学术评价为主，提升其成果原创性、科学价值等；针对应用研究和技术开发人才，突出市场评价。二是探索引入第三方专业评价机构，改善传统行政主导的人才评价模式，综合运用个人述职、考试评审、实践操作等多种考核方式，提升评价方法的准确性和针对性。三是强化评价结果运用机制，通过荣誉、晋升、奖金等多种方式，全方位、无折扣地发挥正向激励作用，提高人才考评实效。

### （三）优化人才生态环境

#### 1. 优化人才政策体系

强化人工智能人才政策体系建设，对标先进省份人才政策内容，结合河南省产业实际优化完善人工智能产业人才扶持政策，瞄准引进、培育、评价、激励等人才全生命周期，制定具有针对性的优惠政策。加大人工智能人才创新创业支持力度，同时落实产业人才配偶就业、子女教育、医疗保健、住房保障等优惠政策，解决来豫人才的后顾之忧。完善常态化政策评估调整机制，结合人工智能产业人才发展最新需求和政策执行实际效果，聘请专业第三方机构，对人才政策进行系统全面评估，广泛征求各类人才、用人单位和专家学者意见建议，持续优化人才政策体系。

#### 2. 做优人才服务质量

健全"全链条"服务体系。组建以人工智能产业为重点的人才服务队伍，打造人才经纪人、人才服务专员、人才顾问、政务专员等高层次人才服务队伍，在人才引进、科技成果转化、产学研合作、企业政策出口、金融服务等生产性需求以及政策申报、交通出行、休闲保障及代买代办等生活保障服务方面提供全周期的解决方案。搭建完善集学习、咨询、交流、展示、政策兑现等服务于一体的人才综合服务平台，实现人才服务"一网通办"、人才政策"一键兑现"、高端职位"一键触达"。

#### 3. 拓宽人才交流渠道

举办各类人工智能产业人才交流活动，如人才论坛、技术研讨会等，为人才提供交流和合作的平台。同时，加强与国际的人才交流，引进国外先进的人才理念和管理经验。拓宽人才交流渠道对于促进知识共享、技能提升以及创新合作至关重要。一是完善人才综合服务平台的交流功能，为人才提供稳定可靠的线上交流平台，促进行业信息及相关知识技能的快速传播。二是加强线下交流活动的举办，定期举办人工智能行业研讨会、交流会、座谈会等活动，邀请行业专家、学者、企业代表等共同参与，分享经验、探讨问题，促进相互学习与合作。三是开拓国际交流机会，鼓励支持有条件的人才

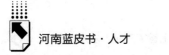

参与国际行业研讨会等活动，拓宽国际视野，促进国际知识共享与技术创新。

## 参考文献

河南省人民政府：《河南省新一代人工智能产业链培育行动方案（2023—2025年）》，2023年。

河南省人民政府：《河南省"十四五"数字经济和信息化发展规划》，2022年2月16日。

河南省人民政府：《河南省"十四五"人才发展人力资源开发和就业促进规划》，2022年1月21日。

河南省人力资源和社会保障厅：《2023年高质量推进"人人持证、技能河南"建设工作方案》，2023年3月1日。

中国信息通信研究院：《中国综合算力评价白皮书（2023年）》，2023年。

中国信息通信研究院：《中国存力白皮书（2023年）》，2023年。

方中雄、吉利、程聪：《我国人工智能产业的人才需求分析》，《北京工业职业技术学院学报》2022年第2期。

# B.13
# "人人持证、技能河南"建设的
# 实践成效与发展建议

姚 磊　潘艳艳　王静宜*

**摘　要：**　技能人才是我国人才队伍的重要组成部分,是创新改革、实现高质量发展的主要动力。河南省高度重视技能人才队伍建设,于2021年启动"人人持证、技能河南"建设,多措并举优化人力资源结构、提升劳动力职业能力和技能水平。本报告分析了河南省"人人持证、技能河南"建设的主要成效,结合河南发展形势指出了当前面临的机遇与挑战,并提出了高质量推进"人人持证、技能河南"建设的对策建议。

**关键词：**　职业技能　技能河南　人才队伍建设

技能人才是我国人才队伍的重要组成部分,是创新改革、实现高质量发展的主要动力。为了加快推进技能人才队伍建设,巩固夯实现代化河南建设的人才基础,2021年10月,河南省召开高质量推进"人人持证、技能河南"建设动员部署电视电话会议,正式拉开技能河南建设序幕。开展"人人持证、技能河南"建设,是实施创新驱动、科教兴省、人才强省战略的关键举措,是推动全省产业布局优化调整和产业结构转型升级的现实诉求,也是促进城乡居民就业增收、提高居民生活水平、促进共同富裕的迫切需要。自启动以来,河南省委、省政府始终将"人人持证、技能河

* 姚磊,河南省人力资源和社会保障厅职业能力建设处处长、一级调研员;潘艳艳,河南省社会科学院人口与社会发展研究所助理研究员;王静宜,河南省社会科学院人口与社会发展研究所研究实习员。

南"建设作为一项基础工程、民生工程、德政工程，摆在经济社会发展的优先位置，以加强人力资源开发利用为主题主线，举全省之力，以超常规举措，持续深入实施，探索走出了一条人口数量红利加速向素质红利转变的新路径，推动河南省从人力资源大省向人力资源强省稳步迈进。

# 一　河南省推进"人人持证、技能河南"
# 建设的经验做法

2021 年以来，全省各地各部门深入贯彻省委、省政府决策部署，坚持高位推进、顶层谋划，高质量推进"人人持证、技能河南"建设，不断完善技能河南建设的政策体系、技能培训体系、评价管理体系、职业技能竞赛体系等，为推进技能河南建设向纵深发展积累了丰富经验。

## （一）坚持高位推进，强化技能河南建设组织领导

自省第十一次党代会首次提出"推进'人人持证、技能河南'建设"以来，河南省委、省政府高度重视、高位推进，将"技能河南"作为"十个河南"之首，省委书记楼阳生谋划推动、动员部署，10 余次作出专门批示。成立由省长任组长的省"人人持证、技能河南"建设工作领导小组，分管副省长任组长的"人人持证、技能河南"建设工作专班，研究解决工作推进中的重大事项。在省委、省政府的统筹领导下，各省直部门、省辖市积极跟进，各级政府相关部门根据本地区实际情况印发具体实施方案、确定责任单位、压实工作责任，统筹谋划技能河南组织体系建设，推动技能河南建设政策落地落实。多地将"人人持证、技能河南"建设列为年度重点民生实事，聚焦主导产业、乡村振兴等，建立产业、行业、企业、职业、专业"五业"联动机制，推动了"人人持证、技能河南"建设向纵深发展，全省范围内基本形成了省级统筹、市县实施、人力资源社会保障部门牵头、相关部门分工负责的工作格局。

## （二）坚持顶层设计，打造技能河南建设的政策矩阵

近年来，围绕"人人持证、技能河南"建设，河南省委办公厅、省政府办公厅印发《高质量推进"人人持证、技能河南"建设工作方案》《关于加强新时代高技能人才队伍建设的实施意见》等文件。相关部门也适时出台了多项配套政策，如省人社厅出台《关于加强和改进技能人才队伍建设的若干措施》《河南省职业技能等级评价机构管理办法（试行）》等文件，多措并举激发技能人才创新创造活力；省人社厅与省财政厅出台《关于明确"人人持证、技能河南"建设培训评价等补贴资金使用管理工作的通知》，对培训、评价等补贴资金的来源渠道、补贴对象、补贴标准、申办流程等进行明确规范；省人社厅与省教育厅出台《关于做好院校类职业技能等级认定机构备案工作的通知》，支持中高职院校、应用型高校开展技能等级认定工作，将"1+X"证书纳入了职业技能等级认定体系；省人社厅与省商务厅印发《河南省电子商务职业技能培训三年行动计划（2022—2024）》，推动电商技能人才培训基础设施、培训体系和政策环境不断完善；等等。这一系列的政策文件构成了具有河南特色的"1+1+N"技能河南建设政策框架体系，河南省技能人才队伍建设的"四梁八柱"已具雏形。

## （三）坚持品牌赋能，擦亮河南人力资源特色名片

人力资源品牌建设是促进高质量充分就业、打造地域特色及影响力的重要抓手。2022 年，河南省"人人持证、技能河南"建设工作领导小组制定《河南省人力资源品牌建设的实施意见》，提出"到 2025 年底，遴选培育100 个区域人力资源品牌，重点打造 10 个省级人力资源品牌"的发展目标。省工业和信息化厅、省人力资源和社会保障厅、省农业农村厅等省直部门出台"河南护工""豫农技工"等 10 个省级人力资源品牌建设方案，全力打造"豫字号"劳务品牌。2023 年 10 月，河南省发布了 50 个首批区域人力资源品牌名单，郑州的登封武术生、雪绒花母婴照护师，开封的康养照护工、兰考乐器工，洛阳的唐三彩工匠、嵩州焊工等品牌上榜。2023 年 12

月，河南省开展人力资源品牌示范县、示范园区、示范企业创建工作，对于创建成功的县区、企业分别给予 200 万元、50 万元、20 万元一次性奖补，助力人力资源品牌示范单位在促进更高质量更充分就业、推动产业发展、促进乡村振兴等方面发挥更有力的引领带动作用。

### （四）坚持提质扩容，加强技能培训评价取证过程管理

河南省连续三年将"开展职业技能培训和评价取证"列为全省重点民生实事首位，稳步扩大培训规模，持续提升培训质量。一是推动实现人才培养与产业发展深度融合。坚持服务全省制造业高质量发展建设的主攻方向，紧盯 7 个先进制造业集群和 28 个重点产业链岗位需求，扎实开展先进制造业技能根基工程、现代服务业、高素质农民等培训专项行动，加大产业发展急需紧缺中高级技能人才订单式、定岗式、定向式培训，从源头提升劳动力供给质量。二是构建政校企融合发展机制。将技工院校、中高等职业学校作为培训评价主力，深化产教融合、校企合作，大力发展新时代技工教育，以"名校名师名专业"为抓手，调整优化建设布局、调整优化专业设置、调整优化工学一体培养模式，加强智能网联、新能源汽车、新一代电子信息制造业、先进材料等重点专业群建设，强化"数字河南""智造河南"技能人才供给。三是健全培训评价取证监管机制。建立每半年对培训评价取证进行一次集中"回头看"制度，持续推动培训评价工作重点向质量、结构聚焦。加强数字化平台监管，建成并运行河南省技能人才管理服务信息系统，推动培训机构全员入驻监管平台，全过程接受线上监管。强化评价机构备案源头审核把关和属地监管，扎实做好职业技能培训和评价专项整治，实行动态退出机制。截至 2024 年 2 月，全省 4128 家用人单位评价机构、512 家院校类评价机构、589 家社评机构，开展了 2.8 万批次职业技能等级评价，259.6 万人次获得职业技能等级证书。

### （五）坚持项目带动，持续提升载体基础能力

河南省着眼现代化产业体系建设需求，积极构建全产业、多层次、广覆

盖的职业技能培训基地网络。一是大力推动人才培训基地建设。持续实施部省共建河南全民技能振兴工程项目，争取国家资金建设高技能人才培养示范基地、技能大师工作室。省财政每年投入 2 亿元左右资金用于技能人才培养基地、人力资源品牌、职业技能竞赛等基地型项目建设。截至 2024 年 2 月，全省共有国家级高技能人才培训基地 53 个、国家级技能大师工作室 69 个、省级全民技能振兴工程项目 1232 个，一大批企业、院校、民办培训机构、非遗传承人等得到项目奖补支持，设施设备、师资素质实现与产业、企业发展同步提升，为高质量培训评价打下了坚实基础。二是大力推动技工院校优先发展。持续深入实施技工教育优质校建设计划，推进技工院校建设达标工程，支持 2 所技师学院优先在重点产业头部企业设立产业学院 3 个，推进产教融合。目前，全省技工院校在校生约达 31.46 万人，规模稳居全国第三位。在部省的大力支持下，以国家级基地为引领、省级项目为主体、覆盖所有县域的职业技能培训体系基本建成并持续巩固优化，全省职业技能培训基础能力得到较大提升。

## （六）坚持就业为本，促进劳动者就业增收

近年来，河南省把培训后持证率、就业率、增收率作为检验"人人持证、技能河南"建设成效的基本标准，在政府目标考核中加大相应权重，千方百计促进劳动者就业增收。一是强化技能培训全过程管理。培训前开展问卷调查，明确劳动者就业意愿、就业方向、就业愿景，精准建立培训台账；培训中加强过程管理，全面运行河南省技能人才管理服务信息系统、河南省"互联网+"就业创业信息系统，实现政府补贴性培训全程可视可通话、可记录可追溯；培训后开展满意度调查，及时进行评价鉴定，组织用人单位、人力资源服务机构推介就业信息，促进劳动者第一时间就业。二是健全技能人才评价激励体系。落实《技能人才薪酬分配指引》，引导企业建立技能导向的激励机制，完善新就业形态劳动者劳动报酬保障机制，全面推行"新八级工"制度，鼓励用人单位建立与技能等级相匹配的岗位薪酬制度。拓展技能人才与专技人才互通互认领域，加强高技能人才表彰激励，促进劳动者工资性收入实现大幅度增长。

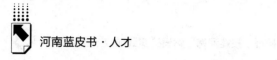
## 二 "人人持证、技能河南"建设取得的主要成效

经过两年多的建设发展,"人人持证、技能河南"建设呈现良好的发展态势,在技能人才培训培养、助力产业发展、服务乡村振兴、实现高质量就业等方面不断取得新成效、实现新突破。

### (一)技能人才规模不断扩大

近年来,"人人持证、技能河南"建设在各地全面推进,参训、持证的技能人才队伍规模逐年扩大。2021年至2024年3月,全省完成各类职业技能培训1342.50万人次,新增技能人才(取证)917万人,新增高技能人才(取证)323.52万人。全省技能人才总量达1817.34万人,占从业人员4782万人(2022年末数)的38%;高技能人才总量达550.11万人,占技能人才总量的30%。[①] 一支规模宏大、技术过硬、结构合理、素质优良的技能人才队伍已经基本建成。

### (二)人力资源品牌影响力持续提升

近年来,河南省从培育区域人力资源品牌、重点打造省级人力资源品牌、发展提升人力资源品牌、壮大升级人力资源品牌等方面加强人力资源品牌建设,"河南建工""河南跑男""河南护工""豫匠工坊"等一大批具有河南特色的人力资源品牌叫响全国。"平舆防水""嵩州焊工""长垣厨师""禹州钧瓷""信阳涉外劳务"等众多区域性人力资源品牌花开各地。河南品牌影响的知名度、美誉度、认可度明显提升,人力资源品牌在推动产业发展、带动群众就业创业、促进群众增收致富方面发挥了重要作用。

### (三)助力全省社会经济发展明显

近年来,河南省深入推进制造业技能根基工程,聚焦7个先进制造业集

---

① 数据来源:河南省人力资源和社会保障厅内部统计数据。

群和 28 个重点产业链，全面加强新材料、新能源汽车、电子信息、先进装备、现代医药、现代食品、现代轻纺等领域的从业人员技能培训，一批批劳动者经过技能培训取证实现更高质量的就业。2023 年全年相关领域共培训 56.11 万人次，新增技能人才 33.69 万人次，新增高技能人才 14.98 万人次。同年，新培养全国技术能手、省技术能手和行业创新发展人才 86 名，全省战略性新兴产业增加值增长 10.3%，高技术制造业增加值增长 11.7%，电子信息、装备制造等五大主导产业增长 10.9%。[1] 高素质的技能人才为传统产业转型升级和新兴产业发展作出了重要贡献。同时，技能人才通过稳定就业，幸福感、获得感显著提升。据 2023 年国家统计局河南调查总队调查，96.2% 的培训对象对培训表示"满意"，其中 69.4% 的人表示"非常满意"，78.2% 的人表示参加技能培训后收入有了明显增长。

## （四）服务乡村振兴战略成效突出

河南省在推进乡村振兴战略实施过程中，将培养高素质农民作为做好"三农"工作的重要抓手，深化农业领域"人人持证、技能河南"建设，探索构建农业行业职业技能培训持证体系。2023 年完成培训 58.3 万人次，新增技能人才 32.4 万人，全年通过评价颁证 18.2 万本，[2] 农业从业者技能水平普遍提升，农民增收有了新渠道，高素质农民队伍结构得到优化完善，形成了"头雁"领航、"雁阵"齐飞的良好发展态势，越来越多的"新农人"活跃在田间乡野，成为乡村振兴的主力军。

## （五）职业技能竞赛体系日臻成熟

河南省将职业技能竞赛作为技能人才培养的重要内容，不断健全职业技能竞赛体系，多项职业技能竞赛成功举办，职业技能竞赛屡创佳绩。近年来，河南省共举办国家级行业职业技能竞赛河南省选拔赛 3 项，省级竞赛

---

[1] 王凯：《2024 年河南省政府工作报告》，《河南日报》2024 年 2 月 4 日。
[2] 《去年河南新增 32.4 万名技能人才助力乡村振兴》，河南省人民政府网站，2024 年 3 月 1 日，https://www.henan.gov.cn/2024/03-01/2955561.html。

69 项，共涉及 269 个职业（工种），参赛人数超过 1.1 万人，市级竞赛和企业岗位练兵、院校技术比武等竞赛活动蓬勃开展。① 在 2023 年 4 月举办的河南省第二届职业技能大赛中，全省有 2221 名选手参赛，赛事规模、赛事项目等实现新突破。2023 年 9 月第二届全国技能大赛，河南省获得 2 金 3 银 8 铜及 78 个优胜奖，15 名选手入选第 47 届世界技能大赛中国集训队。目前，由河南省承办的第三届全国技能大赛筹备工作正有序推进，以职业竞赛为引领的职业技能培训受到广泛关注，技能成才、技能报国的社会氛围日益浓厚。

## 三 深入推进"人人持证、技能河南"建设面临的形势分析

当前，河南省正处于发展动能转换的关键时期，更需要高素质、高水平的技能人才为现代化河南建设筑基固本。立足新阶段新特征，"人人持证、技能河南"建设也面临一些新机遇、新挑战。

### （一）"人人持证、技能河南"建设面临的发展机遇和有利条件

#### 1. 塑强新质生产力需要重知识、善技能的人才大军

当前，推动高质量发展是经济社会发展的主旋律，也是全党全社会的共识和自觉行动。人才是新质生产力中最积极、最活跃、最根本的因素，塑强新质生产力需要重知识、善技能的人才大军。一方面，新质生产力是由原创性、颠覆性科技创新推动，要从源头和底层解决关键技术问题，就必须培养掌握新质生产力颠覆性技术的技能人才。另一方面，支撑创新驱动的根本是创新型人才，如能工巧匠和大国工匠。加快塑强新质生产力，必须满足当下及未来不断高涨的高素质技术技能人才需求，推动教育、科技、人才有效贯

---

① 《"实事惠民生 聚力谋出彩"系列新闻发布会（第八场）》，河南省人民政府网站，2024 年 2 月 28 日，https://www.henan.gov.cn/2024/02-28/2954757.html。

通、融合发展，打造与新质生产力发展相匹配的新型劳动者队伍。河南要持续推动技能河南高质量建设，加强应用型、技能型、创新型人才培养，打造更多的高素质技术技能人才、能工巧匠、大国工匠，进一步促进河南现代农业、先进制造业、现代服务业、新兴产业、未来产业等有序发展。

### 2.缓解就业结构性矛盾需要加强职业能力建设

就业是民生之本，技能是就业之基。党的二十大报告指出，要"促进高质量充分就业"，强调要"健全终身职业技能培训制度，推动解决结构性就业矛盾"，为河南省健全就业促进机制、提高就业质量提供了根本遵循。河南是人口大省、就业大省，省委、省政府历来高度重视劳动者职业技能培训，秉持"培训一人，致富一家，带动一方"理念，顶层谋划推动"人人持证、技能河南"建设，在新征程上擘画了河南职业技能培训发展蓝图，推动河南职业技能培训进入"快车道"。为缓解就业结构性矛盾，培养培训更多适合新质生产力发展的中高级技能人才，河南将深入贯彻落实党的二十大精神，以"人人持证、技能河南"建设为抓手，开展更有针对性的职业技能培训，持续推动技能人才结构优化、质量提升，加强职业能力建设，培养更多技能型人才，提高劳动者就业能力，让更多劳动者实现一技在身、一证在手，推动实现更加充分、更高质量就业，在缓解就业结构性矛盾的同时厚植中国式现代化建设河南实践技能人才力量。

### 3.拓展就业新增长点需要强化促进青年就业政策举措

青年就业关乎千家万户，2024年政府工作报告指出"要强化促进青年就业政策举措，优化就业创业指导服务"，并提出"完善高校毕业生、退役军人、农民工等重点群体就业支持体系""实施好促进青年就业三年行动"等举措来解决青年就业问题，彰显出国家化解青年就业问题的决心和信心。河南作为人口大省，每年青年就业人数屡创新高，促进青年就业创业工作任务繁重艰巨。深入推进"人人持证、技能河南"建设，加强职业技能培训、加快促进产训结合、开展青年专项技能提升行动有利于拓展就业新增长点，多措并举稳就业促民生，缓解河南就业难题。

（二）"人人持证、技能河南"建设过程中面临的挑战和制约因素

**1. 职业技能等级评价体系有待健全**

当前河南省"人人持证、技能河南"建设过程中，培训对象主要通过企业自主认定、院校评价、社会培训组织评价、职业资格鉴定、专项职业能力考核等五种渠道参加职业技能等级评价。然而河南省目前的职业技能等级评价与国家职业资格制度衔接尚存不足之处，部分职业（工种）未纳入国家职业分类大典，有些职业（工种）缺乏全国统一的认定标准，技能人员参加培训后无法参加职业技能等级认定。

**2. 技能培训供需对接不够精准**

在全省"人人持证、技能河南"建设过程中，各行业企业能基本或超额完成培训任务，但培训机构与用工市场供需对接还不够精准。有的培训项目未能充分把握劳动者需求，在培训对象的选择上不够精准，重点群体技能就业精准度有待进一步提高。有的培训人员在培训前未进行就业需求调查，课程设置存在同质化现象，还不能很好地满足不同群体对技能培训的差异化需求。

**3. 培训机构资质亟须统一标准**

随着国家对于技能培训的大幅补贴，众多培训机构纷纷涌现，"招兵买马"拓展业务，沉寂的民办职业技能培训市场呈现井喷状态，培训机构和培训从业人员的数量倍增。但目前实施的职业培训教学中，高质量的培训机构和实训基地数量较少，部分机构缺乏实操教具和场地，也缺乏经验丰富的高质量师资人才，复合型、综合型、双师型教师更加短缺，部分理论教学与实际操作脱节，培训效果无法达到预期。

**4. 技能培训全流程服务有待完善**

在"人人持证、技能河南"建设工程实施过程中，现有培训方式、内容还不够与时俱进，不能很好适应新发展形势，培训效果后续跟踪不足。培训人员学习技能后未被推荐就业岗位，也未跟踪了解就业状况，无法根据培训成果在就业市场应用情况适时调整课程设置，技能培训全流程服务有待健全完善。

# 四 高质量推进"人人持证、技能河南"建设的对策建议

站在新的发展节点上，要继续深入贯彻党的二十大精神和省委、省政府战略部署，锚定"两个确保"，紧盯"十大战略"，全力推进"人人持证、技能河南"建设深入实施、提质增效，着力培养更多高水平、高素质的技能人才，助推全省经济结构调整、产业转型升级和民生改善提升，不断开创现代化河南建设新局面。

## （一）推动人才培养"高质量"，赋能地区特色品牌

高质量推进"人人持证、技能河南"建设，要立足河南省省情、突出河南特色，推动实现技能培训高质量发展。一要构建地区技能培训高质量评价指标体系。加快建立贯通技能人才与专技人才职业发展通道的评价体系，持续强化省级、区域级人力资源品牌建设，推动人力资源品牌提质升级、发展壮大。二要聚焦"7+28+N"产业体系有针对性地开展职业技能培训。坚持以做大做强河南省先进制造业为主攻方向，持续优化劳动力供给质量和结构，满足企业岗位需要和劳动者就业需求。三要推进技能培训教育法治化、规范化、品牌化、国际化。大规模开展新一代信息技术、人工智能、数字技术和新材料新工艺等培训，积极培育先进制造业、战略性新兴产业和数字经济等重点领域高素质技能人才。大力支持企业和社会力量开展或参与开展技能培训教育，壮大技能人才培养主阵地。

## （二）坚持就业导向"指挥棒"，破除供需信息壁垒

高质量推进"人人持证、技能河南"建设，要坚持就业导向，大力培养应用型技能人才。一是落实好对就业创业重点群体的就业技能培训。开展培训需求调查，了解高校毕业生、农民工、退役军人等重点群体的培训需求，实现供需对接，增强职业技能培训的系统性和针对性。二是强化"数字河南""智造河南"技能人才供给。围绕市场需求和产业发展导向，大力

发展新时代技工教育，加大对高级技工学校、普通技工学校政策倾斜和项目支持力度，持续推进河南技师学院新校区等建设，壮大专业师资力量，优化调整专业结构，推动产教融合、校企合作，为河南省产业高质量发展提供优质服务。三是发挥社会培训机构支撑作用。瞄准市场空缺，强化订单、定岗、定向培训，引导社会培训机构主动与企业劳动者对接，全面推行"岗位+培训+就业""用工企业+培训机构+人力资源服务机构"培训模式，结合企业用工需求和劳动者发展需要，加强产业发展急需紧缺中高级技能人才培训，推动技能培训政策从"大水漫灌"转向"精准滴灌"。

### （三）优化培训机构"标准尺"，提升培训评价质效

高质量推进"人人持证、技能河南"建设，要以培训机构为抓手，健全职业培训评价管理体系，持续提升职业培训评价质效。一是严格准入机制。建立健全培训就业准入管理机制，定期审查培训机构相关资质，强化评价机构备案源头审核把关和属地监管，推动培训机构源头质量把控，避免出现培训机构"快进快出"现象，切实提升技能培训质量。二是实施评价管理。严格按照国家职业技能等级评价标准，定期核查评价质量，对存在问题的机构及时查处，实行动态退出。三是建立健全培训评估监管机制。一方面加强资金保障和监管，引导带动市县建立相应保障资金，并监督检查各级资金是否落实到位，补贴资金是否按时足额发放。严格资金发放加大资金使用管理的监管力度，严格执行补贴发放标准，防止发生骗取套取培训、评价补贴资金行为。另一方面制定资金绩效目标，开展绩效评价，推动补贴政策落地见效。利用培训合格率、就业创业成功率等指标进行培训绩效评估，引进第三方监管机构对培训评价机构的培训、评价活动进行全过程全方位监管，确保各级拨划培训资金用在实处。

### （四）完善技能培训"全流程"，激发人才技能提升动力

高质量推进"人人持证、技能河南"建设，要进一步完善技能培训全流程服务，不断提高培训人员持证率、就业率，以推动更多劳动者实现技能

增收、技能致富。一是开展培训需求调查。了解待业人员就业需求、就业方向，引导培训项目与择业、就业、创业需求紧密结合，满足市场人才需求。二是推进培训方式多样化。针对不同职业、工种的技能培训特点，创新实操培训方式方法，增加实际演练比例，提升实操学习效率。同时强化信息技术手段应用，通过信息化手段丰富培训方式，大力推广"互联网+培训""互联网+认定"模式。推动职业技能培训资源共享平台建设，提高培训便利度和可及性。三是完善政府就业支持体系。组织人力资源机构、企业等推介就业信息，向市场提供就业岗位，认定单位按流程进行评价鉴定，强化全过程追踪，多措并举实现稳就业。

## （五）提升技能人才"荣誉感"，营造技能致富社会风气

高质量推进"人人持证、技能河南"建设，要着力营造崇尚技能、尊重人才的社会氛围，使劳动光荣、技能成才成为新风尚。一是持续加强"人人持证、技能河南"宣传活动。充分利用世界技能大赛、全国职业技能大赛、河南省职业技能大赛等影响力，持续举办技能大赛、评选表彰等活动，形成具有河南特色的职业技能竞赛体系，着力打造河南省高技能人才品牌标识。二是不断拓宽技能人才的职业发展通道。鼓励企业强化工资收入分配的技能价值导向，将技能人才工资调整办法与管理人才工资等级调整挂钩，激励技能人才持续提升技能等级，让技能就业、技能增收、技能成才成为社会共识，激发人才提升技能培训内生动力。三是健全技能人才服务体系。着力改善技能人才的住房、教育和医疗等资源配置和相应保障服务。通过高技能人才等级认定，推动技能人才享受相关待遇并提供保障，培养人才、留住人才，以人的高质量发展促进现代化河南建设。

**参考文献**

河南省人民政府：历年《河南省政府工作报告》。

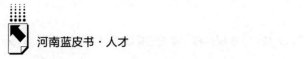

河南省人民政府：《关于印发河南省"十四五"人才发展人力资源开发和就业促进规划的通知》，2021年12月31日。

中共河南省委办公厅、河南省人民政府办公厅：《关于加强新时代高技能人才队伍建设的实施意见》，2023年2月12日。

吴帅：《擘画新时代高技能人才队伍建设新蓝图》，人力资源和社会保障部网站，2022年10月12日，https://www.mohrss.gov.cn/xxgk2020/fdzdgknr/zcjd/zcjdwz/202210/t20221012_488404.html。

# B.14
# 科技人才引育的区域探索及启示[*]

袁金星 赵晶晶 赵雅曼[**]

**摘　要：** 加快科技人才引育是顺应国际竞争大势的必然选择、推动中国式现代化建设的客观要求，也是实施人才强国战略的应有之义。先进省份围绕科技人才引育，坚持以高标准人才政策提升引才竞争力、以高能级创新平台载体夯实育才支撑力、以高质量双链融合打造人才集聚地、以高水平机制创新激发人才积极性、以高品质人才服务营造留才好环境，有效提高了科技人才的集聚度。河南必须借鉴先进经验，完善区域人才政策体系、强化人才链产业链融合发展、深化人才发展体制机制改革、打造高能级科创平台载体、创新科技人才引育方式、做好"全周期"保障服务，方能推动科技人才引育工作驶入快车道，助力河南新时代人才强省建设。

**关键词：** 区域探索　科技人才引育　人才强省

科技是第一生产力，人才是第一资源。当今世界正经历百年未有之大变局，随着新一轮科技革命和产业变革的加速演进，高质量发展成为全面建设社会主义现代化国家的首要任务，更加凸显了科技人才的战略价值。在这种背景下，各地都把做好人才工作特别是科技人才引育工作摆在更加突出的位

---

* 本报告系2023年度河南省重点研发与推广专项（软科学研究）重点项目"河南省科技人才引育及评价对策研究"（232400411016）的阶段性成果。

** 袁金星，河南省社会科学院创新发展研究所副研究员；赵晶晶，河南省社会科学院创新发展研究所助理研究员；赵雅曼，河南省社会科学院创新发展研究所研究实习员。

置，在打通科技人才"引育留用"链条、营造良好人才生态、深化人才发展体制机制改革等方面开展了有益探索，取得了显著成效，形成了丰富经验。河南作为人口大省和人力资源大省，要向人才强省加快转型，牢牢抓住"人才"这个发展之要和竞争之本。为此，要持续实施人才强省战略，学习借鉴先进地区科技人才引育的做法经验，全面加快科技人才引育步伐，打造规模宏大、结构合理、素质优良的科技人才队伍，为奋力谱写中国式现代化建设的河南篇章提供坚实的人才支撑。

# 一　加快科技人才引育的重要意义

## （一）顺应国际竞争大势的必然选择

人才是最重要的资源。当今世界国际竞争日趋激烈，归根结底是人才竞争日益激烈。伴随新一轮科技革命和产业变革加速演进，创新型、复合型的科技人才逐渐成为科技创新的重要力量，直接影响国家的科技水平和发展潜力。世界各国越发重视具备创新潜力、研发能力的科技人才，通过加大对科技人才的培育和支持力度、加强精准引才、营造宽松包容创新氛围等措施，进一步激发本国科技人才的创新活力，以期在激烈的国际竞争中重塑人才优势、占据有利地位。在这种国际背景下，只有加快科技人才引育步伐，集聚一批高水平科技人才，发挥"人才是第一资源"的作用，以人才引领科技创新、支撑产业竞争，才能更好应对国际竞争态势，开辟新赛道、培育新动能、建立新优势，实现高水平科技自立自强，加快中华民族伟大复兴进程。

## （二）加快中国式现代化建设的客观要求

党的二十大报告指出，教育、科技、人才是全面建设社会主义现代化国家的基础性、战略性支撑。这三者之间是相辅相成、相互依存的关系，其中，人才在三者中为主体性支撑，教育发展需要以人才为基础，科技创新创造离不开人才实践，离开了人才支撑，教育和科技就变成了无米之炊。[①] 所以，人才是推动教育和科技发展的基石。因此，中国式现代化建设离不开人才特别是科技人才的有力支撑。踏上全面建设社会主义现代化国家新征程，需要具备全球视野，构建具有全球竞争力的人才制度体系，形成强大的磁场效应、虹吸效应，把更多全球顶尖人才、智慧资源和创新要素吸引过来。[②] 随着现代化建设的深入推进，科技人才在创新驱动发展中的关键性作用将会日益凸显。只有更加重视科技人才，更多地培养造就高水平的科技创新人才，并充分激发他们的创新创造活力，才能为全面建设社会主义现代化国家提供坚实的智力支持和人才保障。

### （三）实施人才强国战略的应有之义

人才强国战略是国家和民族长远发展大计，是新时代下我国在更高人才目标、更深战略层次上作出的顶层设计，为实现伟大复兴的宏伟目标，中国比历史上任何时期都更需要人才。党的二十大对深入实施人才强国战略作出了新的战略部署，提出坚持为党育人、为国育才，全面提高人才自主培养质量，着力造就拔尖科技创新人才，聚天下英才而用之。面向 2035 年，我国要建成人才强国、成为世界重要人才中心和创新高地，就必须引育一大批在国际上有重要影响力和竞争力、能围绕国家重大发展战略解决重大需求的高精尖科技人才。与此同时，以发展的眼光来看，加大科技人才引育力度能够优化人才结构比例，提升人才整体素质，夯实我国科技创新的中坚和骨干力量。因此，优化科技人才引育，是我国加快建设人才强国的应有之义和有效手段。

---

① 《【社科要论】全面建设社会主义现代化国家要正确认识并处理好教育、科技、人才三者间的关系》，中国社会科学网，2022 年 10 月 23 日，https：//www.cssn.cn/ztzl/ztzl_ skwzg/20da/xlesd/yl/202210/t20221031_ 5557082. shtml。
② 《立柱强基方致远——如何理解教育、科技、人才是全面建设社会主义现代化国家的基础性、战略性支撑》，今日中国网站，2023 年 9 月 20 日，http：//chinahoy. com. cn/zw2018/sp/202309/t20230920_ 800342623. html。

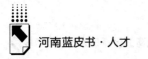

## 二 科技人才引育的地方实践探索

### （一）以高标准人才政策提升引才竞争力

人才政策是吸引、集聚、留住人才的关键因素，高标准人才政策的精准定位以及有效执行有利于提升引才竞争力，对社会竞争与发展具有基础性、战略性、决定性作用。一是制定专项人才政策揽才。重庆实施英才计划"包干制"项目，围绕高水平科技创新平台和人才队伍高质量发展出台了10条政策举措；安徽积极开展精准引才模式，专门成立了省委人才工作领导小组，统筹制定和落实各项科技人才政策，先后发布了"安徽人才30条""科学中心人才10条"，以高标准的精准有效人才政策引才留才。二是配套人才政策激励机制。广州大力实施"广聚英才"工程，吸引大批博士、博士后来广州发展，广州市属博士后在站期间，可享受科研项目经费资助20万元和生活补贴36万元；出站后到市属企事业单位全职工作或自主创业的，可享受30万元安家费。2021～2023年，广州博士后进站1300余人，相关资助经费约8亿元。湖北从人才管理、人才评价以及科技成果转化等方面出台一揽子改革措施，比如出台《关于深化人才流动评价激励机制改革激发人才创新活力的若干措施》，构建人才的特殊调配机制，对重点领域人才评价机制进行创新和改革，有效强化了人才激励措施。三是不断探索创新型人才举措。广州建立公派留学项目，出台"菁英计划"选拔资助与广州经济社会发展有较强关联性专业方向的优秀人员出国留学，截至2023年5月，共有425人入选"菁英计划"，累计200余名留学人员学成归来并扎根广州创新创业，培养了一批适应广州经济发展需要，具有国际视野、创新能力、科研能力的优秀人才。宁波建成海外引才工作站，依托辖区高校、科研院所集聚优势，统筹政府、企业和高校三方资源和人才需求，打造区域引才共同体，联合引育海外高层次人才，选派干部在北京、深圳、上海等地驻点引才，常态化举办创业创新大赛、高层次人才江北行等活动，织密全球引才网络。各地纷纷探索高标准人才政策，制定出台人才政策招才揽才、配套人才政策激励机制、探索创新性人才举措，为人才提供更广阔的发展空间和更丰富的资源支持，提升引才竞争力，吸引更多优秀人才融入地方经济社会发展，有力推动了当地科技创新和产业发展。

### （二）以高能级创新平台载体夯实育才支撑力

高能级创新平台载体是集聚创新人才的"强磁场"，是创新人才活动的重要载体，更是引才育才的重要支撑力，高能级创新平台载体的建立有利于创新人才整合各类创新要素，开展创新活动。一是打造高能级科创平台。湖北省出台《关于强化科技平台支撑壮大科技创新主力军的若干措施》，支持打造重大创新平台、重点实验室，鼓励企业建设高水平的研发机构，以武汉东湖国家自主创新示范区为核心区域，加快建设东湖实验室，布局光电科技、生命健康等高端实验室，为科技人才提供发展平台和空间，促进科技人才聚集。浙江针对大院名校、大国重器偏少的短板，着力打造重大高能级创新平台，建立的之江实验室进入国家实验室体系，引入中国科学院宁波材料技术与工程研究所、北京航空航天大学杭州创新研究院等一大批高精尖的科研院所，相继谋划、落地了多个重大科创平台，为高端人才集聚提供了良好的平台与创业空间，涌现了万米深海驱动软体机器人等一大批原创性重大科技成果。二是打造特色引才品牌。江苏省太仓市深化"双招双引"，举办"科创太仓""创赢太仓"等赛事，打好以赛引才、以才引才、平台引才"组合拳"，搭建起人才招引"绿色通道"，累计招引利氪科技、伍玥航空等优质科技人才项目 411 个，引进硕士及以上人才 1118 名。安徽省打造"皖工徽匠"系列品牌工程，重点培育新工科、青年人才、企业家、高技能人才和哲学社会科学人才等科技人才发展计划，促进高端平台引人、育人平台持续优化及其双向交互，培育出了一大批高技能领军人才，成为安徽创新驱动发展主力军。三是组建产业联盟合作平台。中核集团中国原子能科学院牵头建立产业联盟协同创新平台，建成产学研用长效合作机制，聚焦我国快堆技术自主化、产业化发展持续发力，在发展自主可控快堆新技术、提升企业自主创新能力等方面取得显著实效，为推进中国核能可持续发展作出了贡献。重庆市潼南区搭建柠檬产业交流、合作、共享、共赢的"产学研用"一体化平台，促使人才链、产业链、创新链、价值链融合，聚合放大中国柠檬产业科技创新联盟成员在全国柠檬种植、加工、销售、科研、文化五大优势，加速科技成果向产业转移，探索出一条健康环保可持续的柠檬产业生态发展之路。各类高能级创新平台载体的建立成为人才"聚宝盆"，推动地方引进集聚了一大批高层次人才，突破了一批关键核心技术，助力了产业高质量发展，同时进一步夯实了引才育才的支撑力。

### （三）以高质量双链融合打造人才集聚地

产业链和人才链关系紧密，促进高质量双链融合能够实现以产聚才、育用结合，最大限度挖掘和释放人才潜力，是提高科技人才引育效率和效果的重要手段。一是以政策集成促进协同发力，推动双链融合发展。淄博市立足新发展阶段，瞄准全市 20 条重点产业链发展需求，推出了"人才强链 17 条"，强调创新政策落实方式和服务质效，进一步提升了支持产业链发展壮大的针对性。同时，出台了《关于发挥人社部门职能推动人才链和产业链深度融合发展若干措施》，制定了以"共性核心政策+特色专项政策"为主要框架的 17 条政策措施，涵盖了"链"上好工作、高技能人才配额遴选机制、产业链技能竞赛、个性需求"一事一议"等创新性举措，有力推动了人才链产业链加速融合。昆明市围绕"8+N"重点产业链布局人才链，出台《加快人才聚集推动产业发展十条措施》，聚焦全力支持重点产业人才（团队）项目、加大产业紧缺急需人才引进力度、创新人才评价模式、优化产业人才支持保障服务环境等十个方面，强化产业链核心人才引育，引导广大人才服务和支撑昆明市现代产业发展，实现了人才开发与产业发展深度对接、融合聚变，推动产业链延链补链强链。二是举办产才融合发展大会，搭建产业人才发展的交流平台。绍兴以"人才赋能产业，创新制胜未来"为主题举办"名士之乡"产才融合发展大会，发布工业和信息化重点领域人才需求预测系列研究成果，推动工业和信息化部人才交流中心与绍兴市委人才办、华为技术有限公司、京东方智慧科技有限公司等产才融合重点项目进行现场签约。苏州举办的中国（苏州）集成电路产才融合发展大会暨金鸡湖科学家论坛，会聚众多集成电路行业的专家学者、业界精英，构建多元、开放、创新的共享平台，共同探讨产业与人才深度融合的创新之路。常州市以"绿链成钢　智赢未来"绿色精品钢产业链产才融合推进大会为依托，建设首个人才攻关联盟和绿色精品钢产业链人才共育基地，支持链主企业率先开启与高校的产学研合作，打造高品质特殊钢绿色智能制造联合技术创新中心，为人才共引共育共享提供高效载体。三是更好发挥用人单位引才主体作用，让人才向企业主动集聚。企业是最重要的市场主体，也是引才用才的重要主体。各地都将企业作为引才育才的主力军，深化才企对接、产才融合，推动人才向企业集聚。比如，台州市为了推动科技人才向企业集聚，建立了人才专员、企业首席人才官等特色制度，形成了以县（市、区）、乡镇（街道）各级干部为主体的超过 3000 人的人才专员队伍，同时，引导 1600 多家人才工作重点企业设立首席人才官。武汉市围绕新能源与智能网联汽车、生命健康、光电子信息、高端装备等重点产业需求，组织开展"院士专家企业行""科技副总"等活动，推动专家人才到企业一线帮助解决技术难题，开展产学研合作。同时，武汉围绕战略性新兴产业和四大国家级产业基地发展，定期收集企业人才需求信息，制发招贤榜，完善招聘服务体系，帮助企业引进高端人才。济南市专门设置了重点企业引才专项经费，对重点产业领域、重点示范企业引进高层次人才一次性给予 20 万元的经费补助等。可以说，各地围绕产业链人才链双链融合发展，从政策设计、平台打造、企业主导等多方面进行了创新性探索，显著提升了科技人才引育的效果。

（四）以高水平机制创新激发人才积极性

人才竞争的本质是人才机制的竞争，建立高水平人才机制，有助于优化人才发展环境，激发科技人才创新创业的积极性，有助于促进高水平的科技人才集聚。一是建立健全人才成长培养机制。上海市利用重大科技创新平台、重大科技项目培养创新人才队伍。上海拥有国家实验室、高水平大学和科研院所、张江国家自主创新示范区等众多高能级的创新平台，为此，上海利用上述平台的集聚效应、辐射效应、品牌效应，加快培养科技人才的国家队、地方队、民间队和国际队四支队伍，有效打通了拔尖人才的培养通道；同时，积极探索央地协同机制，持续加强产学研结合和科教协同，构建了一批企业牵头、关键核心技术攻关的创新联合体，培养高精尖科技人才。此外，上海大力打造"三省一市"长三角国家技术创新中心，聚焦集成电路、生物医药、人工智能"三大高地"建设，主导设立了长三角联合攻关基金，调动"三省一市"积极性，针对关键共性技术问题开展联合攻关，共同加快科技成果转移转化，锻造未来产业高精尖人才。二是建立多元有效的人才评价机制。广东省向企事业单位、高校、科研院所、医院、高新技术企业等单位下放职称评审自主权，搭建了职称评价绿色通道，还打通了高技能人才与工程技术人才职业发展的通道，与此同时，不断完善职称管理政策，健全职称序列，创新评价方式，形成了多元、灵活、合理的人才评价机制，有效激发了科技人才干事创业的积极性。三是建立高效的人才使用机制。浙江省大力推动从事生产经营活动的事业单位转制为企业，建立市场导向的人才聘用、激励制度，以购买服务、服务外包等形式利用专业人才提供服务，提高了人才使用效率；同时，浙江还鼓励高校、科研院所吸引优秀企业家和天使投资人兼职，担任研究生兼职导师或创业导师，并且明确规定事业单位科研人才可以与单位签订离岗协议，在满足用人单位要求情况下可 5 年内保留人事关系离岗创业，以此来引导优秀人才向企业集聚。科技人才的发展需要更健全的培养机制、更合理的评价机制和更有效的使用机制，唯有建立更高水平、更包容、更创新的机制，才能形成聚天下英才而用之的大好局面。

（五）以高品质人才服务营造留才好环境

良禽择木而栖。各地人才竞争尤其是科技人才竞争愈演愈烈，高品质的人才服务能充分展现敬才爱才的诚心诚意和聚才用才的环境氛围，筑牢招才引才之基，提升科技人才引育工作成效。一是聚焦人才关心领域完善服务保障。济南出台人才政策"双 30 条"，以清单方式细化涵盖住房、子女入学、医疗出行等各个方面政策，发放泉城人才服务金卡，在创业投资、医疗保健、交通、社保等方面提供及时高效专项服务；在住房保障方面，济南构建了涵盖购房补贴、生活和租房补贴、保障性租赁住房的保障体系，着力为人才特别是青年人才提供优质安居服务。合肥大力落实"人才安居"政策，通过建设人才公寓，加大人才租房补贴力度等，让新入职博士、硕士、本科生"先安居再乐业"，分别提供 90、70、50 平方米的 3 年免租住房或等额租房补贴，以实际行动保障各类人才住有所居、居有所安。二是为高层次人才提供精准服务。广州设立了高层次人才服务电话专线，建立"1+1+N"快速反应机制，更好满足高层次人才的相关服务需求；安徽编制高层次人才分级分类目录，并建设运行"一站式"人才服务平台，为科技人才提供高品质服务；山东制定发布全国首部高层次人才服务省级地方标准——《山东省高层次人才服务规范》，聚焦高层次人才绿色通道服务事项，对全省高层次人才服务机构、服务人员、服务事项、服务方式、服务流程等进行全面规范，着力推进服务事项的明确化、服务行为的规范化和服务结果的数字化，提升全省高层次人才服务标准化水平。三是帮助科技人才解决创新创业遇到的问题。湖北省出台《湖北省科技融资担保体系建设实施方案》，打造科技融资担保体系，用科技金融涵养科技企业和科技人才，为科技人才提供产品和服务，解决资金难题，助力科技人才创新创业；重庆市高新区设立了最高 10% 年薪奖、最高 100 万元晋级奖、100 万元成就奖，并且出台"直投、跟投、全额贴息、免租"促进人才成果转化等支持政策，全链条、各环节、多举措推动人才创新创业。高品质人才服务彰显了地方重视人才、依靠人才、渴望人才的真心，有力提高了人才的获得感、归属感。

## 三 区域科技人才引育实践的启示与借鉴

### （一）完善区域人才政策体系是科技人才引育的基本前提

科技人才引育的基本前提是区域人才政策体系的完善。始终坚持党对人才工作的全面领导和"党管人才"的大政方针，强化人才工作的顶层设计，形成更加开放、灵活、务实的人才政策体系，是做好新时代科技人才引育工作的"生命线"。上述地区的实践经验表明，完善的区域人才政策体系是科技人才引育的基本前提。浙江省把人才强省、创新强省作为首位战略，各级领导干部主动对接重点人才，对高层次人才非常重视，并把人才工作成效作为考核各级党政领导干部的重要内容。广州市也在坚持党对人才工作的全面领导上做足文章，搭建"智汇南沙青创未来"海内外高层次人才集聚大平台，出台《广州市"岭南英杰工程"实施意见》等人才政策，服务人才发展战略大局。湖北省出台高质量人才政策，加大对高层次人才的支持力度，不断打造高层次人才支持体系，形成高水平人才梯队。安徽省持续推进人才政策迭代更新，构建更加积极、开放和有效的人才体系。河南省在引育科技人才的过程中，也要坚持高位推进，通过加强组织领导，围绕人才增多、质量提升和贡献度提高的递进阶段，重构优化人才政策体系，细化重点任务、具体措施、配套措施，推动各项人才政策衔接配套、捆绑打造、集成赋能，为科技人才引育工作保驾护航，为经济高质量发展提供人才支撑。

## （二）强化人才链产业链融合发展是科技人才引育的有效手段

产是才之基，才是产之魂，产业发展与人才规模、人才结构、人才引育是密切关联、相辅相成的关系。上述地区的做法实践表明，要坚定不移走产才融合之路，以产聚才、以才兴产，以人才链的"强"，激发创新链的"活"，托举产业链的"优"，推动人才发展与产业发展高度匹配、深度融合，科技人才引育才会更有效。比如，淄博市专门围绕人才链产业链融合发展，出台"人才强链17条"，全方位推动"两链融合"，为科技人才引育创造了有利条件。昆明市聚焦重点产业链布局人才链，出台十条硬核举措，加快人才开发与产业发展对接，以此来推动产业链延链补链强链。与此同时，各地还举办特色产才融合发展大会来助力产才融合。比如，苏州专门围绕集成电路产业举办产才融合发展大会，助力产业与人才深度融合；常州聚焦绿色精品钢产业链举办产才融合推进大会，为特色产业人才引育提供了有力的平台等。河南在引育科技人才的过程中，也应坚持产才融合发展理念，紧扣"7+28+N"产业体系布局人才链，出台硬核举措，以此来推动产业人才精准对接，实现产才"同频共振"。同时也要注重发挥开发区集聚人才的作用。184个开发区是全省产业发展的重要载体和市县经济的重要增长极，要鼓励各开发区与高校、科研院所结对共建，支持人才带项目、带技术、带团队入区创新创业，加快产业人才向开发区集中，加速人才链和产业链的深度融合，方能更大程度厚植科技人才创新优势。

### （三）深化人才发展体制机制改革是科技人才引育的核心环节

人才发展体制机制是科技人才健康成长的"牛鼻子"，要不断破除人才体制机制发展障碍，让体制机制更加灵活、科学、合理，才能不断提高科技人才的集聚度和活跃度。上述典型地区均在深化人才发展体制机制改革上作出了积极尝试，形成了一些可供借鉴的机制。比如，浙江出台了《浙江省科学技术奖励办法》等一揽子政策措施，放权赋能，推行"揭榜挂帅"等攻关模式，创建市场导向的人才评价机制，选拔优秀人才团队。广州市向企事业单位下放职称评审自主权，在各区设立港澳台人才职称申报点，促进职称制度与职业资格制度有效衔接，激发科技人才创新积极性。湖北省从人才管理、人才评价以及科技成果转化等方面出台一揽子改革措施，对重点领域人才评价机制进行创新和改革，加大人才激励力度。安徽省向用人单位放权，为人才松绑，创新体制机制，形成了上下呼应、相互衔接的制度体系，政策"红利"叠加释放，人才创新创造活力不断迸发。河南在引育科技人才的过程中，也应把深化人才发展体制机制改革放在关键位置，通过创新科技人才引育制度、科技人才评价体系、科技人才激励机制等，在引才、育才、留才、用才等关键环节持续发力，让各类人才的创新创业活力竞相迸发。

### （四）打造高能级创新平台载体是科技人才引育的关键支撑

科技人才引育的关键支撑在于打造高能级创新平台载体。高能级创新平台载体能够为科技人才提供良好的发展空间，对科技人才有强有力的吸附作用，并为科技人才健康成长提供培育平台。从上述地区的实践经验来看，正是高能级创新平台载体的打造对科技人才引育起到了关键支撑作用，取得了良好成效。浙江省着力打造高能级重大创新平台和载体，在此助推下，涌现出了一大批高水平的重大科技创新成果。湖北省打造"1+2+N"人才创新发展平台，着力把武汉建设成国家级的引才和聚才平台，打造重大创新平台、重点实验室，为科技人才提供发展平台和空间。安徽省持续打造优质平台载体，依托数量众多的科创平台和快速发展的优势产业，聚集了一大批科技人才和创新团队。河南在引育科技人才的过程中，也要将打造高能级创新平台载体摆在更加突出的位置，通过创新平台集聚科技人才，并为科技人才提供经费支持、教育投入、创新空间，以项目引才、以平台育才，攻坚克难，持续产出原创性、关键性重大科技成果。

### （五）加强人才引育方式创新是科技人才引育的蓬勃动力

人才引育方式的创新力度越大，越有利于激发科技人才的活力，人才引育方式越开放，越能扩大高端科技人才的增量和存量。比如，浙江省积极对接高端外国专家，发布《长三角生态绿色一体化发展示范区外国高端人才工作许可互认实施方案》，在杭州和宁波进行外国高端人才（A类）工作许可互认试点。广州市发布《广州市人才绿卡制度实施办法》，提出广州人才绿卡 AB 卡制度和人才绿卡举荐制度，用通关免税等方式提高人才绿卡持有人待遇。发布《广州市境外职业资格便利执业认可清单》《广州市对境外人员开放专业技术人员职业资格考试目录（1.0版）》等，吸引境外专业技术人员来广州发展。湖北省开展"湖北省博士后优秀人才跟踪支持计划"对优秀人才进行跟踪支持。安徽省人才政策从1.0向4.0版本创新升级，率先采用"人才团队+科技成果+政府参股+股权激励"模式。河南省在科技人才引育过程中，也应加大人才引育方式的创新力度，开展高端人才跟踪支持计划，设立海外高端人才互认试点，提升海外人才来豫工作的便利度、满意度，构建更加创新开放的人才合作共享机制。

## （六）落实保障服务"全周期"是科技人才引育的重要推力

良好的人才保障服务有助于增强科技人才发展的信心、恒心和决心，有助于解决人才发展的后顾之忧，提升人才的幸福感，让人才更好地干事创业。上述省份都认识到保障服务的重要性，采取了多元化服务给科技人才引育带来了重要推力。比如，浙江省通过"一件事"集成改革，为外国人来浙工作打造简单、适宜的生态环境。广州市落实"人才服务九条"，提供"人才服务官+人才管家"服务模式，建立"1+1+N"快速反应机制，满足高层次人才服务需求。湖北省打造"楚才卡"，整合了多个部门的服务资源，覆盖了多个服务场景，帮助高层次人才解决生活难题。不断完善人才住房保障政策，保障高层次人才安居。安徽省为科技人才提供精准服务，通过建设运行"一站式"人才服务平台，推行"江淮优才卡"等措施为科技人才出入境、商事金融、住房教育、社保医疗等提供高效贴心的服务，让人才安心安身安业。河南在引育科技人才的过程中，也应强化科技人才保障服务"全周期"，为科技人才提供全流程、个性化、精准化、优质化服务，构建良好的人才发展生态，提升科技人才在河南工作的幸福感和归属感。

**参考文献**

宋瑶、刘静、徐渴：《世界主要科技强国科技人才引育政策及我国科技人才发展对策建议》，《今日科苑》2022 年第 9 期。

侯建国：《加强人才自主培养 造就规模宏大的青年科技人才队伍》，《党建研究》2022 年第 10 期。

师喆、谢雷：《为现代化河南建设点燃创新引擎》，《河南日报》2023 年 8 月 25 日。

丘眉：《在履行国家使命中成就科技人才》，《河南日报》2021 年 12 月 28 日。

# B.15
# 河南省运用数据平台强化人才
# 服务能力的对策建议

陈圣地　蔡玉豪　杨薇薇*

**摘　要：**　人才和数据是当前最受重视的两类创新要素，是地方产业与创新生态中不可缺少的资源，人才与数据的融合代表了当前最活跃的前沿创新领域，而人才数据平台为这种融合提供了载体支撑。近年来，河南省将数字技术广泛运用于人才服务方面，涌现出了一批数字化人才服务平台、改变了原有的人才服务模式、极大提升了人才服务效率，但河南省人才服务方面对数字技术的应用仍处在初级阶段，复杂用数场景和相关功能的开发尚显不足。发达地区依托人才数据平台强化人才服务能力的实践对河南省具有较大的借鉴意义。未来河南省要高度重视大数据相关技术的作用，建设功能完善的人才服务数据平台，打破数据共享的壁垒，不断探索高阶用数场景，确保用数安全，以更好推动人才服务能力全面提升。

**关键词：**　人才数据　数据平台　人才服务

党的二十大指出，深入实施人才强国战略。培养造就大批德才兼备的高素质人才，是国家和民族长远发展大计。而对于区域经济社会发展而言，人才数据不清、动态不明一直是人才工作改革创新的短板。人才数据平台能够全面整合人才学历、经验、技能等相关要素数据，梳理人才流动趋向，逐渐

---

* 陈圣地，河南人才集团高端智库事业部项目经理；蔡玉豪，河南人才集团高端智库事业部咨询师；杨薇薇，河南人才集团外联合作部副总经理。

成为解决人才信息不明问题的关键手段。近年来，广东、浙江等地相继推出适用于本地的人才数据平台，充分赋能当地人才工作，极大提升了人才服务的效能。当前，河南正处在发展动能转换的窗口期、关键期，运用人才数据平台赋能人才服务对于提升人才工作效率、推动河南加快新旧动能转换、加快形成新质生产力具有重要意义。

# 一　数字时代河南省人才服务的现状梳理

当前，国内人才服务已进入大数据智能化阶段，更加突出以人为核心，更加体现数据平台的数据化和智能化，更加强化数据信息和服务业务的深度融合。智能化阶段的人才数据平台包括人才数据库功能、基础服务功能和智能服务功能。其中，人才数据库汇集人才工作经历、技能特长等各类人才数据，通过量化处理实现高效分类管理，综合展现各领域人才静态及动态信息；基础服务功能借助人才数据构建线上场景，实现相关业务线上线下协同办理；智能服务功能将大数据与人才服务深度链接，通过对人才数据信息、政策条款等信息的智能化分析，充分发挥大数据的识别、筛选、比对、集成等功能，突破"人找政策"的局限，实现"政策找人"，最大限度减少人才服务的成本投入。在此背景下，建设多功能集成型的人才大数据服务平台对河南省的人才服务工作将发挥至关重要的作用，同时也将对人才服务工作产生深远影响。

## （一）河南数据平台赋能人才服务工作现状

### 1. 全省涌现一批人才服务数据平台

近年来，随着数字政务理念的普及和相关技术的发展，河南省内各级政府部门也相继建立了一大批人才服务平台，常见的类型包括数据库、网站、App、小程序等。从业务范围上来说，平台整体分为两大类：一类是专业的人才服务平台；另一类是综合性服务平台中纳入了人才服务的业务端口。通过梳理分析河南省内部分人才服务平台情况发现，其功能主要集中在求职招聘、人才简历库、人才政策和人才服务。其中求职招聘功能是各平台主打服务，主要提供各地区人才求职、实习，以及企业招聘等信息；人才简历库主要为了存储人才简历，配合人才求职与企业招聘；人才政策在各平台的发布数量不等且不太全面，政策发布的内容会向平台受众群体倾斜；除黄河人才网外，被调研平台均设置有人才服务相关的功能模块，包括人才培训、就业指导、面试指南等，但服务内容较少，且大多数只能提供基础、常规性人才服务，而医疗、交通、高端人才引进、高层次人才配偶就业、国际化人才交流、前沿技术培训等高水平服务相对较少。

需要引起注意的是，目前河南省内各类人才服务平台中，对政策"免申即享"功能的开发明显不足，而在人才测评、项目申报、人才驿站、人才风采、人才引进方面，也仅有少数平台具备相关功能。特别是在针对高层次人才引进的绿色通道方面，现有平台对相关功能的嵌入尚显不足，近年来河南省各地加快建设运营青年驿站作为政府、企业单位和高水平人才对接交流的桥梁，但从线上线下相结合的服务视角来看，仅郑好办 App 具备相关功能，而其他众多数据平台的功能开发仍滞后（见表1）。

表1　河南省部分数字化人才服务平台的功能展示

| 平台名称 | 服务功能是否开通 | | | | | | | | | "免申即享" |
|---|---|---|---|---|---|---|---|---|---|---|
| | 求职招聘 | 人才简历库 | 人才政策 | 人才测评 | 项目申报 | 人才驿站 | 人才服务 | 人才风采 | 人才引进 | |
| 中原人才网 | √ | √ | √ | √ | | | √ | | | |
| 中国·河南招才引智创新发展大会官网 | √ | √ | √ | | √ | | √ | √ | √ | |
| 黄河人才网 | √ | | | | | | | | | |
| 河南省毕业生就业信息网 | √ | | √ | √ | | | √ | | | |
| 河南省就业创业服务网 | √ | √ | √ | | | √ | √ | | | |
| 豫才网 | √ | | | | | | √ | | | |
| 郑好办 App | | | √ | | | √ | √ | | √ | |
| 河南政务服务网 | | | √ | | | | √ | | √ | |

资料来源：根据网络信息统计汇总所得。

## 2. 数据分析促进多维度的人才价值挖掘

河南省近年来在人才的引育、交流、产才匹配等方面，充分运用大数据技术，初步形成了较为全面的人才库数据、社交媒体信息、招聘网站信息及其他公开可用的数据源，进而通过产业人才地图、人才码、人才流动图、薪酬分析图、人才画像等不同形式实现了初步的落地影响，为用户提供直观、快速地了解人才的关键指标和趋势分析预判。人工智能算法的应用，推动了产才两端数据信息的有效匹配。目前，全省政务服务事项基本实现网上可办、95%以上实现全程网办，在人才服务领域，通过构建在线服务平台，实现一体化数据、一体化分析、一体化业务、一体化服务、一体化平台，使得大量人才服务事项得以"掌上办""跨域通办"。人才信息管理系统在人事制度管理、人才教育培训等领域广泛应用，实现了各领域人才的精准识别筛选，使人才分类认定和管理变得更加准确、透明、高效。同时，利用大数据筛选、比对、核查的功能，结合特定行业的特点制定量化的多维度评价指标，实现了对人才的多维度评价，相关的技术和理念被广泛用于各类考试测评及招聘活动中。

## 3. 数字技术促使线上线下人才服务场景全面链接

近年来，河南省各类人才活动中的模式创新、载体创新等都离不开数字技术的广泛支持。河南省在全国省级层面率先开发出 VR 线上人才招聘平台，利用 VR、大数据等技术，将视图平面化的招聘网页升级为具有信息发布、形象展示、实时交流等功能的虚拟展位，充分体现了数字平台作为引才载体的功能，仅第五届中国·河南招才引智创新发展大会期间数字平台的入驻用人单位就达到 3273 家，发布岗位 1.1 万个，岗位需求 8.8 万人，浏览人数达 373.9 万人，投递简历 3.1 万份，在线洽谈 3 万余次。在各细分专业领域平台逐渐增加"AI 智能面试"、网上签约等新功能，形成更加立体、多维、完备的人才（项目）服务平台，实现了线上线下人才服务的有机结合。①

---

① 数据来源：根据相关部门调查统计所得。

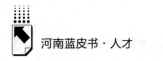

（二）河南数据赋能人才服务能力尚存在的问题

河南省人才服务方面对数据技术的应用整体上仍处在较为初级的阶段，面向未来的服务需求仍存在一定问题，主要体现在以下方面。

1. 人力资源的数据价值有待进一步挖掘

河南省是人力资源大省也是人才服务场景大省，在人才服务相关的平台中沉淀了大量的数据信息，同时人力资源行业的覆盖面十分广泛，不同行业领域内也产生了海量具有特色的数据资源。但当前全省数据资源较为分散，难以发挥数据的"乘数效应"，全省尚未有任何一个领域内涌现出用数优势明显的部门或市场机构，人力资源管理的相关政府部门、用人单位和各类市场化服务机构均无法充分调取相关数据资源。

2. 高阶数据服务功能有待进一步开发

河南省内现有的各类人才服务平台，其功能较多集中在求职招聘、简历库等简单用数领域，更多只是数据资源的汇聚。而在人才测评、产才匹配等依赖数据多维交叉分析和高阶计算的复杂用数场景的人才服务功能较弱。现有平台所能提供的人才服务也以展示为主，尤其是与发达地区已经实现了人才政策"无感审批""免申即享"，并且能够最大限度减少运营环节的人力成本相比，河南省内数据平台运维端人力投入相对不足，智能化水平偏低。

3. 数据资源的共享程度有待进一步提升

由于受到法律法规不健全、数据管理机制不完善等因素影响，相关部门存在"不敢、不能、不愿"共享数据的情况，造成省内人才服务方面的跨地区跨部门数据调用存在一定壁垒。人社、民政、教育、工商等政府部门之间的数据共享交换较为困难，难以精确识别人才身份和帮助人才精准享受相关优惠政策。对于人才个人而言，往往也存在多次重复填报个人基本信息的困扰，数字平台的便捷高效功能未能充分体现。

## 二 河南省建设人才数据平台的必要性分析

### （一）数字技术成为人才服务模式创新的关键驱动力

新时期，数字经济快速发展要求人才工作向数字化转型。进入数字时代，以大数据、云计算、人工智能等为代表的数字技术革命改变并创造了新的劳动现实、过程和形式，数字劳动、虚拟工作等人才工作形态出现，在线工作、在线交流、众包日益流行，重构了劳动和社会关系，人才工作的对象、范围、方式日益数字化、智能化、个性化。面对人才工作对象、人才工作范围、人才工作流程的数字化趋势，人才工作本身也亟待适应和引领这一变化，加快数字化转型，为新的劳动形式、发展形态创造合宜的氛围、奠定重要的基础。

随着数字技术的深入应用，人才工作正逐渐迈向精准高效的新阶段。数字技术以其独特的优势，为人才工作带来了前所未有的变革。一方面，数字技术的广泛应用使得人才信息的收集和整理变得更加便捷。通过数字技术，可以将人才信息数字化、网络化，实现信息的快速传递和共享，为摸清人才家底提供了依据。另一方面，数字技术为人才服务工作提供了便利，通过各类网站和 App，招聘应聘、政策申请、职称评价等工作实现了"一网通办"，节省了人才和工作人员的时间，极大地促进了人才工作高质高效进行。

### （二）人才数据资源体现出巨大资产和资本价值

数据已成为现代社会不可或缺的重要资源，人才数据正逐渐成为关键市场要素。2022 年以来，国务院连续发布《"十四五"数字经济发展规划》等 3 项政策文件，部署发挥数据要素价值相关工作，数据要素市场的顶层设计逐渐明晰，数据作为市场要素已上升为国家基础性战略资源。2023 年 8月，财政部出台《企业数据资源相关会计处理暂行规定》，进一步明确了数据的资产属性，数据已经成为可以被资本化的重要资产。

人才数据因其特殊性，可以广泛连接科技成果、知识产权、创新创业等数据，正逐渐成为关键市场要素。通过摸清人才数据，政府部门可以深入把握当地人才分布、流动及结构状况，对制定实施人才和产业相关政策具有指导意义。用人单位通过人才数据，能够明确人才本身的各类信息，为精准招引、培育发展提供数据支撑。同时，在创新创业方面，投资者通过人才数据了解创业者的背景、经验、创新能力等信息，为创业项目的筛选和评估提供科学依据；政府部门可以分析创业团队的人才结构、协作模式等要素，为优化创新创业环境提供支撑。

### （三）数据平台精准匹配人才推动产业创新

人才与产业之间是相互促进的，人才的培养和引进工作应以产业发展为目标。河南省工信厅发布消息显示，2024年全省规上工业增加值增速预期目标是6.5%，并将"7+28+N"产业体系作为新型工业化战略支撑，给河南省带来引才、留才的条件和机会。河南省各省辖市县（市、区）产业各具特色，特色产业和优势产业存在差异性，因此应以"因地制宜、一城一策"的方式，精准引进或培养合适的人才资源，助力区域产业创新升级，推动经济高质量发展。

人才数据平台的建立是科学开展产业人才培养、引进、选拔和评价等工作的重要依据，在产业人才队伍建设中具有基础性、先导性和全局性作用。目前，全国多个地方已经建立起政府主导的人才数据平台，在助力地方人才队伍建设、产业创新发展、企业人才引留等方面发挥重要作用。例如，苏州依托人才数据平台发布了《江苏重点领域产业发展与人才分布研究报告》，面向当地六大新兴产业绘制了"产业人才地图"，帮助政府充分了解当地企业的真实技术需求，从而更加精准地从全球吸引人才。河南人才集团也正式推出"产业人才地图"，与河南省7个产业集群28条产业链紧密融合，将上下游产业、不同产业节点紧密地连接在一起，梳理"产业链→关键技术节点→科技成果→人才领域"，形成"一链一库一图"

（即一条产业链建立一个行业智库，构建一个产业发展图谱），促进区域产业互补，形成协力发展格局。同时，产业人才地图的智能搜索引擎和管理驾驶舱功能可帮助用户快速定位到所需的人才、企业、技术信息，并将宏观的产业、人才、技术数据以直观、易懂的方式呈现出来，用数据驱动决策。

另外，进一步完善数据平台的搜索与对接系统，可以实现人才和产业项目、岗位的双向推荐，使人才与产业项目、岗位精准匹配。不仅可以吸引人才、精准纳才，同时可以用人才资源招引创新项目，打造产业招引新优势，让政府找到好项目，也让人才找到创新沃土，利用精准政策实现创新发展。此功能有效促进劳动者、劳动资料、劳动对象的优化组合，加快形成新质生产力，为河南省创新发展提供强大动能。

## 三　国内人才数据平台案例借鉴及启示

河南省虽已开启数据赋能人才服务的探索，但总体来看较为分散，功能模块也有待拓展，在服务覆盖广度和应用深度方面与国内先进地区相比仍有较大差距。

### （一）浙江

2019 年 5 月，浙江省人才服务平台正式上线运行。平台将涉及人才的政策、服务、评审、信息等整合，设置了人才政策、人才资源库、公共服务、人才工程、揭榜挂帅和大学生实习等六个板块，实现了人才政策、个人事项、人才项目、人才需求、人才评审等"一网通办"。截至 2023 年底，政策模块已汇集近 500 个人才政策，基本涵盖人才服务各方面；人才资源库已收集百万份简历供用人单位查询使用；公共服务模块整合省部属单位高层次人才同城待遇认定等 14 项省级人才服务事项；人才工程板块主要解决人才工程统一管理问题，实现人才项目在线申报、在线识别等功能；揭榜挂帅模块打造人才、项目和资本的对接平台，围绕浙江省数字经济等重点产业，遴选数百项国内外的优质人才项目和创业项目，供用户选择；大学生实习板块在线发布各类实习岗位信息，帮助大学生开展实习。平台各功能运行顺畅，有效推动了浙江省人才工作高质量开展。[①]

## （二）广东

2022年3月，依托粤港澳大湾区（广东）人才港建立的粤港澳大湾区（广东）人才数据平台上线，全方位服务区域人才发展。平台整合了全球近3亿条科技创新大数据，以人才资源数据、区域产业数据、人才创新模型等为基础，以可视化地图形式呈现。同时，平台打造出多元化数据治理场景，为政府对区域内人才家底摸排、需求资源匹配、重点人才引育、产业人才培养提供重要决策支撑。数据平台以粤港澳大湾区人才及产业数据为核心，发展出人才数据挖掘、智能化人才招聘、人才综合评价、劳务派遣及人才服务外包、高层次人才猎聘引进、人才行业投融资等业务，为整个大湾区的人才工作打开新局面提供了有力支持。[②]

## （三）经验总结

河南省运用数据技术赋能人才服务虽已形成一定成效，但与先进地区相比仍有较大差距。一是当前集成化专业化的省级数据平台尚未完全建立，在数据资源整合、部门工作协同上有明显不足，不利于省级层面开展人才资源分析及政策制定。二是目前河南省已布局的数字化人才工作平台功能尚不健全，主要集中在人才分类数据收集、人才政策整合展示及招聘应聘信息发布等方面，在人才项目对接、人才智能评价等方面略有欠缺。三是数据应用不够深入，在人才数据方面，由于掌握的各类数据标准不统一，在应用中容易出现误差，不利于开展数据分析。在人才政策方面，政策条例不够精细，量化进程较慢，不利于人才政策精准匹配和快速兑现，离实现政策"免申即

---

① 数据来源：浙江人才服务平台官网。
② 数据来源：粤港澳大湾区（广东）人才港官网。

享"尚有差距。

浙江和广东通过建设大数据中心，分别整合了各方资源，实现了资源的集中展示和共享，同时设置多项功能模块，不仅支持人才数据挖掘、人才政策展示、智能化招聘，还涵盖了人才评价、项目对接等多个方面，满足了不同用户群体的多样化需求。综合来看，两省做法对河南具有重要借鉴价值。

### 1. 建设数据平台需要政府部门强力统筹协调

浙江和广东的经验显示，建设人才数据平台的关键要素体系包括政府人才数据资源整合、政府部门人才相关业务的协同机制、落实人才公共服务三方面内容，其中涉及相关政府部门的职能和权限调整。同时，数据平台的正常运行依赖基础设施、标准规范、政策法规、安全保障四方面的支撑，需要多个政府部门的同步发力。基于以上因素，河南省建设省级人才数据平台，需要多个政府部门的高效合作，尤其需要组织部牵头并统筹推进。

### 2. 平台以多渠道的数据共享机制为基础

数据资源是所有数据平台的基础，数据是基础要素和政府决策的重要依据，精准高效地开展人才工作离不开海量数据支撑，浙江和广东通过推动部门间人才数据的协议共享和业务协同，从根本上打破了"数据烟囱"和"信息孤岛"现象。因此，对河南而言，需要统筹协调政务数据资源和基础设施资源，在统一的技术标准下实现人才工作相关部门间数据资源全面打通共享，并在此基础上实现人才业务协同和人才服务融合，才能不断提升全省人才工作成效。

### 3. 必须建设横纵向广泛调取的省级人才数据库

大数据的"乘数效应"决定数据资源必须高度集成才能不断体现其功能。浙江和广东通过建立省级人才大数据库，全方位收集人才数据，根据不同信息，对人才完成智能识别和归类，实现了为人才的精准画像。河南也应充分发挥省级人才数据库作用，将零散的、点状的人才管理工作进行系统化、科学化的梳理，为推进人才政策"免申即享"所需的前置审批优化奠定基础，以平台为"载体"，形成一套完整的、可长效运营的人才发展机制。

### 4. 平台应在通用数据底座基础上设计个性化功能模块

人才数据平台的服务架构体系是基于云计算、大数据、人工智能、物联网、移动互联网、区块链等成熟的通用技术而建成，在此基础上设计业务发展平台，提供覆盖全周期的个性化服务。随着人才工作的要求越来越高，人才的行业分布与区域分布越来越细分，人才工作的个性化特征更加明显，由此决定人才数据平台必须按照"通用数据底座+功能服务模块"的模式建设。

### 5. 人才数据平台必须深度嵌入地方产业体系

集成的人才数据库和数据服务平台，必须按照统一的管理标准和流程，实现各模块之间的协作和配合，通过数据分析工具和方法，对人才数据进行深度挖掘和分析，为人才管理和发展提供全生命周期服务支撑。根据地方产业发展需求，建立更畅通的人才绿色通道，为高层次人才更加专业化个性化服务，真正实现"政策找人"，实现人才科研成果与产业端的精准对接。

## 四 河南以数据平台赋能人才服务能力提升的对策

### （一）强化数字化服务理念，优化平台顶层设计

全面梳理人才服务的全链条，组织相关政府部门、企业和相关市场化服务机构等加强研讨，以系统化思维推进人才服务与治理的体系化建设，将数据治理融入人才政策修订、人才服务机制设计、人才待遇保障等各方面。推进人才服务业务数字化、数据资产化、人力资本化，以激发人才创新创造活力为主线，释放数据要素对人才服务的赋能价值。统筹考虑全省人才队伍建设现状、人才服务工作的特点、人才服务相关部门和机构的现实需求，制定省级人才数据平台的发展目标、重点任务和运营维护模式等。引导各地区各相关部门共同参与建设全省人才服务数据平台，健全跨地区跨领域的沟通协调机制，引进第三方专业化机构和相关领域高层次专家，为人才数据平台建设提供咨询支持。

## （二）上收数据建设集成库，下放权限共享公开

由人才服务相关政府部门牵头，与数据运营商、用数部门等单位共建人才服务数据库，加快发掘全省人才工作相关服务机构的存量数据资源，打破用数壁垒和"信息孤岛"。一方面，将各地区各领域的数据资源进行集成，全面打通人社、公安、工商、税务、教育、档案等政府层面，或从企业、人才机构、社会组织等社会渠道层面，以及通过互联网收集相关公开信息，并通过分析挖掘人才的基本信息、求学经历、工作经历、专业领域等信息建设集成库。另一方面，向相关人才服务相关部门或机构下放用数权限，帮助各服务机构及时掌握相关人才的数量、结构、分布、来源和去向等信息。发挥数据平台的快速识别与匹配功能，实现人才资源的最优配置，提高人才配置效率和服务效能。

## （三）差异化设计平台功能，助力产才互嵌融合

立足产业发展现状、城镇化进程、全省科教创新环境氛围等基础，优化人才服务平台的功能设计，为人才引育提供助力。人才聚类功能，面向产业端人才需求，针对特定行业所需的人才分析模型，对特定行业和岗位情况开展人才聚类分析，总结归纳人才类型、专业、技能等要素，为人才引育提供支持；人才画像功能，基于人才数据信息建立人才档案，形成全面准确的人才画像，通过线上线下渠道连接人才与用人单位供求信息，建立人才和产业项目、岗位的双向推荐渠道，实现人才与产业项目、岗位精准匹配；人才价值评估功能，基于人才数据平台的集成和比对等功能，准确评估相关岗位人才的技能和素质水平，准确识别人才所处的层次，进而为完善人才资本市场的相关评估与交易活动奠定基础。

## （四）持续开发用数新场景，充分挖掘数据价值

紧扣全省"7+28+N"产业体系建设、"三足鼎立"科技创新大格局等人才应用端的共性和个性服务需求，准确预判人才服务与相关领域的跨界融

205

合发展趋势，构筑贯穿全生命周期的人才服务新场景。推动数字化人才服务场景应用，为全省人才政策制定、人才服务集成、人才环境优化提供数据支撑。依托数据平台，打造线上线下相结合的"一站式"人才服务功能，完善"公共服务+专业服务+市场服务"的一体化人才服务模式，持续关注人才服务终端环节的实际需求，构建人才服务新场景。以场景应用为导向，广泛收集全省人才供需两侧信息，准确标注有价值的信息，鼓励高校、科研院所、社会组织和企业利用数据库资源对数据进行挖掘与分析，依托社会力量开发高质量数据应用工具，充分激活大数据潜在价值。

（五）推动数智化自主决策，实现政策"免申即享"

继续落实数字政务建设与营商环境改革的相关政策要求，梳理现有人才服务场景下具体业务事项所需的材料、办事标准和服务流程等，进一步规范相关规定，通过线上线下联动的模式，推动人才服务相关事项在全省范围内无差别受理、同标准办理。进一步细化人才政策的准确性，加快政策条款的数字化表达，实现政策条款上线；梳理各相关部门在人才服务过程中的工作流程，将相关审批权限前置并统一，由人工审核转变为平台系统智能决策；依托省级人才数据平台为人才、用人单位、主管部门等相关单位分别提供平台注册入库、建立档案、政策查询等信息服务，基于平台的集成和智能识别功能，及时掌握各类人才动态信息，为用人单位和人才匹配所适用的政策，及时兑现各类政策奖补。

（六）加强用数全流程监管，保障人才数据安全

全面规范人才服务全过程的数据质量管理细则，通过完善信息安全保障机制、强化物理硬件设施保护、加强数据安全技术支撑等方式保障全省人才数据安全。建立分级管理机制，按照数据采集、传输、存储、处理、共享、开放、销毁等阶段实施数据生命周期管控，按照数据隐私程度分类认定为基础数据、个人数据和指标数据，分别适用于不同的防护标准，对相关用数单位的用数权限进行合理界定和下放；加强硬件设备安全防护，采用硬件加密

设备使用硬件加密模块或软件加密方案实现数据加密，构建严格的网络安全架构，通过物理隔离和安全防护等方式，及时规避、识别、修复硬件漏洞隐患；制定领先的数据保护方案，对人才数据进行加密处理，防止数据泄露和恶意篡改，采用安全测试和对抗技术，增强人才数据的安全防御能力，加强对数据库的全面监控，防止敏感数据泄露、被篡改或非授权使用。

**参考文献**

宋世清：《浙江人才强省战略背景下人才工作数字化转型研究》，《人才资源开发》2022 年第 18 期。

陈军：《国内人才服务平台发展现状与趋势研究》，《中国市场》2020 年第 31 期。

彭朝林、马军峰、陈前华：《基于大数据的地方党政人才管理创新实践——以甘肃省白银市人才大数据平台为例》，《宁夏大学学报》（人文社会科学版）2020 年第 5 期。

胡伟伟：《人才服务信息化建设研究——以江苏为例》，《中国科技信息》2023 年第 4 期。

# 案 例 篇

# B.16
# 重建重振省科学院人才发展实践

高正龙　雷俊峰　李世杰　任 杰　王毅楠*

**摘　要：**　近年来，河南省把创新驱动、科教兴省、人才强省战略摆在"十大战略"首位，致力于打造国家创新高地和重要人才中心，将重建重振河南省科学院作为建设国家创新高地和重要人才中心的"一号工程"。河南省科学院始终把人才引育、科技创新作为战略抓手和突破口，在人才集聚、高层次人才引育、青年人才引聚、人才发展平台建设、人才效能发挥等方面取得了阶段性成效，截至2023年底，省科学院研发实体达到42家，居全国省级科学院首位，人才总量跻身全国省级科学院第一方阵。当前省科学院人才结构性问题、人才发展环境问题仍然存在。新时代新征程上，河南省科学院将按照省委、省政府重大决策部署，持续推进省科学院人才队伍建设，完善政策打造聚才"强磁场"，拓宽渠道确立引才"新路径"，精准施策创新育才"新机制"，提升平台搭好用才"新舞台"，优化环境健全留才"新生

---

\* 高正龙，河南省科学院党委副书记、副院长、研究员；雷俊峰，河南省科学院人力资源部部长、副研究员；李世杰，河南省科学院地理研究所副研究员；任杰，河南省科学院地理研究所研究员；王毅楠，河南省科学院人力资源部工程师。

态", 积极构筑全国重要人才中心, 在全省"三足鼎立"科创大格局中积极发挥引领作用。

**关键词:** 河南省科学院 重建重振 人才发展 人才引育

人才是科创之基、强国之本, 是推动区域发展、赢得竞争主动的第一资源。近年来, 河南省把创新驱动、科教兴省、人才强省战略摆在"十大战略"首位, 致力于打造国家创新高地和重要人才中心。省委、省政府审时度势, 将重建重振河南省科学院作为河南省实施创新驱动、科教兴省、人才强省战略, 建设国家创新高地和重要人才中心的"一号工程"。两年多来, 河南省科学院按照省委、省政府的顶层设计, 强化责任担当、务实重干, 站位全局、勇担使命, 把人才引育、科技创新作为国家创新高地建设的战略突破口, 一体化推进研发体系、转化体系和服务体系的重构重塑, 着力打造贯通产学研用的科研实体, 形成科研成果从实验室到中试到产业化、工程化的创新链条, 有力推动了传统产业转型升级、新兴产业培育壮大和未来产业的谋篇布局, 在国家创新高地和重要人才中心的建设上跑出"加速度"。

## 一 河南省科学院人才队伍建设取得的成效

2021 年 7 月以来, 河南省科学院认真贯彻落实省委、省政府关于重建重振科学院的重要决策部署, 秉持"家国、自信、卓越、精进"院训, 系统推进重建重振, 注重"引育结合", 人才队伍量质齐升。截至 2023 年底, 省科学院研发实体达到 42 家, 居全国省级科学院首位, 人才总量跻身全国省级科学院第一方阵。

### (一) 人才集聚效应初步显现

重建重振以来, 河南省科学院人才总量呈现快速增长势头。截至 2023

年底，全院各类专业技术人才总量达到 1574 人，是重建重振前的 1.3 倍。
从职称结构来看，截至 2023 年底，正高级、副高级、中级专业技术人才所
占比例分别为 10.3%、23.5%、33.9%，高级职称人员所占比例较重建重振
前增长 2 个百分点，其中正高级职称人员所占比例增长 2.75 个百分点。从
学历结构上看，专业技术人才队伍中，具有博士、硕士学位人员数量和比例
也快速提高，截至 2023 年底全院具有硕士及以上学位的人数为 796 人，占
全部专业技术人员的 50.6%，其中具有博士学位的人数为 345 人，是重建重
振前的 3.3 倍，占全部专业技术人员的 21.9%（见表 1、图 1）。高学历人
才不断会聚，为科学院不断提升科研综合实力提供了强有力的支撑。

表 1　2020~2023 年河南省科学院专业技术人员基本情况

单位：人

| 年份 | 专业技术人员数 | 高级职称人数 | 博士学位人数 | 35 岁及以下专业技术人员数 |
|---|---|---|---|---|
| 2020 | 1174 | 375 | 103 | 428 |
| 2021 | 1197 | 386 | 110 | 445 |
| 2022 | 1176 | 426 | 110 | 419 |
| 2023 | 1574 | 532 | 345 | 516 |

资料来源：根据河南省科学院历年数据整理。

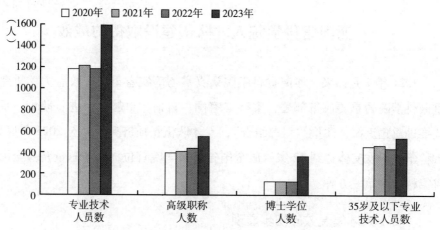

图 1　2020~2023 年河南省科学院专业技术人员构成变化

资料来源：根据河南省科学院历年数据整理。

### （二）高层次人才引育成效显著

重建重振以来，河南省科学院探索"全职引进、特聘研究员、项目合作"等多渠道招引人才，高层次人才集聚效应逐步显现，顶尖人才队伍建设取得突破性进展，在重点领域吸引了一大批具有全国领先水平的高层次专业技术人才和团队，为河南省科学院乃至地方科研实力提升和科技创新发展提供了新动能。截至2023年底，全院聘任各类高层次人才（团队）80余位，其中，共引进了12位院士及其核心团队，国家杰青等国家级领军人才39人，河南省优秀专家、中原科技创新领军人才等省级领军人才35人。

### （三）青年人才引聚成效突出

青年人才作为战略性、储备性资源，事关省科学院重建重振的未来。近年来，河南省科学院瞄准各学科领域海内外青年拔尖人才，采用"一人一议""绿色通道"政策重点引进和培养博士、博士后等优秀青年人才近400人。到2023年底，全院专业技术人才中35岁及以下的人数为516人，36~45岁的人数为382人，所占比例分别为32.8%、24.3%。副高级职称中35岁及以下人数占比5.9%，正高级职称中40岁及以下人数占比3.1%，较重建重振前均实现了翻倍。同时，建立了研究生全流程培养体系，与哈尔滨工业大学、郑州大学、河南大学等高校联合培养研究生580人，规模居全国省级科学院首位。

### （四）人才发展平台日益丰富

重建重振以来，河南省科学院聚焦科技前沿培育新质生产力，前瞻布局了量子、智慧创制等16家研究所，全院研发实体达到42家，居全国省级科学院首位；组建了墨子、黄淮、黄河3家省实验室和人工智能、超硬材料2家省产业技术研究院，其他已批准建设的省实验室、产业技术研究院正有序纳入河南省科学院创新体系；与哈尔滨工业大学郑州研究院联合获批工信部多模态重大慢病防控科学与工程重点实验室，与京津冀国家技术创新中心共建河南协同技术创新中心，共牵头新建了3家省重点实验室、4家省工程研究中心、3家省工程技术研究中心、1家省野外科学观测研究站以及河南省应用数学中心等创新平台，为人才的集聚和发展提供了良好的平台支撑。截至2023年底，省科学院共建设省级重点实验室11家，省国际联合实验室2家，省工程技术研究中心16家，省工程研究中心4家，省工程实验室2家，院士工作站1家。

### （五）人才队伍效能有效发挥

重建重振以来，河南省科学院通过完善政策优化发展环境，人才队伍效能得到有效激发，科研创新水平不断得到突破。一是承担项目数量水平显著提升。2023年省科学院承担省部级以上科研计划项目150余项。其中，承担的国家"两机"重大专项，填补了承担国家重大专项的空白；国家自然科学基金项目由重建重振前的多年立项1项到2023年当年立项10项，实现了历史性突破；承担横向项目132项，落实经费2.1亿元，其中，超千万元的项目6项；获省重大专项3项，填补了近6年没有承担重大专项的空白；获准立项省自然科学基金、省重点科技攻关等项目92项，是重建重振前的17.4倍。二是科研产出水平显著提升。2023年河南省科学院首次获得河南省科学技术杰出贡献奖，同时获得河南省科技进步奖一等奖1项、二等奖4项、三等奖2项，获奖数量和质量较重建重振前均有大幅度提升；在 *Nature* 等国际顶尖学术期刊发表论文9篇，发表SCI收录学术论文293篇；授权发明专利122项，登记科技成果96项，制修订国家标准4项（见表2、图2）。

表2　2021~2023年河南省科学院项目立项和科研成果数量

单位：项/篇

| 年份 | 纵向项目 | | 成果 | | |
|---|---|---|---|---|---|
| | 国家级项目 | 省级项目 | 省级以上科技奖励 | 授权发明专利 | SCI文章 |
| 2021 | 1 | 30 | 8 | 62 | 47 |
| 2022 | 1 | 32 | 6 | 110 | 46 |
| 2023 | 13 | 47 | 11 | 122 | 293 |

资料来源：根据河南省科学院历年数据整理。

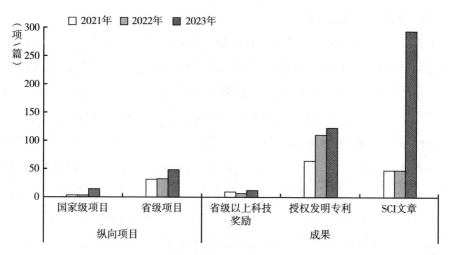

**图2　2021~2023年省科学院项目立项数和科研成果数量变化**

资料来源：根据河南省科学院历年数据整理。

## 二　河南省科学院人才队伍建设的主要做法

在省委、省政府对省科学院重建重振的高度重视和有力支持下，河南省科学院不断完善人才队伍建设的相关政策措施，加大了对高层次人才和青年人才的引进力度，近悦远来、四方辐辏的人才生态已初步形成。

### （一）省委、省政府顶层设计，为人才队伍建设提供有力保障

#### 1.强化政策法规保障

省委、省政府印发了《支持重建重振河南省科学院的若干政策措施》，赋予省科学院编制使用、人才引聚、经费使用、要素配套保障等方面的自主权，为河南省科学院的重建重振及人才队伍建设提供有力支持；省人大常委会制定颁布了《河南省科学院发展促进条例》，系国内首部为一家科研事业单位发展"量身定制"的地方性法规，为促进河南省科学院发挥科技第一生产力、创新第一动力、人才第一资源作用提供了法治保障。

## 2.加强体制机制保障

省委、省政府印发了《河南省科学院职能配置、内设机构和人员编制规定》，明确了河南省科学院整体为公益二类事业单位。审定通过了《河南省科学院章程》，在全国省级科学院中首次实施章程管理，明确了河南省科学院新型研发机构的定位，为河南省科学院实施更加灵活、更加给力的人才待遇政策提供体制机制保障，创新人才的聘用、考核和激励政策，吸引了海内外英才的广泛关注。此外，《关于省科学院与中原科技城、国家技术转移郑州中心"三合一"融合发展的指导意见》明确了河南省科学院、中原科技城、国家技术转移郑州中心三方将在空间布局、科创体系、人才机制、保障服务等方面深度融合，配套人才公寓为河南省科学院引进高层次人才和青年人才提供落地能住的条件保障。

## 3.人才政策提供支撑

河南省制定出台的《关于加快建设全国重要人才中心的实施方案》，涵盖了引才措施、推进机制、服务配套等各环节的"1+20"一揽子人才引进政策措施，如为河南省科学院引进的博士后提供卓越博士后资助、导师叠加资助、科研项目资助及安家费等，为河南省科学院人才队伍建设提供有力的政策支撑。

## （二）构建党管人才新格局，压实用人单位引才主体责任

### 1.坚持党管人才

坚持党对人才工作的全面领导，树立强烈的人才意识，构建党管人才新格局。积极主动向省级主管部门沟通汇报高层次人才队伍建设的进展，推进《关于加快构建一流创新生态建设国家创新高地的意见》《关于支持重建重振省科学院的若干政策措施》《重建重振省科学院总体方案》等各项支持政策落地落实。成立河南省科学院人才工作领导小组，健全党管人才领导体制和工作机制，完善党委统一领导、组织部门牵头抓总、有关部门各司其职、密切配合的人才工作格局。把党的政治优势、组织优势转化为人才发展优势，着力把党内和党外、国内和国外各方面优秀人才集聚到重建重振省科学

院的伟大实践中来。

2.压实用人单位引才主体责任

坚持以结果论英雄，逐级压实院属各用人单位主体责任，对高层次人才相关政策制度层层抓好落实。院属各用人单位根据其事业发展规划中的高层次人才建设目标进行年度任务分解，分时间、分步骤科学绘就高层次人才建设路线图。同时，每年依据河南省科学院战略发展目标、重点工作要点等，在梳理学科专业方向、平台建设进展以及各用人单位上报人才需求基础上，统筹制定年度高层次人才引进、培育、使用工作计划，确保任务下发至各用人单位，年中召开专门会议进行"对账"，跟进督促用人单位引才进程，年末实施考核，加大该项工作在用人单位绩效考核中的权重。各单位及相关部门结合各自的职责任务，制定更为具体的推进方案和落实措施，形成协同推进的合力。在此过程中，人才工作领导小组、组织人事部门进行监督查验和跟踪审计，督促用人单位发挥主观能动性，持续加大引才力度，压实用人单位引才聚才主体责任，凝聚人才工作合力。

（三）建立完善人才政策体系，优化人才发展"小气候"

1.建立完善人才政策体系

对标河南省出台的"1+20"一揽子人才引进政策措施，学习借鉴"北上广深"等地做法，创新创设人才体制机制，制定出台《河南省科学院高层次人才引聚办法》《河南省科学院高层次人才培育支持管理办法》《河南省科学院博士分类引进管理暂行办法》《河南省科学院高水平成果奖励与培育办法（试行）》等一系列办法措施，在项目经费、工资待遇、绩效奖励、研究生招生等方面给予强有力的保障，加快引进战略科学家、首席科学家、特聘研究员、青年科学家和优秀博士、博士后、紧缺硕士、天才本科生步伐。

2.着力建设环省科学院创新生态圈

认真落实省委、省政府打造环河南省科学院创新生态圈的部署，践行"企业家出题、科学家答题、院地协同"模式，组织院系统科研机构与高校和企业共引团队、共建平台、共解难题，在中原科技城打造中原量子谷，形成一流量子科技产业集群；与国机精工、中电科 27 所等产业链链主企业共建超硬材料产业技术研究院、光电产业技术研究院等创新平台，实现嵌入式发展，支撑以新质生产力为先导、战略性新兴产业为主导的现代化产业体系，搭建人才发展的开放共享平台。

**3. 营造引才育才用才良好环境**

破除唯学历、唯资历、唯论文、唯奖项倾向，以品德、能力、业绩为导向，科学制定评价标准。建立分类评价模式，丰富评价方式，注重同行和业内认可，探索引入国际同行评价，客观科学公正评价科研人员。建立"绿色通道"制度，突出评价业绩水平和实绩贡献，坚持以用为本，放权搞活，发挥用人主体在人才评价中的作用，把人才评价与引进、使用与激励紧密结合，满足河南省科学院高层次、急需紧缺人才选才引才用才需求，提升效率，进一步畅通高层次和急需紧缺人才职称评聘渠道，为会聚一流创新人才完善服务。

**（四）加大高层次和青年人才引育力度，加强人才队伍建设**

**1. 加大高层次人才引进力度**

坚持"高精尖缺"引才导向，抢抓当下全球人才流动新机遇，健全"特事特办"机制，创新工作方式方法，会聚一流人才。建立以岗位需求为目标的人才引进机制，紧紧围绕院属各单位重点科研方向，主动"走出去"，大力招才引智，实现高层次人才（团队）的精准引进。实行顶尖人才顶级支持，通过"一事一议""一人一策"等方式对战略科学家和顶尖人才（团队）给予量身定制、上不封顶的特殊支持。创新市场化人才工作方式方法，加强以才引才、平台引才，发挥人力资源服务机构、海外人才组织等引才作用。加大柔性引才力度，深化与国内外一流大学和大院、大所、大企业的合作，拓宽人才引进渠道，多途径发布人才引进和招聘公告，加大从海外、行业企业和专业组织引才力度。

**2. 加大青年人才引育力度**

一是重点引进青年潜力人才，瞄准各学科领域海内外青年拔尖人才，通过"一人一议"、"绿色通道"、建立高层次人才培养机制等举措,助力青年潜力人才快速引进和成长;二是坚持把潜力人才放在重要科研岗位,聘任潜力人才担任特聘研究员和青年首席科学家,通过压担子、赋资源,开辟优秀人才成长的"快车道";三是大胆提拔重用青年才俊,多名"90后"青年博士被聘为新建研究所的执行所长、常务副所长,在院士、国家杰青等学术大家的引领下,为新型研发机构的发展"冲锋陷阵",甘当排头兵,河南省科学院呈现多年未有的朝气蓬勃新气象。

## (五)创新人才分类引进及使用机制,激发人才创新动能

### 1.建立博士分类引进及动态调整新机制

建立科学的评价体系,综合评价博士人才的专业水平和科研业绩,按类别分层次有序引进,提供具有竞争力的基本年薪,并叠加享受河南省科学院科研绩效奖励,上不封顶。共分为 A、B、C 三个层次,A 类博士待遇可以通过三个渠道获得:一是正常渠道,依据个人经历和科研业绩综合认定;二是绿色通道,对取得标志性成果的博士,不再考虑个人经历,直接认定;三是动态调整,聘期内如取得标志性项目和成果,即时动态调整为 A 类待遇。这极大地激励了青年博士干事创业的积极性。

### 2.建立职岗分离的用人新机制

一是实施高层次人才层次与岗位分离。将人才层次划分为国际一流人才、国家一流人才、省内一流人才和青年拔尖人才,人才岗位划分为战略科学家、首席科学家、特聘研究员和青年科学家岗位,结合高层次人才实际情况,合理地聘任在相应岗位上,按照聘任岗位享受相应待遇。二是部门负责人的选聘。不以职级与岗位挂钩,打破以往省直单位部门负责人应为正处级干部担任的惯例,大胆提拔选聘一些年轻有担当、能力强、口碑好的副处级干部担任部门一把手。例如,在办公室、财务审计等重要岗位上,重用年轻干部担纲负责,部门的活力、战斗力得到了充分提升。

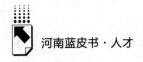

## 三 河南省科学院人才队伍建设面临的形势

重建重振以来，河南省科学院人才队伍建设取得了重大成效，但与省委、省政府重建重振省科学院的目标和要求相比，还有一定差距。新形势下重建重振省科学院，既要抢抓有利机遇，又要正视当前的差距和不利因素，持续推进省科学院人才队伍建设。

### （一）面临机遇与有利条件

#### 1.重建重振省科学院的重大历史机遇

重建重振省科学院是省委作出的一项重大决策，是河南省建设国家创新高地和重要人才中心的"一号工程"。两年来，省委、省政府印发了《支持重建重振河南省科学院的若干政策措施》《河南省科学院职能配置、内设机构和人员编制规定》《关于省科学院与中原科技城、国家技术转移郑州中心"三合一"融合发展的指导意见》等政策文件，省人大常委会制定颁布了《河南省科学院发展促进条例》，为省科学院人才队伍建设提供重大历史机遇和政策支撑。

#### 2.新质生产力发展需要人才支撑

习近平总书记在第二十届中共中央政治局第十一次集体学习时强调，要按照发展新质生产力要求，畅通教育、科技、人才的良性循环，完善人才培养、引进、使用、合理流动的工作机制。[1] 新质生产力以创新为主导，创新驱动的实质是人才驱动，因此，加快发展具有高科技、高效能、高质量特征的新质生产力，离不开人才的支撑，特别是高水平创新型人才的支撑。河南省科学院应抢抓新质生产力发展机遇，持续加强人才队伍建设，切实把人才优势持续转化为创新优势、发展优势、竞争优势和产业优势，为河南省加快培育新质生产力提供有力支撑。

---

[1] 《习近平在中共中央政治局第十一次集体学习时强调　加快发展新质生产力　扎实推进高质量发展》，中国政府网，2024 年 2 月 1 日，https://www.gov.cn/yaowen/liebiao/202402/content_ 6929446. htm。

### 3. 新科学院科创架构初步形成

两年来，河南省科学院系统推进重建重振，做强实体、做大平台、做优体系，实现了机制重塑、组织重构、人才会聚，以体制机制创新为根本的新型研发机构初步建成，自主创新能力和服务发展能力显著提升。尤其是，河南省科学院用好用足省委、省政府定制化政策法规，制定完善人才队伍建设相关政策措施，加大高层次人才和青年人才引进力度，近悦远来、四方辐辏的人才生态已经初步形成，人才队伍建设取得初步成效，河南省科学院人才队伍建设已站在新的更高起点上。

### （二）面临挑战与不利因素

#### 1. 人才队伍结构有待进一步优化

与广东省科学院、北京市科学技术研究院等先进地区省级科学院相比，河南省科学院人才队伍规模仍相对较小。在高层次人才方面，顶尖人才、领军人才和具有国家级、省级高层次人才称号的人才数量不足，受区位、科研平台、人员团队、薪资待遇、教育资源等因素影响，高层次人才引进尚存在一定困难。在年龄结构方面，全院45岁以上人数所占比例超过40%，青年人才特别是高层次青年人才规模仍然较小、比例仍然较低。

#### 2. 人才发展环境有待进一步改善

人才发展环境是影响人才去留、人才成长、人才作用发挥的关键因素。与先进地区相比，河南省科学院在薪酬待遇方面不具有相对优势，使得在人才尤其是高端人才引进方面缺乏竞争力；新组建研究机构和原有研究机构、新引进科研人员和原有科研人员之间的薪酬制度存在差异；人才的"关键小事"还需加强重视，妥善解决各类人才尤其是C、D类人才的安居住房、配偶安置、子女入学等问题的渠道和机制仍需进一步完善；人才激励、人才评价、人才成长等制度和环境有待进一步优化。

## 四　河南省科学院人才队伍建设的对策建议

推进省科学院人才队伍建设，要按照省委、省政府关于重建重振的系列重大决策部署要求，积极发挥河南省科学院在全省"三足鼎立"科技创新大格局中的支撑引领作用，聚力高层次人才引育、高质量科技攻关、高能级创新平台建设、高水平成果转化，强化与中原科技城融合发展，全力打造环河南省科学院创新生态圈，全面提升创新驱动河南省高质量发展能力，为推进中国式现代化建设河南实践作出新的更大贡献。

### （一）完善政策，打造聚才"强磁场"

习近平总书记强调，发展是第一要务，人才是第一资源，创新是第一动力。[①] 要健全人才工作机制，强化人才战略规划牵引，为河南省科学院高质量发展提供坚实的人才支撑。

**1. 健全人才工作机制**

发挥院人才工作领导小组作用，负责制定院人才规划、人才相关政策、引才育才方向及领域等重点工作，统筹做好顶层设计。强化人才工作目标考核，把落实人才政策、人才投入力度、人才项目推进、人才环境优化等作为院属研究机构领导班子年度考核的重要内容。

**2. 做好人才战略规划**

坚持以前瞻30年的战略眼光谋发展，围绕重建重振河南省科学院的发展定位，研究制定河南省科学院人才发展战略规划，制作人才"画像"，将人才队伍建设与学科、专业、平台、项目建设一体统筹规划，对各学科人才规模、人才梯队、人才引育进行规划，明确发展目标，为河南省科学院人才工作指明方向。

**3. 完善人才政策**

用好用足省委、省政府制定的支持重建重振省科学院的定制化政策法规、全省"1+20"一揽子人才引进政策措施以及郑州市人才政策。学习借鉴北京、上海、广州、深圳等地做法，结合省科学院人才发展实践，持续制

---

① 《习近平：发展是第一要务，人才是第一资源，创新是第一动力》，中国政府网，2018 年 3 月 7 日，https://www.gov.cn/xinwen/2018-03/07/content_ 5272045.htm。

定完善高层次人才引进与培育支持管理、博士分类引进管理、以标志性成果为导向的人才分类评价、高水平成果奖励与培育等办法措施，构建完善"引、育、用、留"全链条人才发展政策体系。

（二）拓宽渠道，确立引才"新路径"

不拒众流，方成江海。创新引才路径，建设一支规模适度、素质优良、结构优化、布局合理的人才队伍，是重建重振河南省科学院的前置条件和重要支撑。

1. 强化顶尖和领军人才引进

将顶尖和领军人才引聚工作作为河南省科学院"一把手工程"，以国际化视野、超常规措施，采取"以才引才""团队引才""项目引才"等灵活方式，通过针对性邀约、量身定做、同行专家举荐等方式精准引进全球顶尖级人才、旗帜性人物，持续加大柔性用才、刚性引才、项目聚才力度，持续发力引进一批战略科学家、首席科学家、特聘研究员等高端人才。

2. 加强青年人才引进

加强与国内知名高校和科研院所的人才交流合作，通过组织或参加大型招才引智活动、开展针对性的校园招聘、结合各单位专业特色开展精准招聘等方式，持续加大博士、博士后、紧缺硕士、天才本科生等青年人才、潜质英才引进力度，着力建设一支由高端人才引领、青年人才支撑、潜质英才储备的高水平人才梯队，努力把河南省科学院打造成高端创新人才的聚集高地。抓住全球人才流动新机遇，结合重点发展方向对青年人才的需求，科学制订引进计划，以申报国家级和省级各类人才计划为抓手，积极对接海内外优秀青年人才。

3. 创新人才引进方式

加大顶尖人才柔性引进力度，通过兼职挂职、特聘研究员、项目合作等方式汇聚人才智力资源。发挥市场在人才资源配置中的决定性作用，探索依托高端猎头、专业化人力资源服务企业、社会组织等开展高端人才寻访、甄选推荐、引进培训等定制化服务。

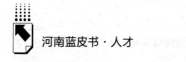

（三）精准施策，创新育才"新机制"

外引"凤凰"，内育"栋梁"。坚持外引和内育并重，既要眼睛向外"引高人"，也要眼睛向内"育人才"。

1. 加快高层次人才培育

聚焦 A、B、C、D 四类人才培养，支持现有科研人员开展具有科学意义、学科交叉、学术思想新颖的应用基础和前沿性研究，加快培育一批高层次人才。建立健全以能力、业绩、贡献为导向的人才评价和激励机制，坚持一把尺子量到底、一碗水端平，现有科研人员和新引进科研人员同标准、同待遇，激发广大科研人员的创新活力动力。

2. 全方位用好存量人才

实行全员聘用制度，落实聘期科研考核，对照岗位职责和聘期目标，构建完善"能上能下""可升可降"的动态考评体系，推进考核结果的实质性运用，提升全院人才整体水平。完善高层次人才岗位薪酬体系，探索对首席科学家、特聘研究员等实行年薪制，给予明确的薪酬预期，提升高层次人才安全感，鼓励其全身心投入科研工作。

3. 加强研究生高质量培养

深化与哈尔滨工业大学、郑州大学、河南大学等高校联合培养研究生工作，探索"课题引领—平台、人才共享—学科凝练—特色化培养—成效评估"的新型育人模式，着力提升研究生培养质量。

（四）完善平台，搭好用才"新舞台"

栽下梧桐树，自有人才来。人才最担心的是"英雄无用武之地"，最看重的是干事创业的舞台。

1. 搭建高水平创新平台

谋划建设国家实验室，加快将省实验室、产业技术研究院、中试基地等有序纳入省科学院体系，积极推动省实验室跻身全国重点实验室行列。推动现有省级重点实验室、省国际联合实验室、省工程技术研究中心、省工程研究中心、省工程实验室等创新平台提质升级，充分发挥平台支撑作用。

2. 深化"三合一"融合发展

聚焦重建重振河南省科学院与中原科技城、国家技术转移郑州中心"三合一"融合发展，纵深推进环省科学院创新生态圈建设，积极推进大科学装置、国家重点实验室、省重点实验室等科研平台建设，打造一批一流创新平台。

3. 优化创新资源配置

畅通基础研究、应用研究、试验开发和产业化通道，积极推进项目、基地、人才、资金一体化配置，推动省科学院人才"大平台—大团队—大项目—大成果"的"集团军"创新，不断为河南省建设国家创新高地和重要人才中心提供有力支撑保障。

（五）优化环境，健全留才"新生态"

常格不破，人才难得。人才好比种子，环境好比土壤，环境好，则人才聚、事业兴。

1. 创新管理机制和分类考评体系

建立以首席科学家、首席工程师、项目负责人为核心的科技创新组织管理制度，赋予首席科学家、首席工程师、项目负责人的团队组建权、技术路线决定权、经费支配权。健全人才分类评价考核体系，制定人才评价办法，以结果为导向，注重分阶段与长周期考核相结合，建立相应激励约束机制，加强结果运用。

2. 完善人才发展机制

优化人才评价和资源配置制度，坚持破"四唯"与立新标并举，坚决破除唯学历、唯资历、唯论文、唯奖项"四唯论"，建立健全以创新价值、能力、贡献为导向，有利于人才潜心研究和创新的评价体系。深化职称评审、岗位聘任与考核、收入分配和奖励制度改革，营造公平公正的人才成长环境，让人人都有成长成才、脱颖而出的通道。

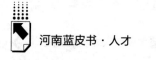

### 3. 提升综合服务水平

完善人才服务保障体系，针对 A、B、C、D 四类人才及青年人才，分层分类提供住房、落户、配偶就业、子女入园入学、创业扶持等综合服务保障。设立人才服务专员制度，围绕让人才安心、安身、安业，对重点人才（团队）组织开展"一站式"服务、"保姆式"服务。全方位营造鼓励大胆创新、勇于创新、包容创新的良好氛围，让各类人才创新智慧充分涌流、创新活力充分迸发。

**参考文献**

《河南重建重振的省科学院什么样？4 个关键词带你读懂》，"大河网"百家号，2021 年 12 月 21 日，https：//baijiahao. baidu. com/s？id = 1719748957863668394&wfr = spider&for = pc。

河南省第十三届人民代表大会常务委员会：《河南省科学院发展促进条例》，2022 年 7 月 30 日。

《省科学院重建重振这一年》，《河南日报》2022 年 12 月 28 日。

高志刚、邢宇辉、解煜：《河南省科技创新人才建设分析与展望》，苏长青等主编《河南人才发展报告（2023）》，社会科学文献出版社，2023。

《河南省科学院研发实体总数居全国省级科学院首位》，央广网，2023 年 8 月 1 日，http：//news. cnr. cn/local/dftj/20230801/t20230801_ 526357195. shtml。

《河南省科学院人才总量跃居全国省级科学院第一方阵》，"大河报"百家号，2023 年 11 月 15 日，https：//baijiahao. baidu. com/s？id = 1782598636004513846&wfr = spider&for = pc。

《河南省科学院新进展：研发实体达到 41 家，总数居全国省级科学院首位》，"大河财立方"百家号，2023 年 11 月 28 日，https：//baijiahao. baidu. com/s？id = 1783799329334939278&wfr = spider&for = pc。

《楼阳生到省科学院、中原科技城调研》，郑州市人民政府网站，2024 年 2 月 19 日，https：//www. zhengzhou. gov. cn/news1/8216441. jhtml。

《创新体制机制　激发创新活力　河南科研"航母"行稳致远》，河南省人民政府网站，2024 年 3 月 3 日，https：//www. henan. gov. cn/2024/03-03/2956200. html。

# B.17

# 郑州航空港区人才引进现状与展望

李鹏 杨紫钰 郭欣 袁秀秀*

**摘　要：** 郑州航空港区经过十年发展，初步形成了国家战略优势、交通枢纽优势、开放体系优势、地理区位优势、发展空间优势、产业基础优势等六大优势，发展动能充沛。在当前全省大力实施"十大战略"、建设现代化河南背景下，郑州航空港区在促进人才集聚、引领产业发展方面发挥着举足轻重的作用。近年来航空港区人才政策不断完善，创新平台不断壮大，人才活动不断丰富，服务保障不断加强，但同时区内人才工作仍有短板，创新载体作用有待提高，配套设施有待强化，人才信息有待畅通。新时期，各地人才引进形势将更加严峻，航空港区应持续优化政策体系、创新工作机制、强化载体平台建设、加大活动举办力度、做好培训和服务，为郑州航空港区高质量发展夯实人才基础。

**关键词：** 郑州航空港区　人才政策　国际人才中心　人才服务生态

郑州航空港区是全国唯一由国务院批复的国家级航空港经济先行区，也是郑州—卢森堡"空中丝绸之路"先导区，先后被列入《中部地区高质量发展意见》《黄河流域生态保护和高质量发展规划纲要》等重大国家战略。2017年以来，习近平总书记四次强调郑州—卢森堡"空中丝绸之路"建设，2023年10月18日，习近平总书记在第三届"一带一路"国际合作高峰论

---

\* 李鹏，郑州航空港经济综合实验区组织人事和社会保障局局长；杨紫钰，郑州航空港经济综合实验区组织人事和社会保障局副局长；郭欣，郑州航空港经济综合实验区组织人事和社会保障局人才科科长；袁秀秀，郑州航空港经济综合实验区组织人事和社会保障局人才科科员。

坛开幕式致辞中再次强调加快"空中丝绸之路"建设。2022 年 4 月，河南省委省政府以前瞻三十年的眼光，对郑州航空港区进行系统性重塑重构改革，明确了新定位、新目标、新要求，赋予其省辖市级管理权限，着力打造中原经济区和郑州都市圈的核心增长极，为郑州航空港区带来了前所未有的发展机遇。

郑州航空港区牢记习近平总书记关于建设"空中丝绸之路"的殷殷嘱托，深入贯彻河南省委、省政府决策部署，聚焦"五大战略定位"，奋力打造"五大中心"，培育壮大十大产业集群，全面开启六大功能片区联动开发，充分发挥六大优势，打出全力以赴拼经济、尽锐出战谋发展新攻势，全面开启"黄金十年""二次创业"新征程。截至 2023 年底，郑州航空港区累计引进培养高层次人才 57 名，市级重点产业急需紧缺人才 239 名、产业人才 2500 余名、教育医疗人才 6000 余名，青年人才超过 10 万名，为郑州航空港区高质量发展提供了强大的人才支撑。

## 一 郑州航空港区人才引进现状分析[①]

郑州航空港区深入贯彻落实党的二十大和二十届历次全会精神、习近平总书记关于人才工作重要论述和中央、省委、市委关于人才工作的安排部署，牢固树立"人才是第一资源"的理念，不断完善人才政策体系，构筑常态化引才平台，开展引才育才品牌活动，优化提升服务保障举措，加快建设"国际创新人才中心"，最大限度激发人才创新创造创业活力。

### （一）聚焦政策创新，构建全面系统、特色突出的人才政策体系

郑州航空港区深入贯彻落实国家、省、市人才政策，先后研究出台"空中丝路人才计划""中原医学科学城发展十条""中原特区人才计划"等系列人才政策。2023 年 11 月出台《中原医学科学城再造新高峰人才发展

---

① 数据来源：根据郑州航空港区摸底调查统计所得。

十条（试行）》，从优秀人才引进到优秀双创项目落地，全方位资助支持中原医学科学城人才引进工作，切实提升中原医学科学城的创新能力和核心竞争力；2024 年郑州航空港区构建"1+6+N+1"的人才政策体系，即 1 个总意见——《关于实施"中原特区人才计划"加快打造国际创新人才中心的意见》，通过创新人才引育体系、创新人才认定标准、创新人才使用方式等，以人才体制机制创新为动力，全面凝聚创新资源、激发人才活力；6 个专项产业人才政策——《郑州航空港经济综合实验区促进生物医药产业人才集聚的若干措施》等 6 项政策文件，围绕生物医药、航空航天、新能源汽车、电子信息、现代物流、会展商贸等十大产业领域，加快人才引进、专利研发和科研平台建设，推动全产业链人才发展；N 个服务保障措施，专门制定《郑州航空港区高层次人才分类认定实施细则》《郑州航空港区支持引进人才配偶就业安置实施细则》《郑州航空港区人才公寓办事指南》等 N 个人才政策实施细则和办事指南，为引进的人才提供子女入学、医疗保健、住房保障等各种贴心服务，营造各类人才在郑州航空港区创新创业的优越环境；1 个人才服务平台——河南郑州航空港人才服务平台（"一站式"人才服务平台），深化拓展人才服务事项，为引进的人才提供智能化、便捷化、精准化服务。

### （二）强化创新驱动，打造产才融合、聚才汇智的人才创新平台

郑州航空港区充分发挥一流创新平台"磁吸"效应，集聚各类创新资源，引育一流人才团队，凝练一流课题，促进产学研协同创新。一是以环省医学科学院创新生态为内核的中原医学科学城初具规模。将省医学科学院、河南省中医药科学院、中原医科城和生物医药大健康产业统筹谋划、一体建设、融合发展。省医学科学院自 2023 年 7 月 15 日揭牌以来，汇集全省"医教研产资"优势资源，项目总投资超 800 亿元，已引进通用技术、国药、中信等生物医药企业 54 家，与 13 家中国医药工业百强企业建立合作伙伴关系。坚持"医研、医教、医疗、医工、医药"五医循环发展模式，设立"中原纳米酶实验室"。省医学科学院目前已入驻 8 个临床研究所、在建 5

个产业技术研究院，新建2个医疗器械领域公共平台。中原医学科学城已洽谈签约项目37个，金额达554.8亿元；开工一批项目41个、项目资金216.2亿元；投产一批项目10个、总投资71.5亿元。二是积极推进省科学院智慧创制研究所建设。郑州航空港区与河南省科学院合作共建"河南省科学院智慧创制研究所"，于2023年9月正式启动运行，实现省科学院科研院所在郑州航空港区零的突破。目前研究所已引进高层次人才5人，其中国家杰青1名，省科学院特聘研究员2名，副研究员1名，高级工程师1名，引进国内外青年博士及博士后5名；已在核心期刊发表学术论文13篇，获得国家自然科学青年基金项目资助1项，申请省科学院科研及人才项目6项，并创办全球首个人工智能化学领域专业期刊 *Artificial Intelligence Chemistry*。三是积极设立博士后工作站（博士后创新实践基地）。郑州航空港区累计建成15家博士后工作站（博士后创新实践基地），其中，2022年新设立河南升旭建设科技有限公司省级博士后实践基地，2023年新增三家市级博士后创新实践基地，分别为郑州源创基因科技有限公司、郑州航空港经济综合实验区空港人工智能研究院、中科威客科技（河南）有限公司。其中，空港人工智能研究院于2023年被认定为省、市新型研发机构、科技企业孵化器，持续推进"CAD-CAM-CNC深度融合的一体化数控系统""氢燃料电池空压机研发与试制"2个国家重大专项，实施8个重点项目；累计获得知识产权（含申请）89项，签订技术合同9项、引进孵化企业37家，引进高端人才31人，与华北电力大学、河南工业大学等合作共建大学生实习实践基地，推动产学研深度融合。中科威客科技（河南）有限公司获批省、市新型研发机构，累计引进高层次团队10个；并组建公共技术服务团队，为60余家制造企业技术服务，促进传统企业创新发展，先后实施成果转化20余项，技术合同成交额达1400余万元。四是积极推进研发中心建设。2023年，郑州航空港区推荐11家企业申报河南省工程技术研究中心，其中速达工业、合晶硅材料、创迈生物等8家企业获得认定；推荐3家企业申报河南省企业技术中心，其中1家获得认定；推荐8家企业申报市级工程技术研究中心，其中富驰科技、晟斯生物、牧翔科技等7家企业获得认定；

推荐联创、赛福流体、深蓝海 3 家企业申报市级企业技术中心，全部获得认定；推荐 9 家企业申报市级工程研究中心，其中合智医药、健康广济等 7 家企业获得认定。全年累计认定省级、市级研发中心分别为 9 家和 17 家，认定数和通过率均创历史新高。五是积极支持人才攻关项目。为吸引高层次人才团队带技术、带项目、带资金到郑州航空港区创新创业，郑州航空港区制定出台《郑州航空港经济综合实验区创新创业团队项目资助实施细则》。截至 2024 年 3 月，项目共立项 12 个，其中创新领军团队项目 7 个、创业领军团队项目 5 个。共入选人才 55 人，资助金额达 1170 万元。同时，积极组织申报省级及以上科技人才项目，2023 年，推荐费嘉（嘉宝智和）和王利丽（喜食散生物）2 人申报中原科技创新领军人才，马康（威客科技）、张保山（能创电子）、曹富建（康佰甲科技）、尹德强（华之恒包装）4 人申报中原科技创业领军人才。目前，科技领域获批省级人才项目 3 个，其中中原科技创新领军人才项目 1 个（中泽生物王爱萍）、中原科技创业领军人才项目 2 个（源创基因赵辉、爱尔康科技李娜）。以中国科学院遗传学博士赵辉创办的源创基因科技有限公司为例，该公司先后获批省市两级新型研发机构、省市两级"专精特新"企业称号、省市两级知识产权强企和省市两级博士后创新实践基地，获批河南省工程技术研究中心、郑州市体细胞制备与再生医学工程研究中心和河南省首个"区域细胞制备中心及样本中心"，牵头成立河南省细胞产业技术创新战略联盟和郑州航空港经济综合实验区医药生物技术协会，获得各类知识产权 97 项（其中发明专利 23 项），承担各级科研项目 17 项，发表文章及论文 15 篇，获得各类创新创业大赛奖项 7 项。其中"基于肿瘤特异性多肽及体细胞穴位注射的精准疗法应用研究"项目荣获工信部第八届"创客中国"省赛一等奖及国赛优胜奖。

（三）统筹活动开展，组织丰富多彩、形式多样的系列人才引育活动

郑州航空港区以开展人才系列活动为契机，为广大人才提供了学习交流的平台和展示提升的机遇，尊才爱才敬才的社会氛围进一步提升。通过系列招才引智活动的举办，进一步拓宽招才引智渠道，吸引一批优秀人才，签约

一批重点人才项目，优化了郑州航空港区人才队伍建设。一是积极开展专场招聘活动。2023年累计动员300余家企业开展"来腾飞的地方"系列招聘会、春季系列校园招聘、直播带岗、7月份综合类人才网络招聘会、企业专场双选会、退役军人就业创业招聘会、春风行动系列活动线上线下招聘会、百日千万线上大型公益招聘会等系列招聘活动。积极组织参加第六届"中国·河南招才引智创新发展大会"主场活动，提供就业岗位245个，人才需求1305个。线上线下共有80家企业提供就业岗位3060个，人才需求3273个。二是积极开展招才引智高校行系列活动。2023年郑州航空港区组织举办华北水利水电高校毕业生双向选择洽谈会、郑州经贸学院"来腾飞的地方"航空港直播专场招聘会、空中丝路—创响启航高校毕业生招聘会、"风华郑茂 一切港好"河南郑州航空港2023年春季高校行活动、"空中丝路 创响起航"青年大学生（项目）对接洽谈会等活动。其中青年大学生（项目）对接洽谈会有10名就业创业推荐官现场受聘，3个拟入驻优质大学生创业项目入园签约，共吸引100余家优质企业、3000余名求职者到场，现场签约项目20余个，投递简历2063份，达成初步意向1500余人。组织中原医学科学城、河南省科学院智慧创制研究所、光力科技、中豫咨询、众驰富联等优质用人单位赴长春、北京、上海、西安、武汉、南京等地高校开展专场招才引智活动，共收集122家企业，567个需求岗位，4590个人才需求。活动期间共收到800余份应聘简历，其中，博士、硕士共620余名。三是实施"空中丝路引才计划"系列行动。聚焦五大战略，围绕五大定位，2023年面向全国公开招聘公务员18名、聘任制公务员15名，国有企业高级管理人员4名，急需紧缺专业人才230名，青年教师159名，企业经营管理人员26名，招商专员30名、招商专干30名，不断丰富人才类型。四是提升创新创业成效。组织推荐郑州源创基因、康佰甲和光力科技3家企业参加第二届郑州市博士后创新创业大赛，获"金奖"和"优秀组织奖"，两家企业（项目）入选省博士后创新创业大赛揭榜项目。组织企业参加第十二届中国创新创业大赛河南赛区暨第十五届河南省创新创业大赛，郑州兴航科技有限公司荣获初创组三等奖。2022年全国颠覆性技术创新大赛总决赛，尚泰科诺、英能新材料、东微电子 3 家企业获得优秀奖；灵希生物、微康生物、英材纳米等 3 家企业分别获得"郑创汇"创新创业大赛 3 月、7 月月赛"二等奖""三等奖"；源创基因获得河南省创客中国企业组一等奖，创客中国全国 50 强，郑州航空港区 3 家企业联合申报的"有机液态储氢项目"获得河南省创客中国创客组一等奖。郑州航空港区企业连续四年获得"郑创汇"创新创业大赛一等奖。2022 年河南省第一届职业技能大赛，郑州光力瑞弘电子科技有限公司职工胡程祥荣获工业机器人系统运维员银牌。2023 年河南省第二届职业技能大赛共获得 1 枚银牌和 24 个优胜奖。积极组织企业人才参加海外英才中原行暨海归创新创业聚郑行动，其中 8 个团队达成合作意向并进行深度对接。

### （四）优化服务保障，打造近者悦、远者来的人才最优生态

郑州航空港区坚持倾心引才、悉心育才、精心用才、真心爱才，着力打造新时代人才最优生态。一是完善人才服务保障举措。研究出台《高层次人才医疗健康服务保障实施办法》《人才公寓管理办法（试行）》等人才服务细则，为人才提供特色精准服务。推进人才服务信息化平台建设，设置人才招聘、政策申报、信息发布、数据统计等功能板块，不断提升人才服务信息化水平；推进人才绿卡建设，为 26 名高层次人才颁发绿卡，提供 17 项绿色通道和特色服务；推进人才公寓和人才驿站建设，筹集 8000 套免租人才公寓和 400 间人才驿站，推进 640 套人才公寓上线，为青年大学生解除后顾之忧。二是加大人才培育支持力度。开展人才专题培训活动，举办"扎根航空港　建功新时代"高层次人才主题培训班，为高质量发展凝聚智力支撑；组织推荐人才（项目）参评省、市资助培育工作。积极推荐李娜、石忠民、陈刚 3 人成功申报郑州市高层次人才，推荐张占武、吴永红、江俊、陈刚、梁羽、钟文辉、郎丰睿、赵辉 8 人申报河南省高层次人才，其中张占武、江俊、赵辉成功认定，23 名产业人才入选郑州市度重点产业急需紧缺人才。三是营造惜才爱才的良好氛围。主动走访调研，召集重点企业召开 10 余次座谈会，开展企业人才"大走访、送政策、解难题、促实效"专项

调研行动。拍摄人才宣传视频，营造"人才至上""近悦远来"的引才环
境，被央视采纳轮播，宣传效果明显。创建"河南郑州航空港人才"公众
号，定期发布人才工作最新动态。为高层次人才发放专属服务"绿卡"、发
布中原医学科学城"再造新高峰"人才发展十条（试行）、出台"中原特区
人才计划"等分别被《人民日报》《政府工作快报》采编，登上新浪微博热
搜，浏览阅读量达近千万次。

## 二　郑州航空港区人才引进面临的新形势

习近平总书记深刻指出，"正确判断形势，是谋划未来、科学决策的重
要前提"。① 近年来，在一轮又一轮白热化的人才大战中，各省区市越来越多地
认识到人才与产业发展协同布局的重要性，经历了人才服务发展、人才支撑发
展、人才引领发展的理念升级，深刻认识到招才引智和产业转型升级不是简单
的"拉郎配"，而是强调人才链与产业链的相互支撑、精准定向和协同共进。当
前人才竞争日趋激烈，需要坚持完整、准确、全面贯彻落实习近平总书记关于
新时代人才工作的重要论述，加快完成人才链与产业链融合发展的战略布局，
有效实现"以才促产、以产引才、产才融合"的乘数效应与良性循环，为郑州
航空港区经济高质量发展注入强劲动能，更好地服务构建新发展格局。

一是国内临空经济区竞争越发激烈。国家级临空经济示范区已达到 17
个，国内近百个城市提出要建设临空经济区。北京大兴、成都天府、青岛胶
东等机场建成投用，鄂州花湖机场也已于 2022 年 7 月建成投用，号称是亚
洲第一座专业性货运枢纽机场，而西安咸阳、广州白云、深圳宝安、武汉天
河等国内大型机场则已启动改扩建工程。与这些地区相比，2023 年，郑州
航空港区生产总值仅为 1294.9 亿元，面临先发优势弱化、后续动能不足的
挑战，在改革创新和产业布局等方面还存在很大差距。为了在新一轮区域竞
争中抢占先机，必须时刻保持不进则退、慢进亦退、不创新必退的警醒，主

---

① 习近平：《为实现党的二十大确定的目标任务而团结奋斗》，《求是》2023 年第 1 期。

动适应形势变化，对标先进地区，着力聚集人才优质要素，充分做好"枢纽+开放"经济模式文章，实干担当、迎头赶上。

二是人才服务保障需求越来越高。北京、上海、广州、深圳、杭州等先进地区凭借自身作为政治、经济、文化、教育等交流聚集地等优势，成为中国最重要的人才培养基地和最具吸引力的城市集群。良好的福利待遇、工作环境和氛围，也是人才考虑新工作机会的重要诱因。此外，人才自身对各项完善的配套激励政策的落地也抱有更高期待，他们期盼政府能进一步做好对人才政策落实情况的追踪问效，让每一份出台的政策都发挥作用，提升人才获得感。

三是各地人才政策越来越"卷"。许多地区在打人才政策"组合拳"，通过放宽落户政策、大力提升教育水平、设立合作研究项目、提供丰厚薪酬待遇等方式，推出各类创新政策和人才计划，持续增强对优秀人才的吸引力。北京、上海、广州、深圳、杭州等先进地区，经济体量大、薪酬水平高、人才引进政策宽，引人政策成效显著。比如，北京推动人才政策体系迭代升级，发布"人才十条"2.0，聚焦"平台、资源、主体、人才"多个维度，形成人才政策体系新优势；上海临港拥有特色科创、人才、产业、金融、生活服务体系，长三角G60科创走廊"一网通办"机制实现九城市89个综合服务通办专窗全覆盖；广州不断优化实施"珠江人才计划"等重大人才工程柔性引才引智，健全科技领军人才和创新团队引进培养使用机制，加快会聚高端人才，如大力推进"人才通"工程，逐步扩大跨境职业资格准入范围，放宽专业人才执业限制；杭州未来科技城紧盯"创新策源地"打造，坚持完善科技创新体系、聚集创新要素资源，打造"热带雨林"式的创新创业生态，先导区块已入驻人才企业50余家，在未来科技城先行先试的余杭区人才"双向双创"新模式成功入选第二批省级共富试点。

## 三　郑州航空港区人才引进存在的问题和短板

郑州航空港区虽然在人才引进政策、人才引进方式和人才引进机制等方面进行了有益的探索，也取得了很好的成绩，但对比北京、上海、广州、深圳、杭州等先进地区的人才发展理念和政策体系，当前还存在以下短板和弱项。

一是引才载体作用不够明显。截至 2024 年 3 月底，郑州航空港区共有市级以上孵化载体 14 家，在孵企业 500 余家，孵化载体内企业建设各类研发平台 35 家，新型研发机构 4 家、高新技术企业 89 家、专精特新企业 56 家、规上企业 51 家，各级博士后平台 14 家。尽管郑州航空港区出台了《支持创新创业高质量发展的若干政策》，对各类创新平台都有支持，但平台数量仍然较少，各类科研创新平台在后续的研发投入明显不足，人才引进力度不够。部分企业仅仅为获得资助及优惠政策才申报各类平台，并不是为了提高企业研发能力。同郑州其他功能区相比，还存在明显差距。比如，郑东新区中原科技城累计招引华润数科北方总部等领军项目 382 个，集聚了嵩山实验室、哈尔滨工业大学郑州研究院等一批高能级创新研发机构，培育市级以上研发平台 313 个。郑州高新区拥有国家级创新平台 27 家、省级创新平台 381 家、市级创新平台 893 家。

二是人才生活配套不够完善。虽然郑州航空港区各项社会事业处于快速发展阶段，但与郑州市其他地区相比，在人才的安居保障、商贸服务、医疗保健、文化生活、优质教育等方面，仍存在一定差距。目前，全区各级各类学校有 308 所，其中，幼儿园 147 所、小学 109 所、初中 20 所、高中 11 所、特教 1 所、完中 2 所、九年一贯制 3 所、十二年一贯制 1 所、中职 10 所、高职 4 所；大型商超（6000 平方米以上）5 所。短期内难以满足各层次人才对住房、子女就学、家属就业、信息获取、社会保障等方面的个性化需求，人才服务质量有待进一步提高，营商环境需要进一步优化。

三是人才资源更新不够及时。目前郑州航空港区尚未建立起完善的人才信息库，虽然开展过大规模或抽样式人才统计，但对全区人才情况仍未形成完整的信息库。究其原因，一方面是企业对高层次人才的高度保密性，担心高层次人才资源流出会影响公司发展。如比亚迪、富士康等头部企业，担心高层次人才流入其他公司会对自己发展不利。另一方面是政府人才管理部门与企业沟通联系的渠道不够畅通、机制不够健全，导致人才管理部门需要花费大量时间精力去联系企业、填报人才信息。

# 四　郑州航空港区优化人才引进的对策和展望

在新一轮的人才竞争中，郑州航空港区要积极应对挑战，把握好发展机遇，充分发挥自身优势，坚持各方面人才一起抓，瞄准高端人才，紧盯专业人才，狠抓技能人才，关注青年人才，推动教育链、人才链与产业链、创新链深度融合，为郑州航空港区高质量发展夯实人才基础。

## （一）优化政策体系，夯实工作基础

郑州航空港区要重点打通人才工作存在的堵点痛点，着力提升人才政策落地的实效。一是认真贯彻落实河南省"1+20"一揽子人才引进政策措施、《关于发挥用人单位主体作用营造最优人才"小气候"的若干举措》和郑州市"郑聚英才计划"，全面实施"中原特区人才计划"系列政策，出台 N 个系列配套细则和办事指南，让人才引进政策更加清晰明了，增强人才政策的可操作性。二是优化升级河南郑州航空港人才"一站式"服务平台，实现"中原特区人才计划"普惠性政策线上办理，既让人才拿到"真金白银"，又让人才"少跑腿"，数据"多跑路"，营造便捷高效的服务氛围。三是围绕招商引资、项目建设、人才引进等重点工作，加强优惠政策的沟通衔接，充分发挥政策引人育人吸引力，实现"1+1>2"的合力效应。

## （二）创新工作机制，助力人才发展

郑州航空港区人才发展体制机制改革"破"的力度还不够、"立"的深度也不够，既有特色又有竞争比较优势的人才发展体制机制还未真正建立。一是拓宽引才渠道，发挥驻外高层次人才服务站平台作用，增强跨区域引才聚才能力。二是构建产业聚才平台，依托富士康、比亚迪、中原医学科学城、河南省医学科学院等重点项目、重大工程、特色产业，加强与科研院所、高校、重点企业的联系，大力推动高层次人才创新平台和博士后工作平台建设。三是坚持招商引资与招才引智相结合，创新"人才+项目"落地形式，持续探索柔性引才模式，以项目为周期发挥高层次人才智力作用，通过项目资助、引才补贴等政策支持，确保"双招双引"工作迈上新台阶。四是开展人才自主认定，出台《郑州航空港区高层次人才认定实施细则》和产业人才办事指南，规范人才认定标准和流程，力争成功认定各类人才；配合做好人才编制申请工作，探索高学历人才"区聘企用"模式，在创新人才使用方式上取得新突破。

### （三）强化载体平台，优化人才结构

高水平大学和研究机构既是培养和输出人才，源源不断满足企业和相应产业对技术人才需求的机构，也是吸引和聚集人才的重要平台，是高层次人才储备库。一是要持续完善办学条件，加大学科学院建设力度、高层次人才团队引进力度和科研平台建设力度，加快推动河南电子科技大学和郑州航空航天大学建设工作。二是鼓励并创造条件支持企业对接国内外大学和高端研究机构的相关实验室，形成技术需求和技术供给输送链条和通道。三是与高水平大学和高端研究机构在郑州航空港区共建实验室、产业技术研究院和中试基地，更具针对性地服务于郑州航空港区超大规模产业集群培育的需要。

### （四）加强宣贯推介，推动人才引育

招才引智系列活动促进人才及劳动力资源的有序流动，助力重点企业人才引进，搭建人才供需平台。一是常态化组织开展人才政策宣传活动，深入企事业单位、各用人主体、高校进行针对性宣传介绍，发挥融媒体优势，广泛宣传"中原特区人才计划"系列政策，让用人单位和各类人才了解政策内容，知晓办事程序。二是联动"万人助万企"活动，坚持每月开展走访调研和人才政策宣讲活动，了解企业人才需求，听取企业意见建议，帮助企业解决实际问题和困难，与企业建立活动联办、资源联用、服务联做工作机制。三是加强引才育才工作成效宣传，注重活动策划，发挥以才引才效应，全方位宣传人才工作体系、体制机制创新、人才平台建设、政策体制优势，持续扩大人才工作影响力，彰显组织人事工作凝聚力。四是积极筹备组织第

七届中国·河南招才引智创新发展大会及系列活动，开展郑州航空港区招才引智专场活动，征集企事业单位人才需求清单，组织区内重点企业赴外招聘高层次和急需紧缺人才，拓宽选人范围，优化人才知识层次结构和年龄结构。

### （五）丰富培训体系，提升人才素质

人才培养是企业发展的基础，面对激烈的市场竞争，唯有不断学习、提升能力内核才能更好适应充满不确定性的市场变化。一是要搭建更加灵活多样的培训模式和渠道，为企业提供更加便捷、高效和低成本的人才培训服务。二是实施个性化的职业发展计划，为各类人才提供与之相匹配的培训和发展机会，包括内部讲座、在线课程和海外研修机会，帮助各类人才实现个人职业目标。

### （六）强化服务保障，营造爱才氛围

细化高层次人才配偶安置、子女入学、住房保障、医疗保健等服务保障措施，优化升级人才公寓及青年人才驿站，集中办好"人才一件事"，以一流的服务为来郑州航空港区工作的人才创造更好的工作和生活环境。积极推荐优秀人才作为"两代表一委员""劳动模范""五一劳动奖章"等人选，开展重要节日人才慰问活动，增强郑州航空港区人才的荣誉感和获得感。

**参考文献**

《习近平：深入实施新时代人才强国战略加快建设世界重要人才中心和创新高地》，《创造》2022 年第 4 期。

《习近平主持召开中共中央政治局会议审议〈国家"十四五"期间人才发展规划〉》，《中国人才》2022 年第 6 期。

赵柽笛、王长林：《国内主要地区招才引智实践及对河南的启示》，《领导科学》2021 年第 18 期。

# B.18
# 中原科技城聚才实践分析与展望

支相丞　郭琪　路晓亚*

**摘　要：**　中原科技城锚定建设综合性国家科学中心目标，着力"引机构、建平台、育产业、聚人才、优服务"，引才聚才成绩显著，人才资源储备日益丰富、人才交流合作不断加强、人才发展体制机制逐渐完善，构建了拔尖人才"顶天立地"，青年人才、产业人才"铺天盖地"的良好生态，形成人才发展雁阵格局，为河南建设全国重要人才中心夯实了人才基础。但同时也面临着新形势和新挑战，中原科技城在高端人才引进、平台建设、金融支撑等方面仍有不足，还需进一步完善提高。因此，未来中原科技城要以培育壮大产业项目为基础，创新人才政策，加大人才引进力度，优化创新发展环境，全面推进科技城早日进入国家综合性科学中心建设队伍。

**关键词：**　人才　中原科技城　人才高地

人才是第一资源，创新是第一动力。党的十八大以来，党中央作出人才是实现民族振兴、赢得国际竞争主动的战略资源的重大判断，作出全方位培养、引进、使用人才的重大部署，推动新时代人才工作取得历史性成就、发生历史性变革。习近平总书记在中央人才工作会议上强调，要深入实施新时代人才强国战略，加快建设世界重要人才中心和创新高地。[①] 河南省高度重

---

\* 支相丞，郑州中原科技城人才工作局人才一科科长；郭琪，郑州中原科技城人才工作局人才一科科员；路晓亚，郑州中原科技城人才工作局人才一科科员。

① 《习近平在中央人才工作会议上强调　深入实施新时代人才强国战略　加快建设世界重要人才中心和创新高地》，司法部网站，2021 年 9 月 28 日，https://www.moj.gov.cn/gwxw/ttxw/202109/t20210928_438542.html。

视人才工作，把实施"创新驱动、科教兴省、人才强省"战略放在河南"十大战略"之首，举全省之力构建一流创新生态、打造国家创新高地和重要人才中心。在此背景下，中原科技城作为全省科技创新策源地、创新城市先导区，承担着前所未有的责任与使命。郑州市把人才工作作为战略性工程来抓，提出一系列新理念、新思路、新要求，并拿出区位最优、生态最好、价值最高的区域培育发展科创产业，高标准规划建设中原科技城，大力吸引高层次人才团队和具有人才集聚效应的科研项目、产业项目入驻，形成全省人才最密集、创新创业最活跃、经济密度最高的区域，致力于打造国内一流、国际知名的人才高地。

# 一 中原科技城人才集聚现状分析

## （一）中原科技城建设概况

2020 年初，在河南省委安排部署下，郑州市决定在郑东新区划出最优的区域建设中原科技城，把生态最好、价值最高、公共服务最优的地方让位于科技创新。2020 年 9 月，中原科技城政策发布会在郑州国际会展中心举行，河南省人才创新创业试验区、中原科技城管委会揭牌，中原科技城规划和人才政策同期发布，中原科技城进入全面建设阶段。设立"中原科技城"，是河南省与郑州市落实以科技创新驱动高质量发展的具体行动，是营造河南"十四五"时期至 2035 年人才新生态、创新新空间和建设科技新高地的重大决策。

2021 年 10 月 9 日，省委作出"将中原科技城规划建设与省科学院重建重振融合起来推动实施"的战略决策，以郑东新区全域 260 平方千米为支撑，打造立足中原整合创新资源、面向全国集聚创新优势、放眼全球引育高端人才开展科研合作的科技创新格局，争创综合性国家科学中心，中原科技城由此纳入省级战略统筹。中原科技城以省科学院为"魂"，确定了"两带两轴，两核五心多片"的空间布局，建设国家创新高地、人才高地、开放高地，建设世界一流科技城，建设"基础研究+应用研究+未来科技研究+中试+成果转化"全周期、全链条、全过程的综合研发功能区，着力争创综合性国家科学中心。2022年11月26日，省人大首次以区域管理立法的形式通过《河南省中原科技城总体规划管理条例》，从法律上将中原科技城规划固化，保证了中原科技城一张蓝图绘到底，实现了中原科技城、省科学院、国家技术转移郑州中心"三合一"融合发展，中原科技城向建设综合性国家科学中心迈出了坚实步伐。

在规划布局方面，中原科技城围绕省科学院基础学部、未来学部、产业学部三大学部和生命科学、电子信息、生物技术、新能源、新材料、先进制造、资源环境等七大科学研究方向，划分为7个主体功能片区：龙湖北部片区、如意湖片区、龙子湖片区、郑州东站片区、白沙北部片区、白沙南部片区、连霍高速以北片区。围绕省科学院科研所体系，提出了"两大主导产业、三大创新主体、五大科技服务平台"的十大产业集群，其中两大主导产业为新兴产业集群、未来产业集群，三大创新主体为科研院所集群、科教双创集群、科技企业总部集群，五大科技服务平台为科技金融集群、新型实验室集群、科研成果转化集群、综合服务平台集群、科学装置集群，共同组成了十大科技创新集群体系。

2023年6月21日《人民日报》头版刊发《大步迈向创新的活力之城》，系统报道中原科技城创新驱动建设发展成效，向全国展示了中原科技城的蓬勃发展态势。中原科技城综合评价在赛迪顾问发布的《科技城百强榜（2023）》中由2022年全国279个科技城（科学城）中排第31位上升至2023年全国348个科技城（科学城）中排第19位。[①]

（二）中原科技城聚才工作成效

中原科技城以深化人才发展体制机制改革为牵引，在人才创新创业、引

---

① 《赛迪顾问发布〈科技城百强榜（2023）〉》，中国高新网，2023年12月22日，http：//www.chinahightech.com/html/hotnews/yaowen/2023/1222/5694956.html。

进培养、评价激励、服务保障等方面开展实践创新，人才工作实现突破性进展，国家人才高地建设成高原、起高峰态势充分显现，为全省高质量发展提供了有力的人才支撑和智力保障。

1. 高端人才加速集聚

截至 2023 年末，中原科技城累计引进加拿大皇家科学院院士李明等各类高层次人才 3063 名，其中顶尖人才（A 类）31 人、国家级领军人才（B 类）52 人、地方级领军人才（C 类）63 人、地方突出贡献人才（D 类）382 人、优秀青年人才（E 类）2535 人，吸引带动 3 万余名青年人才回归创业就业（见图 1）。①

随着省科学院、省实验室、超聚变等重大平台接连落地和"数字豫才"项目深入推进，豫籍人才回归效应更加凸显。阿里巴巴中原总部集聚科创人才 2400 余人；超聚变②集聚科创人才 1800 余人；北龙湖研发中心建成后，在郑科研人员将超过 4000 人；嵩山实验室、中电科二十七所等科研机构新招入一大批优秀青年人才。上述人才半数以上为"北上广深"回流，形成了五湖四海、八方英才竞相集聚的生动局面。③

2. 人才平台建设成势

科研平台建设全面推进。先后落地 9 家省实验室和 3 家省产业技术研究院。一流大学郑州研究院加快推进，北京大学、上海交通大学、北京理工大学、哈尔滨工业大学郑州研究院成功签约，与香港大学建立战略框架协议，

---

① 中原科技城将高层次人才分为顶尖人才（A 类）、国家级领军人才（B 类）、地方级领军人才（C 类）、地方突出贡献人才（D 类）、优秀青年人才（E 类）。其中：A 类主要面向诺贝尔奖获得者、两院院士等全球顶尖人才；B 类主要面向国家重点人才计划入选者、国家自然科学奖、技术发明奖、科学进步奖等重要科技奖项一等奖获得者等国家级领军人才；C 类主要面向国家重点人才计划青年项目入选者、国务院政府津贴获得者等地方级领军人才；D 类主要面向省级政府特殊津贴获得者、获得郑州市创新创业团队项目资助的团队带头人等地方突出贡献人才；E 类主要面向全日制博士研究生、40 岁以下世界排名前 200 高校和世界排名前 1‰学科的全日制硕士研究生，或在世界 500 强、全国 500 强、高能级创新研发机构、头部企业从事研发工作三年以上的青年人才。

② 2021 年 9 月 13 日成立，河南省首家中国独角兽企业，全球领先的算力基础设施与算力服务提供者。

③ 数据来源：郑东新区各局（办）提供。

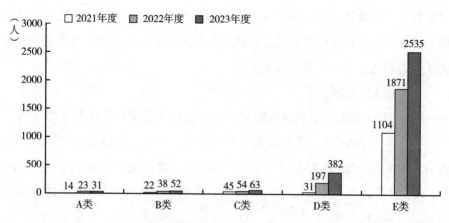

图1　2021～2023年度中原科技城引进人才情况

资料来源：根据中原科技城人才工作局统计所得。

大连理工大学、华中科技大学等具备签约条件。目前，集聚国家重点实验室、部（委）重点实验室等国家级科研平台22家，省实验室、重点实验室、工程技术研究中心等各类省级科研平台292家，全省科技创新策源地作用日益凸显。

产业领军企业加快落地。集聚华为、超聚变、奇安信等各类数字企业3600家，数字经济规模近1000亿元；引进北科生物、华兰生物等生命科学企业14家，天健先进生物医学实验室、龙湖现代免疫实验室等加快建设；集聚区块链、量子信息、元宇宙等领军企业40余家，获批全省首批未来产业先导区、区块链发展先导区。①

3.人才创新生态加速形成

中原科技城构建"政产学研金服用"七位一体创新生态，最大限度激发各类创新主体活力。人才双创平台中原龙子湖智慧岛在全省智慧岛评价中获优秀等级，智慧岛大厦被认定为国家级科技企业孵化器，集聚超600家高新技术企业，逾千家科技型企业，超万家科创企业，招引重点项目500个，签约总额3915亿元，形成创新人才高度集中、创新要素高度整合、创新活

---

①　数据来源：郑东新区各局（办）提供。

动高度活跃的发展态势。科创金融服务规模不断扩大，集聚各类基金机构
258 家，管理规模超 1400 亿元。① 赛事活动举办成为常态，先后举办 F1 摩
托艇世锦赛、WTA 郑州网球公开赛各类大型赛事活动 30 余场，各类路演评
审、大讲堂、论坛、沙龙等活动不断，形成了科创活动活力进发、文体赛事
交相辉映的生动局面。

4. 人才项目成果竞相涌现

中原科技城联合构建省科学院创新生态圈，揭牌打造全国首个量子谷，
推动长江量子、天健源达等重点项目加速落地，人才集聚带动效应初步彰
显；各类人才载体平台联动互促，协同开展重大前沿基础研究和关键核心技
术攻关，形成初步成果。嵩山实验室已对外发布多模态网络环境、内生安全
云原生平台等原创技术，并在中原科技城示范应用；哈尔滨工业大学郑州研
究院获批河南省首个工信部重点实验室，并推动 19 个项目进入产业转化。
中原科技城 2023 年度登记技术合同成交额 97.12 亿元，联合省科学院与兰
考县开展战略合作，着力构建"研发在郑州、孵化在周边、转化在全省"
的科技研发及成果转化格局。② 2024 年 2 月 14 日《经济日报》头版头条刊
发中原科技城"以城聚才、以才兴城"工作成效，并给予高度评价。

# 二 中原科技城聚才引才主要举措

## （一）政策叠加，释放高层次人才引育新优势

中原科技城集成省政府支持中原科技城创新发展政策、郑州市"郑聚
英才"计划、中原科技城打造人才创新发展引领区等政策，构建省区市三
级联动、全面贯通的人才政策体系。常态化开展省区市人才认定，先行先试
人才"举荐制"，3 名以上海内外同行业一流领军人才共同推荐，经中原科

---

① 数据来源：郑东新区各局（办）提供。
② 数据来源：郑东新区各局（办）提供。

技城初评、市级审定后，可认定为相应类别的高层次人才。推动从重点产业领域行业头部企业和年度税收区级留成部分在1000万元以上企业的关键岗位技术研发和高级经营管理人才中选拔认定一批高层次人才。开展人才自主认定，赋予省科学院、省实验室等重点引才单位郑州市高层次人才自主认定权。在人才政策和优秀人才经济贡献奖励的带动下，各类优秀人才加速集聚。以年薪40万以上的优秀人才为例，人数从2022年的1735人增至2023年的3868人，增长123%，人才奖补资金突破2亿元。

### （二）平台建设，构筑高层次人才引育新载体

中原科技城把搭建人才发展平台作为人才工作的重要抓手，着力以平台聚集人才、以人才支撑产业发展，不断拓宽人才成长的空间。一是推动国家级人才集聚。借助省科学院、省实验室、一流大学郑州研究院等重大平台，引进顶尖人才，带动产业发展。以省科学院为例，引进80位高层次人才担任首席科学家、特聘研究员，招引博士、博士后近400人。[①] 二是助力优秀人才招引。发挥企业引才用才主体作用，推动招商引资与招才引智一体化推进，通过各类项目招引集聚优秀人才。以超聚变为例，会集各类人才1400余人，带动河南省计算产业跨越式发展。三是组织人才培养。依托"数字豫才"人才培养基地，共建机器视觉实验室、AI数字人实验室等4家实验室，联合微软、东软等高科技企业开展多样化培训，联合培养20132人。[②] 完成"人人持证、技能河南"培训4.9万余人次，被评选为省级先进单位。四是促进高校毕业生就业创业。举办"人才招聘夜市""百校千企""'职'在河南"高校毕业就业专场等"智汇郑东"系列招聘活动33场，提供岗位超过18.9万个，解决16257名高校毕业生就业问题。[③]

---

① 数据来源：省科学院提供。
② 数据来源："数字豫才"人才培养基地提供。
③ 数据来源：郑东新区各局（办）提供。

## （三）市场运作，谱写招商引资招才引智新篇章

中原科技城与市场化机构"强强联合"，组建河南省人才数字科技有限公司、河南人才发展服务有限公司，以国际化、专业化、市场化方式整合资源、要素，推动人才招引。一是前瞻人才数据领域布局。河南省人才数字科技有限公司被工信部列为人才智库成员单位，获批工信部人才大数据智能分析与预测国家重点实验室、工信部人才大数据中心（河南分中心）成员单位，参与国标起草，填补了河南省在人才大数据领域的空白。二是推动人才飞地建设。依托省人才集团在全球布局 12 家海外引才工作站，为海外人才到东区发展、交流合作提供专业化服务。依托省能源人力在北京、上海建立国际人才技术交流中心，为高端人才来东区发展提供平台。三是加快金融赋能人才发展。依托郑东新区金融集聚核心区的资源优势，与浙商银行达成战略合作，在全省首推人才银行品牌，为高层次人才（项目）提供了 9.86 亿元金融服务；[①] 成立 50 亿元产业引导母基金，创设"智慧岛"基金大数据平台和"智慧岛"数字金融开放服务平台，推出"人才贷""股权贷""柔性贷"等科创金融支持产品；联合郑州银行，发行中原科技城专属"人才卡"，为人才企业提供最高 5000 万元的资金支持，实现科技创新链条与金融资本链条的有机结合。全面构建"人才支持基金＋科创引导基金＋产业引导基金＋重大项目专项基金"等全方位、多层次科技金融服务体系，覆盖科技企业初创融资、科技研发、成果转化等全生命周期。

## （四）科学激励，开创人才干事创业新局面

中原科技城坚持以改革促创新，探索建立以创新价值、能力、贡献为导向的人才评价激励体系，让各类人才的创造活力和聪明才智竞相迸发、充分涌流。一是完善科技人才评价机制。推进人才分类评价机制改革，实施有利于科技人才潜心研究和创新的评价体系，发挥职称评价"指挥棒"和"风

---

① 数据来源：郑东新区各局（办）提供。

向标"作用，会同省市人社部门在智慧岛成立"工程技术系列中级职称评审委员会"，对专业技术人员实行上门评审，激励更多人才投身科技创新和技术攻关。二是完善科技创新激励机制。实行以知识价值为导向的分配政策，鼓励和引导人才团队与高校、企业开展协同创新，对人才高质量成果转化项目给予资金扶持。2023 年，完成登记技术合同成交额 97.12 亿元。① 三是构建多方联动的人才工作体系。充分发挥党的政治优势、组织优势，全面凝聚区、乡（镇）办、村（社区）三级工作合力，探索建立乡（镇）办人才工作站，形成组织部门牵头，经济、劳保、物业、村（社区）等相关部门各司其职、密切配合，社会力量广泛参与的人才工作体系。切实将人才工作触角延伸至基层一线，真正打通服务人才的"最后一公里"，更好地为各类人才提供政治吸纳、政策宣传、创新创业等各类服务。四是营造鼓励创新、宽容失败的环境。树立人才工作容错免责导向，在支持人才创新创业过程中，对一些风险性高的科研项目，从体制、机制及情感上给予理解、帮助和扶持，对符合容错纠错相关规定情形的，依规依纪依法免予追究责任或从轻、减轻处理，为人才创新创业减少压力和束缚。

### （五）氛围营造，打造中原科技城人才品牌新形象

聚焦产业发展需求，推动创新主体举办专业性强、具有国际影响力的品牌赛事活动，实现"以会引才、以赛聚智"，打造一流的人才生态。一是高规格组织人才活动。以会聚海内外高层次人才（团队）为目标，组织海外英才中原行，邀约 37 名海外英才高层次人才参会，其中院士 5 人、国家级人才 32 人，推动一批高质量人才项目落地；成功举办青年大学生"郑东行"活动，吸引全国 572 所学校、累计近千名大学生参与，社会反响热烈。二是点亮城市人才名片。将"海汇·银河里"打造成为郑州市首批人才主题街区。联合龙湖马拉松组委会，推出"院士领衔、博士组团"的马拉松活动，举办全国重点高校河南校友足球赛等文体活动，开展"5·20 爱郑州

---

① 数据来源：郑东新区各局（办）提供。

爱人才"全城点亮等人才主题活动 100 余场，营造尊重人才的社会氛围，展现对人才的尊重和关爱。三是建设"中原优才卡"人才综合服务平台。通过数字赋能，重塑人才发展生态。打造政策权益、金融权益、消费权益三大服务板块，为人才提供"一站式"优享服务场景，提升人才价值感和获得感。为全省人才工作数字化建设复制推广提供"范式"。目前，在省内的安阳、鹤壁、濮阳等地进行了推广，省外的内蒙古已经落地。

## 三　中原科技城聚才引才面临的挑战

2010 年开始，北京、上海、合肥和大湾区地区等地陆续开展科技（学）城的规划建设，"十四五"时期，我国迎来科技（学）城集中建设期，从哈尔滨新区科学城到深圳光明科学城，从上海张江科学城到西部（成都）科学城，科技（学）城建设横跨我国东、中、西、东北四大板块。截至 2023 年 12 月，我国在建科技（学）城 348 个。

目前国内建设的科技（学）城和综合性国家科学中心两个概念之间互有交叉和重叠，有些区域具有综合性国家科学中心和科技（学）城的双重身份，比如北京怀柔综合性国家科学中心同时也是科技（学）城。而科技（学）城则主要以满足产业发展需求为导向，侧重于应用研究，更加关注产业关键共性技术攻关，进一步推动前沿技术与产业发展深度融合。对比分析国内目前综合实力较强、发展潜力较大的一些科技（学）城基础情况（见表 1），厘清发展形势，进而剖析中原科技城所面临的挑战，有利于为进一步打造国家吸引和集聚人才的平台提供助力。

表 1　全国重要科技（学）城基础情况

单位：平方千米

| 人才平台 | 城市 | 管理机构级别 | 面积 | 排名 |
| --- | --- | --- | --- | --- |
| 中关村科学城 | 北京 | 正厅级 | 174 | 3 |
| 张江科学城 | 上海 | 正厅级 | 220 | 1 |
| 光明科学城 | 深圳 | 副厅级 | 99 | 15 |

续表

| 人才平台 | 城市 | 管理机构级别 | 面积 | 排名 |
|---|---|---|---|---|
| 未来科技城 | 杭州 | 副厅级 | 123.1 | 9 |
| 滨湖科学城 | 合肥 | 正厅级 | 491 | 5 |
| 中国西部(成都)科学城 | 成都 | 正厅级 | 361.6 | 16 |
| 中国(绵阳)科技城 | 绵阳 | 正厅级 | 396 | 8 |
| 中原科技城 | 郑州 | 正县级 | 260 | 19 |

资料来源：《赛迪顾问发布〈科技城百强榜（2023）〉》。

## （一）高端人才引进有待提升

从目前情况来看，中原科技城利用自身对高质量人才磁吸力的优势，在人才引进方面发挥了极大作用。其中，院士引进84人，在全国排名较为靠前，但对比领先发展的科学院及科技（学）城引才情况，中原科技城仍存在明显缺口。中关村科学城采用"一区十六园"发展模式，会集了800余名两院院士，占全国的一半，入选国家级各类人才项目者超过3000人，占全国的1/4；张江科学城引进两院院士178人（位居全国第二），招引外籍人才数据位居全国第一；光明科学城招引全职院士94人，各类高层次人才累计超2.4万人；东湖科学城招引院士81人（见表2）。中原科技城需进一步发挥集聚高层次人才的强大效应，尤其是积极引进优势产业领域的高端人才、新兴产业领域的技术人才等，为河南支柱产业和未来产业发展提供有力支持。

表2　重点科技（学）城高端人才引进情况

| 人才平台 | 城市人口总体(万人) | 人才总量(万人) | 外籍人才(万人) | 院士人数(人) |
|---|---|---|---|---|
| 中关村科学城 | 2183.4 | 781.3 | 15.6 | 800余 |
| 张江科学城 | 2475 | 675 | 28 | 178 |
| 光明科学城 | 1766.2 | 663 | 19 | 94 |

| 人才平台 | 城市人口总体(万人) | 人才总量(万人) | 外籍人才(万人) | 院士人数(人) |
|---|---|---|---|---|
| 南沙科学城 | 1873.4 | 510 | 3.8 | 115 |
| 未来科技城 | 1237.6 | 306 | 4 | 65 |
| 东湖科学城 | 1373.9 | 285 | 1.9 | 81 |
| 滨湖科学城 | 963.4 | 240 | — | 135 |
| 湘江科学城 | 1042.1 | 280 | — | 43 |
| 西部(成都)科学城 | 2126.8 | 622.32 | — | 34 |
| 中国(绵阳)科技城 | 489.8 | 80 | — | 30 |
| 中原科技城 | 1282.8 | 240 | 0.1 | 84 |

注：统计数据为有关科技（学）城所在城市整体数据，部分城市未公开所在城市外籍人才数据。

资料来源：地方政府官网或权威媒体公开报道。

## （二）平台载体建设有待完善

中原科技城重点实验室数量仅次于滨湖科学城，但在重大科技基础设施建设方面至今仍存在空白。同时，知名企业总部、大型高新技术企业、研发中心也相对匮乏，高新技术企业和"专精特新"中小企业总量偏少，不足以为科创人才发展提供充足的平台和机遇，难以吸引科学家、科研机构以及大企业研发中心落户和长期发展。统计显示，中关村科学城聚集了北京大学、清华大学等高等院校 33 所，拥有以中国科学院为代表的科研院所 99 家、国家工程研究中心 31 个、国家重点实验室 106 个，建设了综合极端条件、地球系统数值模拟等 29 个科学设施平台，布局建设了 9 个新型研发机构；张江科学城建设了上海光源一期等 14 个大科学装置，19 个代表世界科技前沿发展方向的高水平研究机构，汇集了 47 个重点实验室；深圳光明科学城有 24 个重大科技创新载体相继落地（见图 2）。相较而言，中原科技城的平台载体建设还处于起步阶段，仍需进一步完善。

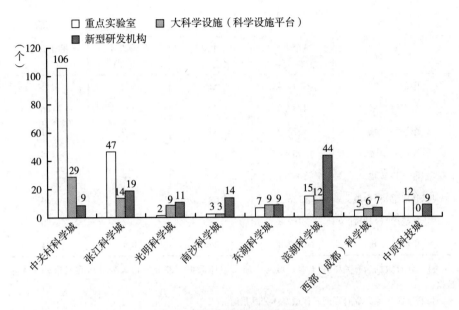

**图2 平台载体建设落地情况**

资料来源：根据对国内各科技（学）城的调查总结所得。

## （三）创新金融体系建设有待加强

郑东新区作为金融集聚区，龙子湖智慧岛集聚私募基金类企业243家，管理基金认缴规模约1400亿元，实缴规模超500亿元。2022年，各私募基金机构共投资24家辖区内企业，其中科创型企业不足半数，如河南超聚能科技有限公司、中科数金（河南）科技有限公司、中原动力智能机器人有限公司等，基金投资活动不太活跃，投资本地的项目占比也偏少。对比分析，中关村科学城、张江科学城、光明科学城以及东湖科学城都建立了相应的金融服务平台和金融服务体系。例如，中关村科学城成立了科创金融服务中心，提供包括信贷支持、保险服务、投融资对接、区域性股权交易等在内的一揽子金融服务；东湖科学城构建了"初创企业—瞪羚企业—独角兽企业—上市公司"的政策支持体系，打造起"创投基金—引导基金—人才基金"协同发力的投融资生态，形成"股权融资—科技担保—信用平台"的科技金融服务体系。中原科技城仍需进一步健全金融服务链，依据科技创新活动的不同类型和所处阶段，差异化、精准化提供金融服务，为科技城引才聚才注入强大动力。

## 四　中原科技城强化聚才引才的对策建议

设立中原科技城是河南省与郑州市落实以科技创新驱动高质量发展的具体行动，是打造河南"十四五"时期至 2035 年人才新生态、创新新空间和科技新高地的重大决策。未来发展应锚定建设国家创新高地、人才高地、开放高地，建设世界一流科技城，建成"基础研究+应用研究+未来科技研究+中试+成果转化"全周期、全链条、全过程的综合研发功能区的总体目标，创新人才政策，加大人才引进力度，优化创新发展环境，全面推进科技城早日进入国家综合性科学中心建设队伍。

### （一）完善以业聚才，搭建人才集聚"大舞台"

一是坚持人才供给侧与需求侧精准对接。紧紧围绕产业发展实际，将产才融合作为工作重要抓手，不断改革破障，以业聚才，实现产业与人才的高度匹配和融合发展。聚焦打造人才高地，紧盯生物医药、新材料、先进制造、量子信息等重点产业链发展需要，围绕产业链布局人才链，依托人才链壮大产业链，让人才发展与产业发展同向发力、同频共振。二是健全"双招双引"机制。在招商引资招才引智上下真功夫，推动中原科技城全面形成龙头企业加速集聚、重大项目加速建设、高端人才加速涌动的蓬勃发展局面。以中原科技城与省科学院深度融合、城市规划提升为契机，持续开展"3+2"产业招商，做大做强总部经济、金融产业、高端商贸等传统优势产业，做优做精数字经济、生命科学两大战略性新兴产业，全力以赴建设算力之城、软件之城、量子之城、人工智能之城，汇聚高能级创新科研机构集群，形成创新要素集聚的新发展优势。三是建立人才引育规划。结合产业特点和发展趋势，在科创人才、金融人才、管理人才方面，启动符合区域中长期发展需求的人才发展规划编制工作，建立多元化人才评价机制，加强全职和柔性引进并重的用人模式，为重点单位及时赋予人才认定自主权，提高人才工作前瞻性、系统性和科学性。四是成立专家咨询委员会。充分用好辖区各行业高层次人才资源，为发展建言献策，做到人尽其才、才尽其用。通过发挥专家人才作用，以才引才释放磁吸效应，实现"引进一个顶尖人才，引来一个科研团队，带动一个行业发展，培育更多关联企业"。

（二）完善人才政策体系，为广聚英才注入"新动能"

以精准、灵活、务实的人才政策，筑巢引凤，以政策"高地"打造中原科技城聚才"洼地"。一是持续优化人才政策。通过探索高层次人才认定"举荐制"，给予省科学院等重点单位人才认定自主权、建立住房轮候补贴等一系列举措，系统性重塑人才引进、培养、服务等各个环节，逐步构建起从两院院士到优秀博士、硕士毕业生等青年人才全面覆盖的人才体系，全方位支持、保障、激励、服务、帮助人才，推动人才数量、质量"双跃升"。二是提升政策兑现效率。在政策宣传方式、兑现流程、兑现时限等方面，建立专款专用保障体系，探索人才诉求"集中受理、定向分配、督促协调"工作模式，以政策落实展现引才诚意。三是促进人才有序流动。树立正确的人才流动观念，持续推进区域间密切交流，通过干部挂职、学术交流、人才进修等形式，深化区域间校企、校校、校地等的合作，扩大人才交流圈、资源共享圈，使人才自我价值能够充分实现。

（三）持续强化平台建设，打造会聚人才"强磁场"

加快吸引、集聚和整合各类创新资源，积蓄强大创新势能。一是高规格集聚研发机构。紧抓"三合一"融合发展机遇，打造大科学装置集群、实验室集群，组建开放共享实验室联盟，加快集聚和利用高端创新资源，力争将全省重大科技基础设施、国家重点实验室、省级重点实验室进行资源集中，对于已建成且主体不在中原科技城内的重大科技基础设施和重点实验室，引导其在中原科技城开设分中心或研究院。二是高标准培育重点产业。

制定链主企业专属政策，积极引导符合全省重点产业发展方向的行业头部汇聚中原科技城，打造大企业开放式创新平台和协同创新中心。围绕"3+2"现代产业体系布局，做优总部、金融、商贸等传统产业人才支撑，做强数字经济、生命科学等战略性新兴产业人才队伍，前瞻布局元宇宙、类脑和仿真机器人等未来产业的人才引进，不断提升产业竞争力。三是高水平整合高教资源。整合龙子湖高校人才和科创资源，积极引导全省高校深度融入中原科技城发展战略，由省科学院、省内知名高校、研究院所与中原科技城共同牵头组建河南省中原科技城协同创新联盟，开放共享科研资源，开展共性重大科学问题联合攻关，强化学科产业对接，打造中原科技城协同创新特色品牌。四是高质量推进人才交流。结合一流大学研究院建设情况，紧盯青年博士、博士后群体，在智慧岛、金融岛等地谋划常设地点，组织开展人才会客厅、交流沙龙等活动，结合运河"红船"，创立"龙湖夜话"品牌，提升学术交流氛围和活动影响力。加速全球人才创新创业园建设，吸引和集聚更多的全球高端人才，形成人力资源集聚的高端生态。

## （四）不断创优人才生态，凝聚创新发展"新活力"

人才生态是持久竞争力，良好的人才生态环境不仅需要真金白银和"硬件"建设，也需要"软件"的支撑。一是完善科技金融服务体系。开展科创金融服务中心试点，探索建立科创金融服务中心，鼓励入驻的金融机构在风险可控的前提下，针对重点科技型企业、科技人才的融资需求，创新开发特色金融产品；加快聚集国际国内知名风投创投机构，建立风投创投机构与科技创新项目对接机制，定期公布创新团队、人才团队等潜力项目清单，引导风投创投机构投早投小，重点解决早期、初期项目融资难问题；加强金融服务平台建设，常态化组织路演活动，切实发挥智慧岛基金大数据平台和智慧岛数字金融开放服务平台作用，打通传统金融企业、产业基金和科创企业、科创人才的信息通道。二是妥善解决好人才关心关注的"关键小事"。建立常态化人才诉求反映反馈机制，关心关注人才遇到的困难，在人才引进过程中，实行服务前置、容缺办理，及时解决好落户迁移、配偶安置、住房

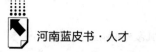

就医、子女入学等实际问题，全力做好人才后勤保障工作。持续开展多种形式走访慰问、走亲走心活动，依托市场化人力资源机构，一对一服务人才和企业，为重点项目提供全生命周期跟踪服务，让人才和企业家们轻装前行、加速奔跑。三是打造高品质人才居住环境。推动人才公寓向人才社区转变，形成多样化、差异化、全覆盖的安居体系，探索人才公寓建设与城市更新、产业发展、社区提升、人才引育有机融合，把对人的服务从生活服务向社交培训、就业创业等延伸。四是精心打造中原科技城人才品牌。持续打造人才主题街区，复制"海汇·银河里"经验，依托永和时光里、龙湖里、太格茂、尚座中心等特色商业街、大型商业中心，围绕"衣食住行游购娱"，以"服务""情怀""社群"为关键词，打造人才"打卡地、必经地、心仪地"，开展更多富有内涵且形式多样的人才活动，打造良好的人才文化环境，构建集乐游、畅享、宜业于一体的城市引才名片。

**参考文献**

《习近平在中央人才工作会议上强调　深入实施新时代人才强国战略　加快建设世界重要人才中心和创新高地》，《求贤》2021年第10期。

河南省人民政府：《关于印发支持中原科技城创新发展若干政策的通知》，2023年。

# B.19
# 中原农谷聚才实践举措与对策建议

王济宝　谢娟　雷鸣*

**摘　要：**　党的十八大以来，习近平总书记5次视察河南，要求河南"在确保国家粮食安全方面有新担当新作为"。河南省聚焦粮食安全"国之大者"，作出建设中原农谷的重大决策部署。近年来，中原农谷紧紧围绕国家种业振兴战略，以"政策领航、平台聚才、优化生态、内外兼修"为导向，加快构建"近悦远来"的人才生态，取得了良好成效，但同时也面临着人才引留难度大、平台作用不充分、政策体系不完善等挑战。因此，新时期中原农谷为更好聚才，应强化科创人才平台载体作用，持续完善种业人才政策体系，发挥项目聚才效应，搭建起人才服务生态系统，助力国家级、国际化农业创新高地加快建成，实现种业科技自立自强。

**关键词：**　中原农谷　粮食安全　聚才实践举措　人才生态

党的二十大报告提出，加快建设国家战略人才力量，努力培养造就更多大师、战略科学家、一流科技领军人才和创新团队、青年科技人才、卓越工程师、大国工匠、高技能人才。中原农谷立足"国之大者"，贯彻落实藏粮于地、藏粮于技战略，在更高水平筑牢国家粮食安全根基，归根结底要靠高层次创新人才。新形势下如何更好地聚才引智成为中原农谷未来发展的新命题。

---

* 王济宝，平原示范区组织人事局局长；谢娟，平原示范区机关党委书记、组织人事局副局长；雷鸣，平原示范区组织人事局干部科科长。

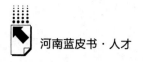

# 一 中原农谷聚才的举措与成效

在河南省锚定"两个确保",实施"十大战略",建立更高层次、更高质量、更有效率、更可持续的粮食安全保障体系,实现更高水平的农业科技自立自强的大背景下,中原农谷应运而生。中原农谷以郑新一体化发展为牵引,规划面积为1612平方千米,形成科学合理、集约高效的"一核三区"区域空间格局。"一核"规划面积为342平方千米,包括国家生物育种产业创新中心、神农种业实验室、河南现代农业研究开发基地、国家现代种业产业园、国家小麦技术创新中心示范基地,以种子、种苗、种畜(禽)为主攻方向,打造以种业为突出特征的农业创新高地和农业科技新城。"三区"规划面积为1270平方千米,包括以延津县部分区域为主体的东区,以新乡县、获嘉县部分区域为主体的西区,以原阳县部分区域为主体的南区。东区面积为498平方千米,包括延津县优质小麦国家现代农业产业园区和食品加工园区,以小麦全产业链、粮油等特色农产品加工为主要建设内容。西区面积为473.27平方千米,包括新乡县、获嘉县现代农业产业园,以小麦、大豆等良种繁育为主要建设内容。南区面积为298.6平方千米,包括原阳县稻米现代农业产业园、中央厨房产业园,以水稻种植、食品全产业链加工为主要建设内容。①

按照河南省人民政府《关于加快建设"中原农谷"种业基地的意见》(豫政〔2022〕39号)的要求,到2030年,中原农谷将会聚全国一流种业人才,引育种业领军人才30名以上,集聚研发团队50个以上。② 两年来,中原农谷种业科研试验示范基地集群初显成效,基本形成了以国家生物育种产业创新中心为核心,以神农种业实验室、中国农科院中原研究中心、国家小麦技术创新中心、果蔬园艺作物种质创新与利用全国重点实验室等国家

---

① 数据来源:《河南省人民政府关于印发"中原农谷"建设方案的通知》(豫政〔2022〕15号)。

② 数据来源:《河南省人民政府关于加快建设"中原农谷"种业基地的意见》。

级、省级重点实验室为主体，以关键共性技术平台和检验检测平台为支撑，以种业企业总部基地为基础的种业创新体系，中原农谷以农科资源集聚为统领的聚才格局正在逐步形成。

## （一）推进农科资源要素整合，加速种业创新人才集聚

中原农谷依托国家生物育种产业创新中心、神农种业实验室、中原研究中心等种业科研示范基地，推动整合种业创新资源要素，进而加速种业创新人才集聚。重点谋划实施中原研究中心、种业企业总部基地、省农业展览中心、郑果所国家特色果树种质资源圃、高新技术产业园等 10 个项目，总投资 115.9 亿元。[①] 截至 2024 年 3 月底，中原农谷拥有国家生物育种产业创新中心、国家小麦技术创新中心、中国（河南）小麦玉米联合研究中心、中国农科院中原研究中心等国家级研发平台 10 个；省实验室、省工程技术研究中心、省企业技术中心等省级研发平台 43 个。省级农作物种业现代农业产业园正在推进建设，国家现代农业产业园已通过认定，国家小麦制种大县已通过奖补政策答辩，并成功创建中原农谷省级农业高新技术产业示范区。国家生物育种中心聘请包括荷兰瓦赫宁根大学前学术校长理查德·威萨以及 4 名院士在内的 8 位知名专家担任首席科学家。河南农业大学汤继华玉米团队、河南农业大学康相涛种禽团队、省农科院卢为国大豆团队先后入驻神农种业实验室。中国农科院李培武、钱前院士领衔的 12 支专家团队进驻中国农科院中原研究中心。同时面向省内高校、科研院所，以沿黄挂职、博士服务团等柔性引才形式，先后引进 9 名专家、博士，通过开展项目合作和技术指导，破解产业发展瓶颈，在转化一批科研成果的同时也培育了一批产业创新项目，推动科技成果与中原农谷建设的深度融合。

## （二）实施开放兼容人才政策，做到"人无我有、人有我优"

中原农谷推出一揽子高含金量的人才政策，为农业科创人才牵手中原农

---

① 数据来源：新乡市农业高新技术发展促进中心提供。

谷提供人才政策保障。在"中原英才计划"、新乡市"1+13"一揽子人才引进政策措施等重大人才政策的基础上，专门研究起草了中原农谷"招才引智"政策措施，凡中原农谷引进人才同等享受新乡市现行人才政策待遇，对全职引进和新当选的顶尖人才、领军人才和拔尖人才，经认定后最高给予600万元资金支持；对经综合评估认定的高层次人才（团队）创业项目，给予不低于100万元的启动扶持资金；对新获批组建的院士工作站、博士后工作站、中原学者工作站，给予最高100万元的资金支持；对经认定的种业领域高层次人才，其本人或配偶在工作单位所在县（市、区）购买首套商品住房的，新乡市按照类别给予一次性50万元、20万元、15万元购房补贴。着力培育种业企业创新主体，引育头部种业企业。对落户的种业企业，年营业额达到3亿元以上、经认定为总部型企业的，新乡市按照"一事一议"的方式给予补贴。为加速研究成果转移转化，以推广面积、经济效益为主要指标，实施优良品种推广后补助，每年遴选补助5个，每个补助100万元。强化要素支撑保障，种业企业开展仓储加工设备设施购置、改扩建的，新乡市按当年实际投资额给予不超过30%的补贴。①

### （三）多措并举广开进贤之路，充实种业创新中坚力量

2024年1月19日，中原农谷成立了专家咨询委员会作为中原农谷的高级顾问咨询机构，向"最强大脑"借智借力，在中原农谷战略发展方向、种业核心技术攻关、项目评估论证、招才引智方面多研究把关、出谋划策，中原农谷"管委会+公司+专家咨询委员会"的运营体系逐步形成。通过专家咨询委员会，团结凝聚了中国工程院院士、中原农谷专家咨询委员会主任刘旭，中国工程院院士、中原农谷专家咨询委员会执行主任张新友等27名农业领域的领军人才，其中院士13名，为将中原农谷建设成国家级、国际化农业创新高地，推动实现种业科技自立自强提供有力智力支撑。积极举办中原农谷预制菜国际博览会、2023年中原农谷国际种业大会、第六届高博

---

① 数据来源：《河南省人民政府关于加快建设"中原农谷"种业基地的意见》。

会暨中原农谷种业论坛、2023 年中国未来农业食品百强大会等学术交流和成果展会，叫响了中原农谷品牌，推动中原农谷走向国际、迈向全球。组织企业参加全省"招才引智"大会，通过省级平台招聘各类人才。参加 6 届河南省招才引智大会，每次动员数十家企业参加，2023 年组织近 100 家企业在大会官网上发布招聘公告。[①] 注重互融互动，以开展春节期间乡贤人才联络和回归工作为载体，充分发挥基层党组织桥梁作用，召开恳谈会，着力打好亲情乡情友情牌，一体化推进招商引资和招才引智工作，实现引才回家、引业回归和引资回流。

### （四）持续深化"校院地"合作，提升融合发展新高度

通过政府搭台，把高校、科研院所与中原农谷发展定位、科创需求精准对接，进一步完善合作机制、创新合作方式、拓宽合作空间，实现"校院地"资源共享，加大技术研发、人才培养、成果转化力度。通过建设河南农业大学国家小麦技术创新中心试验示范基地，使国家小麦技术创新中心、国家"2011"协同创新中心、省部共建国家小麦玉米作物学国家重点实验室、动物免疫学国际联合实验室、CIMMYT—中国项目玉米联合研究中心等国家级与国际研发平台的运行有机融合起来，形成多要素集聚耦合、良性互动、系统生长的创新生态。对接河南科技学院筹建现代研究型农学院，在发挥作物育种等学科优势的同时，进一步拓展人才培育功能，培养储备一批留得住、干得好的高层次人才。围绕主导产业和企业需求，选派 6 名科技特派员和 1 个科技特派员团队服务企业发展，其中，河南工学院吴豪琼等 6 名科技特派员分别与河南聚鹏纸业、河南由甲田等 6 家企业签订了特派员派驻协议书；由河南师范大学电子学院副院长王芳带队组建的新乡市智能制造产业科技特派员服务团与平原示范区管委会签订了服务协议书。[②] 积极帮助有条件的企业申报博士后创新基地，已成功获批设立河南德邻生物、河南金水电

---

① 数据来源：平原示范区组织人事局统计。
② 数据来源：平原示范区科工局提供。

缆、河南安进生物 3 家博士后创新实践基地。① 实施农科生"订单式"培养计划，对录取前签订三方就业协议并且毕业后到种业基地工作的相关专业本科生、研究生，给予学费免除。

### （五）用心用情做好服务文章，擦亮人才服务的金字招牌

中原农谷坚持以服务人才为导向，让人才创业有支持，生活有保障。把高标准农田示范区作为育种基地，配备昆虫雷达、宇宙射线区域土壤水分监测仪、X 波段雷达监测灾害天气等高科技设备，让专家把论文书写在大地上。成立中原农谷投资运营公司，引进高级管理人才，帮助企业提升招才引才实力，为做大做强优势产业储备智力资源、积蓄发展后劲。推动中原研究中心实现"拎包入住"，配齐所需设备、办公用品，确保专家随时开展工作。注重立法保护，起草完成《中原农谷发展促进条例（草案）》，省人大法工委对法规草案正在进行研究修改。积极开展中原农谷商标注册，中原农谷第 17 类（橡胶制品）、第 18 类（皮革皮具）、第 19 类（建筑材料）商标注册成功；中原农谷知识产权检察工作室、中原农谷核心区知识产权司法保护工作站、中原农谷知识产权巡回法庭成功揭牌。完善"大兵团"攻关机制，巩固神农种业实验室小麦、玉米、花生等育种优势，实施首批 5 项"一流课题"，在农作物重要性状形成机制解析、基因编辑、育种关键技术等方面取得了一批原创性成果，在全球首创抗苯磺隆除草剂的花生新种质；发现并克隆了调控芝麻节间长度的短节基因，获国际发明专利授权，玉米抗茎腐病免疫调控网络进展显著，在全球首次绘制了植物根应答病原菌浸染的高分辨率细胞图谱。126 个新品种通过国审省审，豫芝 NS610 等 10 个品种入选农业农村部主导品种，"新麦 58""郑麦918"先后以 1618 万元、1918 万元成功竞拍，接连刷新中国小麦单品种转让价格纪录。②

---

① 数据来源：平原示范区组织人事局统计。
② 数据来源：新乡市农业高新技术发展促进中心提供。

（六）健全人才工作体制机制，构建高效人才工作体系

中原农谷坚持党对人才工作的全面领导，完善人才工作闭环推进机制，提升人才工作的精准性、实效性和规范性。突出规划引领，编制完成《中原农谷发展规划（2022—2035 年）》和《中原农谷核心区建设规划（2022—2035 年）》，为中原农谷发展建设提供基本遵循。明晰组织架构，推动成立了中原农谷党工委、管委会，制定了"一办五部"内设机构组建方案，设立了科技人才部，负责中原农谷科技成果引进及转化，协助区域内相关企业做好科研项目申报、成果鉴定，协调联络专家咨询委员会，负责"中原农谷"各层次人才规划、培养、引进等工作。完善政策支持，推动27家省直单位出台专项支持政策，涵盖资金、项目、土地、产业、人才等多个方面，"1+1+1+2+N"政策体系逐步完善。加强部门协同，针对人才工作涉及面广、工作链长的实际，完善人才工作领导小组和各部门职责，推动形成"管行业就要管人才、管业务就要管人才"的理念，实现扁平运作、高效协同。优化推进机制，对中原农谷人才相关工作实行清单式交办、台账化管理、全过程跟踪，打通人才服务的"最后一公里"。培养人才工作者，注重人才工作者的实践、培训、发展，增强推进实施中原农谷人才战略的专业性，全方位支持帮助人才工作者根据中原农谷具体情况推进人才工作创新，不断巩固充实人才工作者队伍。

# 二　中原农谷聚才工作面临的新形势

从全球层面看，发达国家的种子产业已经进入成熟阶段，集科研、生产、加工、销售、技术服务于一体，具备完善的可持续发展产业体系，大型种业公司规模不断扩大，行业集中度不断提高。随着研发投入不断增加，高端技术和种业科研人才竞争日趋激烈。从国内看，种业进入大变革、大发展的新阶段，种子企业间的兼并重组持续活跃，一批规模小、研发水平落后的企业逐步被淘汰或被兼并，具备"育繁推一体化"经营能力的龙头企业迅

速成长，种业赛道的人才需求迎来爆发式增长。中原农谷在人才方面，经过两年的探索，采取了一系列人才引育留用的有效举措并取得一定成效，但仍存在一定问题。

### （一）种业人才引进难、留不住

中原农谷受区域位置、产业发展水平和"人才虹吸"效应影响，国内外一流水平的高端人才仍然紧缺；受农业自身的迟效性、高投入、低回报等特点影响，同时人才待遇与发达地区存在较大差距，高校毕业生不愿来，使得种业高层次人才面临引进难、留不住的难题。此外，硬件设施相对薄弱。7.1平方千米的核心区中，国家生物育种产业创新中心二期、省农业展览中心主体工程以及路网、水系等基础设施建设都还在起步阶段，承载能力较弱。核心区生产性、生活性、功能性服务等配套设施还不能满足人才集聚和生活需求，教育、医疗保障和社区建设等条件亟待提升，人才公寓数量少、层次不高，与多元化人才安居需求有差距，导致种业创新人才向中原农谷核心区集聚的积极性不高。

### （二）聚才平台作用不充分

聚才平台搭建还不够完善，基础研究、应用技术、产品创制等种业上、中、下游衔接还不够紧密，特别是缺乏种子繁育、加工、销售企业，没有形成完整的产业链和人才链，科技创新人才"强磁场"效应还不明显。同时，对科研人才的精神和价值激励不足，在一定程度上挫伤了种业人才积极性。科研项目申报在预算执行时不能自主调剂、经费审计流程复杂、申报手续复杂，导致科研人员真正用来研究的时间大大缩水，无法静心开展研究。

### （三）种业人才流动性较强

中原农谷74家种业企业中，只有河南种业集团规模较大，缺少世界50强或国内20强种业企业，以企业为主体的种业创新体系尚未形成，企业作为用人主体的作用没有充分发挥，种业创新的内生动力不足，打造国家现代科技创新高地缺乏重要支撑。由于种业企业以科技型人才为主，这类人才富有创新意识，拥有强烈的成就感和突出的自主意识，具备高技术能力和创新能力，且种业人才市场对科技型人才需求大于供给，工作机会较多，种业人才受企业文化、工作环境、工作氛围、上下级关系、工作机会等影响较大，能够凭借自身技术水平和工作能力，更为灵活地选择就业机会，因此人才流动性较大。

### （四）人才政策体系尚不完善

中原农谷现有人才政策内容依然存在同质化倾向，在政策目标、政策内容、政策工具等方面特色不够明显，同其他地区的差异主要体现在数量上的"政策力度"。人才市场化配置水平较低，表现为经营性人力资源服务机构不多，涉及高端人才猎头、人才项目评估的专业化服务基本缺失，导致人才市场信息不够全面和灵敏。政策多为满足人才引进后生活、安居等方面的刚性需求，引进人才和留住人才仍被视为各自独立的模块，对人才的空间依赖性、事业发展平台和更高层次的需求等因素关注度不够。人才政策影响力和执行力有待增强，政策宣传力度不够，社会影响面不广，相关部门和有需求的用人单位对人才引进政策了解不深，影响人才引进政策的实施效果。人才待遇"一事一议"制度不明确，操作和落实方面存在困难。

## 三　中原农谷更好聚才的对策建议

针对中原农谷人才现状，应多措并举、集智引优，加快构建高质量人才引育新格局。

### （一）强化科创人才平台载体作用

加强人才载体平台建设，围绕打造国家级、国际化农业硅谷目标，按照"资源统筹、平台协同、各显其能"原则，建好用好国家生物育种产业创新中心、神农种业实验室、中国农科院中原研究中心、国家小麦技术创新中心等种业科技创新平台，着力打造具有国际影响力的种业创新策源地，会聚世界一流种业人才。积极对接中国农科院、中国农业大学、崖州湾全国重点实验室等高校院所和科研平台，着力引进中国农业大学研究院、西北农林科技大学研究院，争取成为全国第一个崖州湾实验室基地。加快牧原育种测定中心、鼎元种牛育种中心、河南省水产科学研究院等创新平台建设，推动济源十字花科蔬菜品种、郏县红牛研究院及夏南牛、南阳黄牛、伏牛山羊、淮南猪等省内畜禽优势品种保种育种机构融入中原农谷创新体系。加快神农种业学院在中原农谷落地，并与中国农科院研究生院展开种业领域合作，围绕作物新品种选育、优质畜禽种源培育等方面培养专业化人才。探索推进大学科群建设，把共同性和互补性的学科汇聚起来，培养种业领域"通才"，解决种业领域遇到的现实问题，以推进种业人才资源有效整合。

### （二）加强人才集聚"主阵地"建设

坚持引进和培养并重，精准招引一批种业龙头企业。围绕"六大领域"种业图谱实施靶向招商，以企业总部基地和高新技术产业园为载体，瞄准世界50强和国内20强企业，重点招引德国拜耳、吉林鸿翔种业、安徽丰乐种业、江苏大华种业等龙头企业在中原农谷设立企业总部、区域总部、研发中心及繁育基地。支持河南种业企业发展壮大，鼓励74家种业企业"育繁推一体化"发展，着力打造具有核心研发能力、产业带动力、国际竞争力的领军企业，发展一批具备特有资源、特色品种、独特模式的"隐形冠军"企业，培育一批品种测试、分子检测、制种加工等专业化平台企业，加快形成全链条产业集聚，加速引领种业领域科创人才集聚。

### （三）完善种业人才政策体系建设

加强与国家有关部委对接，争取建立省部共建机制，推动国家发改委、科技部、农业农村部支持河南中原农谷建设，支持河南种业领域优势科研力量参与国家实验室建设；支持中原农谷举办全球性农业博览会和世界种业论坛，打造国际生物育种学术交流永久会址；支持中原农谷创建国家农业高新技术产业示范区。加大种质资源保护利用力度，省级层面制定种质资源保护利用专项支持政策，推动全省优质种质资源向中原农谷汇集，为挖掘一批优良种质基因和品种创新提供优异的种质基础。赋予中原农谷更大改革发展自主权，省有关单位优化中原农谷项目报批、资金申请、要素保障、信息流通等方面工作流程，实现政策直达、需求直报、业务直通。参考中原科技城、中原医学科学城在人才培养、引进方面的政策，出台中原农谷个性化措施。在办公场所、科研试验用地、种业科研项目申报、人才职称评审等方面给予配套政策支持。加大对高端种业人才的服务保障力度，为高端种业人才提供较优越的薪酬福利，配套保障子女教育、住房和交通出行等。运用市场化方式引才聚才，如通过专业的猎头公司，探索建立种业人才联络处，充分发挥种业人才平台作用，以国家实验室、重点实验室、高校院所和新型研发机构为载体开展多元化引才行动。要制定"一人一策"个性化引进方案，鼓励"以才引才"，畅通人才引进渠道，发挥用人单位主体作用，对引才成效明显的用人主体予以适当激励。

## （四）发挥重大项目攻关聚才效应

以重大项目攻关培育一流领军人才和创新团队，把优秀人才凝聚培养与重大科研任务、重大项目攻关等有机结合起来。围绕粮食、畜禽、瓜果蔬菜、花卉苗木、油料、水产六大领域，聚焦基础前沿热点、关键核心技术卡点，开展关键核心技术攻关，推动形成生物技术与信息技术结合（BT+IT）的高效农业生物育种技术体系。依托神农种业实验室，在小麦、玉米、花生等主要粮油作物基因工程育种、全基因组选择、麦型精准鉴定等关键核心技术上深化研究，争取实现局部率先突破，抢占创新制高点。依托康相涛院士团队，开展鸡生长性状精准评价与高产优质核心种植创制技术攻关；利用郏县红牛、夏南牛、南阳黄牛、伏牛山羊、淮南猪等品种优势，推进畜禽保种育种技术攻关。发挥中国农科院郑州果树研究所新乡综合试验基地优势，在果蔬领域培育猕猴桃、蟠桃、葡萄等一批具有中原农谷特色的"隐形冠军"品种。加快探索花卉苗木育种方向，补齐中原农谷花卉苗木领域短板。在现有花生、芝麻、大豆品种基础上，选育一批高油脂、宜机收的优势品种，开展油菜、向日葵等小众油料作物品种研发，丰富中原农谷油料领域研发体系。应用全基因组选择技术，深化鲤鱼生长、肌间刺、抗逆等性状遗传机制解析，开展优质黄河鲤新品种选育。同时，公开征集一流课题，通过"揭榜挂帅""赛马制"等方式，加强人才团队间交流合作，协同解决育种领域关键核心问题。

## （五）构建种业人才服务生态系统

把提升人才配套服务作为中原农谷建设的重要支撑和必要保障，让人才无后顾之忧，安心生活，专注创新。坚持交通先行，把交通作为中原农谷建设的开路先锋，尽快开工建设郑新高速、郑辉高速，全力推进郑新快速路建设；加快推进民用机场、轨道交通S3线前期工作，争取早立项早开工。拓展服务功能，积极盘活核心区写字楼、闲置厂房等存量资源，加快建设11万平方米的凤栖苑等保障性租赁房屋，新储备人才公寓2000套；依托凤湖景观资源，加快建设绿城玫瑰园、恒大商业圈等商业配套设施，全面提升环凤湖公共服务功能。统筹抓好学校、医院等公共服务配套，加快推进省医北院区全面营业，河师大附属中学落地建设。用好30亿元中原农谷投资基金，加大中原再担保对种业企业的融资支持，推动商业银行、保险、证券、基金、担保等各类机构在中原农谷布局，持续跟踪推动16家省级金融机构417亿元贷款意向落地见效。

**参考文献**

《河南省人民政府关于印发"中原农谷"建设方案的通知》，《河南省人民政府公报》2022年第11期。

孙昕、李燕、吴洁：《种业振兴背景下江苏种业人才队伍建设思考》，《中国种业》2022年第10期。

韦金河、薛飞、徐大飞：《种业企业创新人才培育机制研究》，《江苏农业科学》2017年第19期。

# B.20
# 平顶山市人才队伍建设研究

李 翔 王阳露 艾晓光*

**摘 要：** 在河南省"两个确保""十大战略"背景下，平顶山紧扣"壮大新动能、奋进百强市"目标，把人才工作摆在优先发展的战略位置，着力构建科学规范、开放包容、运行高效的人才发展体系，人才队伍规模持续壮大，人才发展载体加速完善，人才服务发展效能不断增强。本报告系统梳理了平顶山在人才队伍建设上的成就和举措，并客观分析了平顶山人才工作所面临的问题和短板，为未来人才工作的高质量完成，打造区域人才发展和创新高地提出了切实可行的对策方案。

**关键词：** 人才队伍建设 人才工作 人才政策 平顶山市

平顶山市坚持以习近平新时代中国特色社会主义思想为指导，深刻把握党的二十大提出的"实施科教兴国战略，强化现代化建设人才支撑"精神实质，认真贯彻中央关于人才工作的重大决策部署，落实省委"创新驱动、科教兴省、人才强省"战略，持续加大人才引育力度，深化人才发展体制机制改革，增强科技创新能力，有力促进重点产业发展，为推进"壮大新动能、奋进百强市"建设提供坚实的人才支撑。

## 一 平顶山市人才队伍建设概况

近年来，平顶山市坚持引育并重、"刚柔"并举，累计入选中原英才计

---

* 李翔，平顶山市人才工作和干部信息中心干部信息科科长；王阳露，平顶山市人才工作和干部信息中心政策研究科科长；艾晓光，河南人才集团高端智库事业部总经理。

划 17 人，先后培育"国家中青年科技创新领军人才"钟建英，"中原学者"张建国，"中原科技创业领军人才"吴秀云、崔红亮、张华磊等一批高层次科技人才，引育高层次创新创业人才团队 11 个。2021 年以来新选拔推荐享受国务院政府特殊津贴专家 2 人，河南省学术技术带头人 8 人，河南省政府特殊津贴专家 7 人，河南省技术能手 21 人，中原技能大奖 3 人。根据"鹰城英才计划"人才分类认定标准，全市目前拥有高层次人才 8751 人（其中：A 类 1 人、B 类 2 人、C 类 23 人、D 类 171 人、E 类 8554 人）。①

截至 2023 年底，平顶山市拥有人才总量 51.6 万人，占全市总人口 496 万人的 10.4%。其中，研究生学历 1.33 万人，本科学历 19.1 万人，专科学历 17.9 万人；党政人才 17.6 万人，企业经营管理人才 3.9 万人，专业技术人才 11.1 万人，高技能人才 13 万人，农村实用型人才 5.2 万人。年龄结构上，35 岁及以下占比 29.9%；36 岁至 45 岁占比 32.2%；46 岁至 55 岁占比 29.1%；55 岁以上占比 8.7%。2023 年，全市引进人才 2.23 万人，同比增长 17.4%，其中，本科及以上 15345 人，同比增长 21.6%。②

## 二 平顶山市人才队伍建设的主要做法和经验

平顶山市坚持人才引领发展的战略地位，着力引育创新人才，建设创新平台，不断释放人才助推高质量发展效能。主要做法如下。

### （一）建立"大人才"协同工作运行机制

平顶山市委坚持党对人才工作的全面领导，成立由市委书记任组长的市委人才工作领导小组，明确运行规则和成员单位职责，形成市委人才工作领导小组抓方向抓谋划，市委组织部（市委人才办）抓统筹，相关职能部门、各县（市、区）抓落实，用人单位抓保障的"四级联抓"工作机制，实现

---

① 数据来源：根据平顶山市相关表彰文件、入选文件、认定文件统计汇总所得。
② 数据来源：根据调查统计汇总所得。

人才工作协调协同、高效运转。坚持科技是第一生产力、人才是第一资源、创新是第一动力，围绕贯彻省委"第一战略"、建设国家创新高地和重要人才中心等重大任务，2023年连续4次高规格召开科创委会议，高位谋划、积极推动全市科技创新资源统一调配，推动建设重大科技创新平台。人才作为创新驱动的核心资源，每次会议谈科技必谈人才、研究创新必研究人才，强力推动人才"第一资源"转化为经济社会高质量发展"第一动力"。

## （二）实施在外优秀人才"归根"工程

平顶山市创新实施在外优秀人才"归根"工程，通过巧打"亲情牌""家乡牌""本土牌"，深耕亲情招商、人才引智，吸引鹰才鹰商来平回平就业创业，有关做法受到省委书记批示肯定，并在全省推广开展"豫商豫才回归工程"。一是织密"识才"网络，摸清在外人才家底。分级分类建立人才信息库和项目信息库，有效整合各类人才资源，结合人才特点特长、专业优势，高度契合资源型城市转型发展，夯实引才基础。纵向上，以村（社区）为切入点，调动基层力量深入排查；横向上，以行业领域为切入点，发动各职能部门摸排本领域在外优秀人才。经过条块结合、分层收集，建立了覆盖党政军群和事业单位等领域的人才库，以及包含已建、在建、意向投资等三种类型的项目库。二是拓宽"引才"渠道，力促优秀人才回归。先后在广州、郑州、上海等地举办在外平顶山籍高层次人才恳谈会，邀请武汉大学、复旦大学等130余名在外平顶山籍专家学者介绍先进经验理念。利用节日庆典，主动拜访慰问返平（在外）专家学者，组织开展"邮寄家乡特产大礼包""情系鹰城家乡行""拜年小视频"等活动，加强返乡人才情感联络。三是搭建"用才"平台，充分发挥人才智慧。实施创新人才技术合作专项，推动在外人才与驻平企业高校、科研院所开展合作，郏县籍"归根"人才任皓宇依托唐钧柴烧技艺传习和研学基地与清华大学美术学院开展产学研合作，推动平顶山钧瓷传统工艺与现代技术融合。实施鹰才鹰商项目对接专项，组织一批优秀重大项目进行集中签约，驻广州"归根"人才工作站促成鲁山籍人才王保伍在家乡投资多功能图书馆项目。实施优秀人才就业支持专项，集中组织技术技能人才招聘会，推动优秀学子、专业技术和高技能人才回乡创业就业。截至2024年2月，累计吸引1.2万人返平就业创业，投资项目479个、总金额1206亿元。

### （三）实施积极开放有效的人才政策

平顶山市出台了以《关于全面推进"鹰城英才计划"加快创新驱动发展的实施意见》为引领，涵盖人才"引育留用"全链条的"1+N"政策体系。注重提高人才政策的精准性和有效性，针对创新创业人才，制定《引进培育创新创业高端人才（团队）项目实施细则》；针对专业技术人才，制定《高层次专业技术人才引育工程实施方案》《"鹰城工匠"培育工程实施方案》；针对企业家人才，制定《"企业家成长工程"实施方案》等。建立开放灵活的人才引进和使用机制，先后出台《柔性引进人才（团队）暂行办法》《市直事业单位人才专项编制管理方案》《高层次和急需紧缺人才职称评聘绿色通道实施细则》等制度措施，推动人才政策体系内容更系统、覆盖更全面、质效更突出。

### （四）多渠道打造创新载体平台

平顶山市围绕产业链部署创新链，围绕创新链布局人才链，实施关键核心技术攻关行动，人才支撑区域创新和产业发展的能力不断增强。一是建强高能级创新载体。组建尧山实验室，聚焦先进基础材料、关键战略材料和前沿新材料等领域，建设引领新材料产业发展的科技创新平台，吸引包括国家杰出青年在内的各类高层次研究人员160余人，融入省部级以上科研平台12家。重组入列炼焦煤资源绿色开发全国重点实验室，揭牌运行河南省科学院平顶山产业技术研究院、龙门实验室平顶山成果转化中心，拥有中原学者工作站9个。大胆探索更加科学灵活的用人机制，平顶山学院副院长兼任尧山实验室副主任（负责人），平顶山市科技局副局长兼任省科学院平顶山产业技术研究院副院长，加强高校、科研院所与相关政府部门联动，着力打造一流创新生态。二是加速推进创新主体培育。支持各重点产业链依托国家和省重大创新平台开展协同技术攻关，推动规模以上工业企业研发活动全覆盖。出台创新主体培育三年工作方案，对全市 1.1 万余家工业企业进行"科技画像"，建立创新型企业后备库，构建起"微成长、小升高、高变强"创新型企业梯次培育机制。2023 年，平顶山市新增创新型企业 245 家、"专精特新"企业 64 家、"小巨人"企业 1 家；新增 92 家企业通过高新技术企业认定，通过认定总量达 405 家；23 家企业获得省"瞪羚"企业称号，居全省第 6 位。三是营造浓厚的创新创业氛围。2023 年，平顶山市举办首届中国尼龙产业发展大会，29 位院士、专家，众多国家级行业协会、高校院所、龙头企业代表到会，共同研判尼龙产业发展态势，促成多个人才和项目合作。举办第十二届中国创新创业大赛河南赛区暨第十五届河南省创新创业大赛总决赛、尼龙新材料产业技术创新专业赛，以及环省科学院创新生态圈建设暨"人才强院年"系列活动——新能源、新材料产业创新生态圈建设平顶山专场活动。这些重量级活动，汇聚了人才、资金、信息等各类创新要素，整合了政、产、学、研、用各类资源，形成"群英荟萃、才聚企兴"的生动局面。

### （五）加快集聚优秀青年人才

平顶山市面向知名高校引进优秀硕博士人才，聚焦市直事业单位、市管国有企业、驻平高校和尧山实验室高层次急需紧缺人才需求，赴北大、清华、浙大、中科大等高校开展宣讲招聘活动，现场签约 51 人。实施"十万大学生集聚工程"，扎实用好中国·河南招才引智创新发展大会舞台，通过"千企百校"人才合作对接、高校毕业生就业专场招聘、万个见习岗位募集等活动，计划利用 5 年时间，引进 10 万名各类大学生来平留平就业创业。开展"万名学子进千企，百家企业进校园"融合交流活动，利用假期组织高校学生到规模以上企业、科技创新型企业、特色产业园区参观交流，遴选一批优质企业走进校园宣传推介、招聘人才，已开展交流活动 47 场次，参与企业 79 家，覆盖学生近 3000 人次。

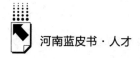

### （六）用活用好优秀人才

平顶山市深入实施服务基层人才专项，引导专业人才向企业和生产一线集聚，解决技术难题，助力人才成长，释放发展活力。落实省派博士服务团挂职锻炼工作，2023年成功对接14名博士服务团成员，分别前往开发区、产业园区、重点企业等经济发展一线进行挂职服务锻炼，历年来征集岗位最多、对接成功人数最多。深入实施科技特派员制度，为乡村振兴提供重要人才与技术支撑，2023年，共组织省派、市派、县派201名科技特派员、19个产业科技特派员服务团扎根基层一线开展科技服务，累计开展农业科技会诊687次，开展科技帮扶5000余次、服务2.6万余人，攻克、解决关键技术（难题）436项，推广农业新技术321项。旅游产业科技特派员服务团深入舞钢市姬庄村开展调研，指导姬庄村成功创建成为全省第一批乡村康养旅游示范村创建单位；园艺产业科技特派员服务团协同鲁山县辛集乡石庙村党支部，把瓜果蔬菜产业作为促进农业增收的切入点，帮助100余名农村剩余劳动力村民实现家门口就业，人均月增收千元以上。

### （七）打造一流人才发展生态

平顶山市把人才服务融入人才"引育留用"各个环节，不断完善人才服务工作体系，提升对人才的亲和力和吸引力，用最优服务拴心留人。一是强化人才的政治引领和政治吸纳。落实领导干部联系服务专家工作制度，遴选66名专家人才，由33名市级领导干部分包联系服务，在重要节日或出于工作需要，以走访、探望等形式传递党的关怀和温暖，及时传达学习党和国家大政方针、经济社会发展及重点工作推进情况，增强广大专家人才的成就感和归属感。对基层专家人才和创新方面有突出贡献的人才，优先推荐成为"两代表一委员"和劳模候选人。二是加快推动人才发展体制机制改革。坚持向用人主体充分授权、为人才松绑，针对创新活动较为集中的高校和科研院所，研究出台《关于进一步扩大市管高校、职业院校和科研院所人事自主权的若干措施》，充分发挥市管高校、职业院校和科研院所在人才引育用留中的主导作用，全面增强创新活力、提升科研人员获得感。三是注重人才工作宣传展示。深入开展"鹰才鹰商寻访大行动"，报道优秀"归根"鹰才鹰商101期、161人，新华网、人民网、学习强国等媒体转发转载近5500篇，阅读量逾4000万人次。在平顶山日报开设"鹰才汇——惠政策·慧人才·汇鹰城·绘未来"专栏，全面展示平顶山市人才政策举措、优秀人才典型、创新创业平台信息。四是办好人才关心关注的"关键小事"。在安居保障、子女入学、配偶就业、医疗保健等方面为人才提供全方位贴心服务，建设人才安居保障房源4441套，累计兑现生活津贴1390余万元、发放购房补贴1230余万元，为44名高层次人才解决配偶就业问题，为84名高层次人才解决子女入学问题。在平顶山西高铁站建立高层次人才绿色通道，全社会重才爱才惜才的氛围日益浓厚。

## 三　平顶山市人才队伍建设面临的问题和短板

近年来，平顶山市持续加大人才工作力度，逐步彰显、释放引智聚才成效。但是对标全省建设全国重要人才中心和平顶山市建设国家创新型城市等目标任务，当前人才工作还存在一些亟须解决的问题。

### （一）人才支撑创新发展能力尚待提升

从全力打造7个产业集群、12条重点制造业产业链来看，平顶山市具有新材料、先进装备制造、新能源储能、生物医药等专业学科素养的人才数量不足，企业高级经营管理人才仍然较少，现有人才的能力素质不能满足相关岗位要求，一定程度上阻碍了重点产业发展壮大。比如，在推动中国尼龙城高质量发展和白龟湖科创新城高水平建设过程中，现有创新主体中专职从事科技创新、成果转化的人才，尤其是引领产业发展的领军人才、带动战略性新兴产业的创新型人才较少，青年科技人才储备不足。

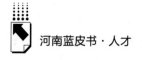

## （二）人才发展载体建设仍需完善

尧山实验室、省科学院平顶山产业技术研究院、龙门实验室平顶山成果转化中心等高能级创新平台组建成立时间较短，虽然先后制定了精准匹配的编制、职称、服务等保障措施，推动平台升级晋档，但是对照创新平台发展需要，还存在内生动力不足、交流合作不畅等问题。比如，与国家级实验室、省科学院、头部企业研发平台等对接不够，科教、产教协同育人机制不够紧密，尚未建立完善跨地域、跨领域、跨层级的人才科研合作机制，在推进科研攻关、承接成果转化等方面交流合作不多。

## （三）政策专业性可操作性有待加强

平顶山市已初步建立"基础＋专项＋产业"的人才政策体系，但还存在专业化程度不高、操作性不强等问题，围绕科研院所、新型研发机构等，还没有完全形成集人才编制、人才评价、人才服务等于一体的"政策工具包"；围绕推动7个产业集群、12条重点产业链加快发展，通过产业链图谱、技术图谱、装备图谱来完善人才图谱做得还不够。

# 四 加强人才队伍建设的对策与建议

针对人才工作中存在的问题，平顶山市要坚持目标导向，进一步抢抓"第一资源"，全链条探索人才引进、培育、留住、使用新路径，以人才引领驱动高质量发展。

## （一）精准引才

### 1. 政策引才

对标省"1+20"一揽子人才引进政策措施，以"平顶山英才计划"政策为主轴主线，以N个配套实施政策为网络支点，加快升级"1+N"一揽子人才政策体系。加大对高层次创新创业人才（团队）、硕博士人才、高技能人才和优秀青年人才的政策支持力度，加强科技创新平台人才支撑，强化科技成果转化激励。落细落实配偶就业、医疗保健、住房保障等服务举措，健全优化人才分类认定、人才工作资金使用管理等工作机制，为人才发展提供"全生命周期"政策支持保障。

2.产业引才

聚焦7个产业集群和12条重点产业链，制定重点产业专项引才方案，编制急需紧缺人才图谱，进一步摸清产业需求、匹配人才资源、精准服务保障。开展"双百千万"工程，锚定企业技术创新所需、产业发展所求，坚持"精准匹配、双向对接、引智入企、以产引才"，抓实"百名院士"进园区、"百家企业"进校园、"千名博士"进企业、"千名高管"进课堂、"万名学子"进鹰城、"万名员工"进教室等六大载体，在尼龙新材料、先进装备制造、生物医药等重点产业领域形成人才密集区，推动产业发展与人才集聚同频共振。

3.活动引才

设立"鹰城人才节"，举办"新材料与可持续发展"科学与技术前沿论坛、陶瓷产业技术发展大会、博士后创业创新大赛、"人才集市"、博士沙龙等系列特色活动，着力构建以尧山实验室、省科学院平顶山产业技术研究院、龙门实验室平顶山成果转化中心等高能级创新平台为牵引的高层次人才引育平台，以高新技术产业、专精特新企业、"瞪羚"企业以及"中原学者"工作站、博士后工作站等为载体的创新型人才引育平台，以"十万大学生集聚"工程、"双百千万"工程等为依托的青年实用人才引育平台，打造"金字塔"形人才结构，为高质量发展聚智赋能。持续开展优秀硕博士人才招引，主动走进国内知名高校，为全市企事业单位、重大科研平台引进优秀硕博士人才。

4.飞地引才

瞄准北京、上海、粤港澳等高层次人才集中的地区，通过"政府引导、部门联合、市场加入"，依托平顶山市龙头企业建立市外研发基地，或与科研院所合作共建实验室，引进产业急需紧缺人才，探索"人才在外地、科

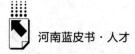

研在鹰城，项目在异地、产业在鹰城"的引才新路子。实施以才引才，充分挖掘本土高端人才和在外优秀人才的朋友圈、同事圈、校友圈、同行圈，选聘"引才大使"，围绕重点产业，开展人才项目举荐，形成以才引才、以才荐才、以才聚才的良性循环。

### （二）系统育才

#### 1.创新平台育才

强化平台建设，围绕未来产业谋篇布局、新兴产业重点培育、传统产业高位嫁接，按照基础支撑型创新平台"稳基础"、产业技术型平台"促转化"、公共服务型平台"强服务"的总体定位，谋划构建"定位清晰、梯次支撑、衔接有序"的创新平台体系。聚焦产业发展，加快建设尧山实验室、省科学院平顶山产业技术研究院、龙门实验室平顶山成果转化中心等一批高水平创新平台，采取针对性邀约、"量身定做"等一事一议方式，围绕新材料、先进装备制造等重点产业，吸引集聚拥有关键核心技术成果的领军人才和顶尖科学家团队，给予前置启动资金和个性化政策支持。

#### 2.高端培训育才

实施产业人才培养工程，聚焦平顶山市重点产业和前沿科技领域，每年组织高层次人才参加产业发展高峰论坛，到国内知名院校、领军企业等研修学习，提高人才产业创新发展能力。开展企业家培养工程，探索设立"企业家大学"，聚焦企业经营、投融资、科技创新等重点内容，采取企业家成长营、高级研修班、标杆企业游学等形式，每年分层次、分行业遴选组织一批企业创始人及中高层管理者，到知名高校、企业开展精准培训，增强企业竞争力。面向教育体育、医疗卫生、社会工作、文化旅游等重点民生领域，开展"鹰城名中医""名师名校长名班主任""鹰城工匠"等评选活动，培育一批市级领军人才，支持成长为省级、国家级高层次领军人才。

#### 3.校企合作育才

深入推进产才融合、校企合作，探索构建"企业出资、院校出智"人才培养新模式，引导激励企业加大人才培养投入，开展订单式培养人才，精准培养产业发展所需人才。多渠道、全领域搭建大学生校外实践和就业实习基地，通过"人才"与"产业"、"理论"与"实践"的深度融合，为青年人才成长搭建"练兵场"，为企业用才提供"检阅台"。

## （三）科学用才

### 1. 构建更加灵活的人才评价体系

推动人才评价机制改革，健全以能力、质量、实效、贡献为导向的科技人才评价体系，发挥人才评价"指挥棒"作用，激发人才的创新活力。支持尧山实验室等高端创新平台开展职称自主评审，赋予关键核心技术企业和重点科研平台"人才举荐权"，让人才评价"由企业说了算、市场说了算"。推行科研项目经费"包干制"试点，推动尧山实验室等高能级创新平台赋予科研人员更大经费使用自主权和技术路线决定权，构建充分体现知识、技术等创新要素价值的收益分配机制。

### 2. 建立更加有效的人才使用机制

进一步扩大人事自主权，围绕中心、服务大局、聚焦实际，在扩大单位用人自主权、工资绩效自主权、岗位管理自主权、职称评审自主权等方面，细化完善配套举措，切实为人才松绑减负。加快建立科学完善的管理体制，避免出现"一管就死、一放就乱"的情况，做到按需设岗、按需用人，实现人员岗位能上能下、待遇能高能低，真正激发人才创新创造活力。

### 3. 设立更加多元的人才交流渠道

整合本地企业与外地高校院所联建的实验室、科技创新平台等资源，外派人才驻点挂职锻炼、深造实习、科研交流，帮助快速提升项目实操能力。促进不同领域人才流动，进一步畅通企业、社会组织人员进入党政机关、国有企事业单位渠道。推动企业与高校院所互派优秀人才担任"科技顾问""客座（名誉）教授""创业导师"，吸引高层次人才、有创新实践经验的企业家、企业科技人员到高校、科研院所兼职，鼓励高校、科研平台选派科技人员、青年博士到企业挂职任职、兼职兼薪等。

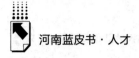

### （四）用心留才

#### 1. 组织关怀聚人才

实行"有呼必应"的服务落实机制，建立首席人才服务官制度，由市委常委、组织部部长担任首席人才服务官，市委组织部分管人才工作同志担任人才服务专员，市委组织部人才工作科室同志担任人才服务代办员，为重点企业、科研平台和高端人才提供专项人才服务。落实党委联系专家制度，及时帮助解决工作生活难题。强化人才政治吸纳，优选高层次人才入选各级"两代表一委员"，推荐高层次人才发展成为产业顾问等，听取人才创新创业诉求、产业发展意见建议。

#### 2. 真金白银助人才

加大人才发展财政投入，设立人才发展专项资金，财政预算支持和政策兑现"上不封顶"。加强创新创业金融支持，探索设立"人才双创投资引导基金"，采取股权投资、股权激励等形式，解决新引进人才团队创新创业"有智无资"难题。引导金融机构推出"人才贷""人才险"等项目，采取信用担保、贴息贷款、专利质押等方式，为人才创新创业提供信用贷款，开发专利申请费用补偿保险、专利侵权保险等险种。

#### 3. 品质服务暖人才

推行"一站式"服务，建立高层次人才服务绿色通道，在社保服务、职称评审、子女入学、配偶就业、医疗保健、文旅出行、住房安居等方面，提供全方位、全链条、全周期服务。加快建设具有主动服务、智能管理等功能的人才工作数字化平台，运用大数据、云计算、人工智能等技术，打造全市统一的人才流量入口、服务枢纽和数据中心，实现工作"一张网"、服务"一个码"、数据"一个库"。

#### 4. 浓厚氛围敬人才

规划建设人才主题公园，创作人才展示板、主题打卡墙，营造浓厚人才文化氛围。定期举办人才沙龙，采取实地考察、座谈交流、观摩调研等形式，搭建与各类专家人才沟通交流的纽带桥梁，交流观点、分享经验、助力发展。探索创办高水平国际（行业）会议、专业论坛、科技交流、创新创业大赛，按活动层次规模给予举办单位资金支持。围绕人才需求，全面提升健康养老、商贸服务、餐饮住宿、休闲娱乐等服务质量，在全社会营造爱才敬才的良好氛围。

## 参考文献

《深圳出台〈关于实施更加积极更加开放更加有效的人才政策促进人才高质量发展的意见〉》，《深圳特区报》2023 年 11 月 1 日。

陆洲、高丽敏：《河北省科技创新尽职免责机制建设问题研究》，《保定学院学报》2023 年第 2 期。

# B.21
# 安阳市"洹泉涌流"人才集聚计划研究

胡志鹏　秦德华*

**摘　要：**　近年来，国内各城市之间的人才竞争愈演愈烈，人才新政迭代升级。在此背景下，安阳市推出"洹泉涌流"人才集聚计划。本报告立足于安阳建设区域人才中心和创新高地，对安阳市出台"洹泉涌流"人才集聚计划的时代背景和政策内容进行解读，详细阐释深入实施"洹泉涌流"人才集聚计划的措施做法和取得的丰硕成果，在此背景下分析了新形势下安阳市在人才引进上存在的不足和面临的挑战，提出加强区域合作、优化引才政策、加大市场配置资源力度等对策，以期为推动安阳市人才工作高质量发展提供决策参考。

**关键词：**　人才引进　"洹泉涌流"人才集聚计划　安阳市

　　党的十八大以来，各地对人才的重视程度和需求不断上升，诸多城市出台人才新政，人才争夺战进入白热化状态。安阳市是国家确定的区域性综合交通枢纽城市、陆港型国家物流枢纽承载城市，是豫晋冀三省交界地区区域中心城市、京津冀周边协同发展城市。作为豫北地区工业门类最为齐全的城市，安阳市在河南省经济发展大局中发挥着重要作用。近年来，安阳市委、市政府深入贯彻落实省委创新驱动、科教兴省、人才强省战略，积极践行聚天下英才而用之理念，始终坚持人才引领创新发展，深入实施"洹泉涌流"人才集聚计划，全过程、"一站式"、专业化做好人才

---

　　* 胡志鹏，安阳市委人才办副主任、安阳市人才工作服务中心副主任；秦德华，安阳市委组织部人才工作科副科长。

"引育留用服"工作,为安阳加快建设区域人才中心和创新高地提供强有力的人才保障和智力支撑。本报告通过对"洹泉涌流"人才集聚计划的深入分析,总结经验做法、展望未来发展,将为推动安阳市人才工作高质量发展提供坚实理论支撑,同时为市情相近的内陆中等城市开创性做好人才工作提供思路借鉴。

# 一 "洹泉涌流"人才集聚计划政策解读

作为河南省的重要工业城市和历史文化名城,安阳市近年来在经济社会发展上面临着一些挑战和机遇。一方面,随着国内外经济形势的变化和产业升级的推进,安阳市传统产业面临着巨大的转型压力;另一方面,随着科技创新的加速和人才竞争的日益激烈,安阳市亟须引进和培养各级各类人才,特别是高层次人才,为城市的创新发展和产业升级提供支撑。在这种背景下,安阳市委、市政府深刻认识到人才是推动城市发展的关键因素。为了吸引和留住人才,推动经济转型升级,安阳市委、市政府于 2020 年 3 月 24 日向全社会正式发布"洹泉涌流"人才集聚计划。该人才计划的出台,既是安阳市委、市政府对当前人才形势的积极回应,也是对未来城市发展的深刻谋划。"洹泉涌流"人才集聚计划突出事业引人、环境留人导向,坚持以产业聚人才,用人才促产业,用真金白银、精诚服务、一流环境吸引和留住人才,精准服务安阳市新能源汽车及零部件、精品钢及深加工、高端装备制造、文化旅游等四大千亿级主导产业以及其他重点项目、重点企业、重点产业和经营状况良好、有引才愿望和需求的企业(主要是"四上"企业)的发展,引进一批数量充足、结构合理的高素质人才,确保人才引得来、留得下、发展得好。2023 年 8 月,安阳市进一步聚焦高层次人才引进,又制定出台了"洹泉涌流"高层次人才引进"1+23"政策,以加快建设区域人才中心和创新高地为引领,涵盖引才举措、推进机制、服务配套等各环节,包含安居住房、配偶安置、子女入学、医疗保健、创业扶持、科研支持等方面,构建起一体化政策和制度体系,形成更加开放的高层次人才发展政策

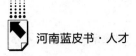

体系。

"洹泉涌流"人才集聚计划可以概括为"一个体系""三类人才""七项优惠"。"一个体系"即定位明确、层次清晰、衔接紧密、促进企业人才可持续发展的引进和培养政策体系;"三类人才"即按照引进对象不同,分为急需紧缺人才、青年储备人才、其他特殊人才等三个类别;"七项优惠"即在落户政策、住房保障、生活补助、创新创业补贴、家属安置、子女入学、其他优惠等7个方面出台的一揽子优惠政策。同时,全方位构建一窗通办、一卡通行、一站集成、一支笔认定、一事一议"五个一"人才服务体系。① 具体而言,安阳市各级各类企业引进并经认定符合条件的人才,清华大学、北京大学定向类硕士及以上学位选调生,均可享受"洹泉涌流"相关人才政策。例如实行"零门槛"落户政策;购房补贴上,引进人才(含配偶)在安阳购买商品住房的,可申请一次性购房补贴,其中普通全日制本科毕业生或技师补贴3万元,普通全日制硕士研究生或副高级专业技术人员、高级技师补贴5万元,普通全日制博士研究生或正高级专业技术人员补贴12万元;生活补助上,普通全日制本科毕业生或技师补助600元/月,普通全日制硕士研究生或副高级专业技术人员、高级技师补助1200元/月,普通全日制博士研究生或正高级专业技术人员补助2000元/月;住房保障上,向新引进且在安阳市域内无住房的人才提供按照"四统一"标准(统一室内装修、统一外观风格、统一物品配置、统一物业管理)打造的人才公寓,免费入住3年;创新创业补贴上,在安阳落户的青年储备人才市域内初始创业的,可申请一次性初始创业补贴最高2万元;子女入学政策上,引进人才子女在义务教育阶段且有意到安阳市就学的,按照相关政策,随时安排入学;此外,在家属安置、医疗保健、交通出行、文化旅游、职称评定上,都有相应的政策支持。

---

① 《安阳市"洹泉涌流"人才集聚计划发布词(摘录)》,安阳网,2020年3月25日,https://www.ayrbs.com/epaper/html/2020-03/25/content_381647.htm。

## 二　安阳市深入实施"洹泉涌流"人才
集聚计划主要举措

近年来，安阳市始终将深入实施"洹泉涌流"人才集聚计划作为推动城市高质量发展的战略举措，以服务四大千亿级主导产业发展为重点，结合自身发展需求不断推动人才政策体系完善升级，为加速形成区域人才中心取得了开创性的成果。

### （一）坚持党管人才，改革创新人才工作的体制机制

一是毫不动摇坚持党管人才原则。安阳市委、市政府对人才工作高度重视，按照省委统一部署，建立安阳市委人才工作领导小组，动态更新成员单位，确保人才工作常抓常新。组织部门切实履行牵头抓总职责，抓方向、抓统筹、抓关键，重点做好政策研究、力量整合、环境营造、督促指导。在具体工作中，做到既发挥政策优势，又防止管得过多过细影响人才活力的发挥，始终做到管宏观、管政策、管协调、管服务，把党管人才的着力点落在加强政治引领上，充分发挥党组织凝聚人才的作用，不断提升人才的归属感、成就感与幸福感。

二是凝聚齐抓共管强大人才工作合力。安阳市各级党委（党组）发挥统揽人才工作全局的优势，把各部门的积极性创造性调动好、保护好、发挥好，以协作高效的工作机制推动人才相关职能部门作用充分发挥，切实构建党委统一领导，组织部门牵头抓总，有关部门各司其职、密切配合，社会力量广泛参与的人才工作格局。各级人才工作领导机构通过改进方法、制度引航、创新机制，加强人才工作领导机构成员单位之间的沟通交流和分工协作，强化人才工作目标责任考核和机制保障，强化重点工作跟踪指导和专项督查，形成责任主体"硬性约束"，实现人才工作运转畅通。各级人才工作领导机构成员单位明确自身职责，聚焦职能作用发挥，集中优势力量做好本领域人才工作，形成"1+1>2"的效应。同时，充分发挥用人主体在人才培

养、引进、使用中的主观能动性和积极作用，增强服务意识和保障能力，不断提升做好人才工作的内生动力。

三是充分发挥市场作用提升人才发展效能。发挥市场在人才资源配置中的决定性作用，加快推进人才发展和人力资源服务市场化。出台《推进安阳市人力资源服务业高质量发展的意见》，通过落实落地引进、集聚、服务、保障等十项创新举措，打造国家级人力资源服务产业园，加快构建人力资源服务产业体系。推行人力资源服务许可告知承诺制。公布人力资源服务许可告知承诺办事指南，明确适用范围，规范工作流程，强化事后核查，提高市场主体办事的便利度和可预期性，激发人力资源服务领域市场主体发展活力。

## （二）提升服务效能，打造"近悦远来"的人才最佳生态

一是深化"一岗一房"。2021年10月，在河南省率先提出"新引进人才免费入住三年周转房"的"一岗一房"引才举措。"一岗"，即精准开发优质岗位。建立动态更新的"全市人才岗位供给库"，靶向、精准、多渠道开发数量足、潜力深、待遇好、保障优、前景广的优质岗位，为各类人才"量身"设岗。近四年来，累计开发岗位11.4万个，仅2023年开发岗位4.6万个。"一房"，即多方筹建人才公寓。通过政府筹建、企业自建、园区配建、市场运作以及纳入保障性租赁住房统一管理等多种形式，安阳市已建设人才公寓项目59个，共计10455套住房，分布在园区、企业、社区、商圈等区域的59个地点，实现五县（市）四区全覆盖。"十四五"期间，每年将新增5000套，2025年年底达到2.2万套，形成长效可循环的人才住房保障模式。①

二是优化服务保障。集聚人才的基础是做好服务保障。"洹泉涌流"人才集聚计划始终把人才服务保障放在优先位置，聚焦人才衣食住行，在安阳

---

① 《河南安阳市：持续深化"洹泉涌流"人才集聚计划》，河南省人民政府网站，2023年10月20日，https://www.henan.gov.cn/2023/10-20/2833245.html。

市市县两级打造人才综合服务窗口 11 家,聚焦人才急难愁盼问题和人才关心的"头等大事""关键小事",进一步提升服务精准化水平,把服务融入人才工作生活日常,用心服务,务实保障,持续优化人才发展生态,营造既有温度又有力度的人才发展环境。对高层次人才实行"一人一方案一专班"全程跟踪个性化服务。探索将人才服务融入人才日常休闲生活,推动"洹畔英才卡"与百余家门店协作,推出人才消费折扣活动、推广人才创业示范店等服务。

三是营造暖心式敬才氛围。从《我们,来啦》等高质量人才宣传片,到"洹泉涌流"十佳最美人才评选和"洹泉涌流 扬帆启航"颁奖盛典,再到全国首部人才主题漫画《来》、《"洹泉涌流"创意画册》、"求职锦囊"、探索打造安阳"洹泉涌流"人才夜校项目等,安阳市通过不断创新拓展人才宣传方式,重才敬才氛围越发浓厚,人才的获得感和幸福感不断增强。同时,安阳市全方位打造人才粉丝节,形成人才联谊派对、人才夜校、人才驿站、人才"家"年华等"洹泉涌流"人才品牌矩阵,全力打造人才近悦远来、活力迸发、创新创业的理想之城、乐创之城、安心之城、友好之城。

## 三 "洹泉涌流"人才集聚计划成效显著

制定人才政策的最终目的是吸引人才,助推经济社会发展。"洹泉涌流"人才集聚计划发布以来,得益于安阳市委、市政府和各级党委(党组)对人才工作的高度重视,安阳市人才工作凝心聚力、踔厉奋发、勇毅前行,人才发展体制机制不断创新、人才队伍建设不断加强、人才培养质量持续提升,人才发展环境不断改善,人才工作持续向好。

### (一)招才引智成果丰硕

截至 2023 年底,安阳市通过"洹泉涌流"人才集聚计划吸引 4.1 万余名各级各类人才来安阳就业创业，其中入库急需紧缺人才、青年储备人才、其他特殊人才等三类人才9520人。① 2023年全年，安阳全市累计延揽本科以上人才20000人，签约人才项目227个，均位居河南省第一方阵。其中，引进博士后、副高级职称以上专业技术人员等高层次人才150人，居河南省第二位。② 实施吸引博士后来安留安工作专项行动，安阳市累计招收博士后研究人员120人，发表学术论文170余篇，获得国家和省博士后基金资助37项，国家和省、市博士后经费629.7万元（国家24万元、省523.3万元、市82.4万元）。获国家和省部级科技进步奖24项，取得国家专利165项，承担科研项目100余项，转化成果效益超百亿元。同时，积极组织开展各类高层次人才的推荐选拔和管理工作，着力选拔培养创新型领军人才。目前，安阳市拥有享受国务院政府特殊津贴专家63名，省政府特殊津贴专家15名；省学术技术带头人50名，市学术技术带头人683名；省高层次人才30人，其中B类（国内一流人才）1人、C类（省内一流人才）28人。③

### （二）人才发展平台发展良好

2023年，安阳市在河南省率先实施使用人才编制市聘区用、政聘企用，为9个开发区（示范区）引进紧缺专业硕士17人，确认32家企业135条人才需求，使用29名人才专项编制引进急需紧缺的文博类高层次人才，《盘活人才编制 招才引智兴安》获评2023年（第六届）全国人才工作优秀案例。建立招才引智和职称评聘绿色通道，一年来20余家市直事业单位使用绿色通道招引高层次和紧缺人才900余名，享受职称倾斜政策200余人。

落实科创"金十条"，高标准建设"安阳创新大脑"，创新"项目+人才""平台+人才""成果+人才"引才模式，积极与张锁江、刘嘉麒、邓中

---

① 数据来源：《洹泉涌流人才服务信息系统》（升级版）。
② 数据来源：《2023年1~12月全省招才引智工作情况》。
③ 数据来源：中共安阳市委人才工作领导小组相关成员单位提供。

翰、张改平、倪维斗、康相涛等院士团队，国家级专家魏武教授、许国昌教授等团队及重点高校、科研院所合作，省级以上创新平台达到 181 家，规上工业企业研发活动覆盖率提升至 72.8%，国家级高新技术企业达到 390 家。翔宇医疗获评国家级工业设计中心，为安阳市首个。3 个项目入选省级外国专家项目，1 个项目获省自然科学奖一等奖，3 个项目获省科学技术进步奖一等奖，3 个项目获省科学技术进步奖二等奖。举办第四届首都高校大学生创新创业大赛优秀项目安阳行活动，展示 4 个赛道 32 个项目，现场 10 个项目达成合作意向。选派 111 名博士科技特派员深入 98 家企业，帮助企业建立研发平台，解决技术难题。

### （三）高水平创新平台建设持续加强

安阳市持续实施创新型企业金字塔梯次培育工程，利用科技服务中介提升高企培育广度，建立市、县（市、区）两级高新技术企业和科技型中小企业培育库，形成联动培养机制。2023 年新增瞪羚企业 8 家，组织两批高新技术企业申报，安阳市入库科技型中小企业突破 700 家。出台《安阳市工程技术研究中心和重点实验室认定与管理办法》，加强研发平台动态管理，新认定 66 家市级工程技术研究中心和 9 家市级重点实验室。2024 年 2 月 28 日，安阳市首家省实验室——蓝天实验室揭牌成立，将有力优化安阳科技创新体系，为产业结构调整和经济高质量发展注入新的活力。

### （四）人才发展市场化初见成效

目前，安阳市本级设有人才开发、就业促进、劳动保障等 11 个公共服务机构，9 个大中专就业服务指导站，建有功能齐备，设施完善，服务信息化、规范化的市级人力资源市场。9 县（市、区）建有"一站式"综合服务中心 10 个，132 个乡镇（街道）建有人力资源服务所，3435 个村（社区）建有人力资源服务站。已初步形成市、县（市、区）、乡镇（街道）、村（社区）四级公共服务体系。① 安阳市拥有资质的经营性人力资源服务机构 171 家，其中市级 25 家、县（市、区）级 146 家，经营性机构正向业务广泛、功能完善方面发展。

## 四 "洹泉涌流"人才集聚计划面临的机遇和挑战

当前，世界百年未有之大变局加速演进，安阳市的人才工作在走好中国式现代化道路的同时，要保持清醒头脑，正确对待面临的战略机遇和风险挑战。

正向来看，全社会尊才爱才敬才用才的大环境日益向好。党的二十大报告专章指出，要"实施科教兴国战略，强化现代化建设人才支撑"。"深入实施人才强国战略"，② 为做好新时代人才工作指明了方向，提供了遵循。省第十一次党代会提出"十大战略"，并将"实施创新驱动、科教兴省、人才强省战略"列在首位。③ 从安阳实际看，市委、市政府历来高度重视人才工作，始终将人才强市战略作为城市发展的重中之重。2020 年 3 月发布"洹泉涌流"人才集聚计划以来，不断优化完善人才政策，提升人才服务水平，加快建设区域人才中心和创新高地。2023 年，安阳市委、市政府深入贯彻习近平总书记视察陕西延安、河南安阳重要讲话精神，锚定"两个确保"，深入实施"十大战略"，打响全力"拼经济"十大攻坚战，"人才创新引领攻坚战"位列其中。④ 2023 年省委、省政府出台《关于支持安阳以

---

① 《关于我市人力资源服务及市场发展情况的调研报告》，安阳市人大网站，2022 年 11 月 7 日，https：//aysrd. henanrd. gov. cn/2022/12-15/150290. html。

② 《习近平：高举中国特色社会主义伟大旗帜 为全面建设社会主义现代化国家而团结奋斗——在中国共产党第二十次全国代表大会上的报告》，中国政府网，2022 年 10 月 25 日，https：//www. gov. cn/xinwen/2022-10/25/content_ 5721685. htm。

③ 《中国共产党河南省第十一次代表大会隆重开幕 楼阳生代表中国共产党河南省第十届委员会作报告 王凯主持大会》，河南省人民政府网站，2021 年 10 月 26 日，https：//www. henan. gov. cn/2021/10-26/2335037. html。

④ 《安阳市全力"拼经济"十大攻坚战》，安阳市人民政府网站，2023 年 1 月 30 日，https：//www. anyang. gov. cn/2023/01-30/2375068. html。

红旗渠精神为引领建设现代化区域中心强市的意见》，支持安阳持续实施创新驱动、科教兴市、人才强市战略，支持安阳实施"洹泉涌流"人才集聚计划，更加坚定了安阳朝着加快建设现代化区域中心强市的目标奋勇前进的信心和使命。

在诸多推动"洹泉涌流"人才集聚计划发挥政策效应，加速人才引进的利好条件下，安阳市人才工作也面临着前所未有的压力和挑战。

一是京津冀地区和省内城市对人才的虹吸效应。安阳市区位优势明显，承东启西、连南贯北，京港澳高速、南林高速、大广高速穿境而过，京广高铁、京广铁路贯穿南北，晋豫鲁铁路横贯东西。地理位置上的优势并没有完全转变为人才引进的优势，和京津冀地区以及省内经济发展较好的城市相比，安阳市在薪酬待遇、教育医疗、生态环境、公共配套服务等方面相对较弱，对高层次人才的吸引力明显不强，同时因为安阳交通便捷，安阳地区"三本四专"高校毕业生留安率处于较低水平，人才外流现象突出。

二是引才政策同质化倾向。随着各地人才争夺愈演愈烈，诸多城市在制定人才政策的过程中会选择持续加码，通过不断提高政府资金补贴额度，博得人才的关注和实现对人才的吸引。安阳市的人才政策本质上也是在通过"真金白银"物质化的刺激来提升城市对人才的吸引力。但基于当前财政普遍存在压力加大的局面，盲目的政策加码难以形成持续性吸引力，用人主体缺位影响人才有效配置，长此以往，更不利于三、四线城市引才聚才工作，地区间人才失衡现象将会进一步加剧。

三是人才发展市场化程度偏低。从当前来看，安阳市招才引智工作依然是通过行政主导方式进行，人才引进渠道也是由组织、人社等部门牵头打通。虽然前述部门运用多种方式激发人力资源服务市场活力，但是用人单位用人主体意识和市场运作意识缺乏，本土人力资源服务机构发育不优、业务较低端，国内外知名人力资源服务机构入驻较少，仅依靠政府进行人才引进不可避免地会出现人才开发资源过少、从业人数不足、资金投入有限等多方面的问题，导致人才引入的精准性进一步降低。

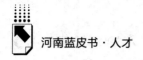

## 五 提升人才引进政策实施效果的对策建议

### （一）提升城市引力，破解虹吸效应

人才向更高平台流动是符合人才发展规律的。安阳市要真正留住人才，不断增强城市自身的吸引力才是根本。要紧紧围绕安阳市产业发展特点，树立开放合作的理念，向先进发达地区借势借力，持续加深交流和合作。通过建设科技智库、引导新型研发机构等创新主体高质量发展，逐步提高自主创新和消化再创新能力，促进成果转化和产业发展，形成以科技为支撑的产业发展模式。依托安阳智慧岛、安阳市科技创新研究院、安阳科创"双中心"等创新创业试验区先行先试政策优势，在科技、土地、财政、税收、融资、人才等方面加大扶持力度。积极推动安阳市科技创新研究院与知名大院大所合作，在京津冀、长三角、粤港澳大湾区等发达地区设立分院或离岸创新中心，提供办公场地、经费支持和住房保障等，以吸引大批知名高校博士研究生、博士后来安阳进行科学研究、成果转化等工作为重点，集聚知名高校顶尖人才、领军人才作为合作导师来安阳进行课题指导，通过联合安阳重点企业、高校依托科技项目与知名大院大所合作进行订单式人才培养，实现人才政策、引才机制和引才效果的集成突破。

### （二）优化引才策略，提升目标成效

相较于东部地区的城市，安阳市如果单纯"拼政策"，很难在激烈的城市人才争夺战中占据主动，夺得先机。因此，必须实施差异化的引才策略，发挥比较优势，确保人才引得来、留得下、用得好。聚焦城市产业长足发展引才，围绕产业链布局人才链，依托人才链壮大产业链，探索实施"产才融合，双链驱动"，促进人才和产业良性互动。更加注重打好"感情牌"，通过建立安阳籍在外高层次人才联系服务机制，以乡情为纽带，

以服务为抓手，依托驻外招才引智工作站等载体，主动做好联络服务工作，多措并举吸引乡土人才返安创业就业。强化柔性引才理念，坚持不求所有、但求所用，不求所在、但求所为。支持通过项目合作、成果转化、联合研发、技术引进、人才培养等方式，实现人才资源共享。加强活动宣传，提升政策知晓率，对人才政策进行全面梳理和系统总结，进行精准靶向宣传。用好用活中国·河南招才引智创新发展大会平台载体，开展大规模常态化招才引智专项行动，整合多方资源，充分利用新闻媒体、微信公众号、网络直播等新媒介进行政策宣传，让人才政策成为助企良策，让尊才爱才理念深入人心。

## （三）加大市场配置资源力度，拓展多元引才渠道

安阳市要进一步打破人才市场发展过程中存在的行政性壁垒和体制性障碍，加大市场配置资源力度，构建科学有效的人才市场一体化运行机制。围绕服务重点产业发展、产业集聚区发展，建设一批有特色、有活力、有效益的人力资源服务产业园，形成一体化产业园布局。提高人力资源服务产业园服务产业集群发展能力，促进专业人才向产业集群高度集聚。鼓励各级人力资源服务产业园搭建交流对接、合作发展平台。完善人力资源服务领域专精特新中小企业培育体系，推动技术、资金、人才、数据等要素资源向创新企业集聚，在人力资源测评、人力资源培训、网络招聘、人力资源管理软件、人力资源大数据分析应用等领域，引导专注细分市场、提高创新能力、掌握核心技术，发展具有原始创新能力和集成创新实力的人力资源服务科技型、创新型企业。

**参考文献**

《持续升级"洹泉涌流"人才集聚计划　全力打造人才发展新高地——安阳市人才工作综述》，《人才资源开发》2023 年第 17 期。

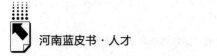

刘怡然：《安阳市"洹泉涌流"人才引进计划探究》，《河北企业》2020年第9期。

李娜、张霁星：《人才引进政策实施效果与优化策略研究——以"海河英才"行动计划为例》，《中国人事科学》2022年第6期。

单贺明、许蓝月、刘玉：《新时代安阳市推进人才强市战略研究》，《安阳师范学院学报》2019年第4期。

# B.22
# 郑州大学人才队伍建设成效与展望

孙晓波 常 静*

**摘 要:** 人才是一流大学建设的关键。近年来,郑州大学聚焦建设世界一流大学目标,深入实施人才强校战略,优化顶层设计、完善人才制度体系、创新人才引育机制、探索人事制度改革、营造良好人才环境,实现了人才引育规模和质量的双提升。然而,郑州大学人才队伍建设仍存在一些不足,特别是高层次人才占比低于"双一流"高校均值、人才培养引进的支撑条件缺乏竞争力、人才评价机制的模式化等问题尚未根本破除。为此,郑州大学要进一步提高政治站位,全面落实"党管人才"原则,把打造高质量人才队伍放在"双一流"建设的突出位置,多措并举,打造创新创业的高地、人才会聚的高原、人才成长的高峰,为推动中国式现代化建设的河南实践贡献力量。

**关键词:** 人才强校 人才高地 郑州大学

习近平总书记明确指出,"办好中国的事情,关键在党,关键在人,关键在人才"。① 锚定"两个确保"、实施"十大战略",其关键也在人才。作为国家一流大学建设高校,郑州大学在凝聚创新人才、集聚重大科技平台、攻克关键核心技术、推动创新发展等方面肩负重要历史使命。

---

\* 孙晓波,郑州大学党委人才办主任、党委组织部副部长、人事部副部长,副教授;常静,郑州大学党委人才办高层次人才发展科科长。

① 《习近平就深化人才发展体制机制改革作出重要指示强调 加大改革落实工作力度 让人才创新创造活力充分迸发》,《人民日报》2016 年 5 月 7 日。

实际上，人才是一流大学建设的关键。只有高水平的师资队伍，才能培养出高层次的创新人才，产出高质量的创新成果，进而更好地服务国家创新高地建设。人才的进步也将带动学生培养质量、科研经费、国际学术影响、重大社会服务等一流大学建设核心指标的显著进步，促进河南加快建设全国重要人才中心。近年来，郑州大学围绕贯彻落实省委重要战略部署，牢牢扭住人才这个关键因素，深入实施和推进人才强校战略，努力打造创新创业的高地、人才会聚的高原、人才成长的高峰，为一流大学建设持续注入强大动能，为推动中国式现代化建设河南实践作出了郑州大学的应有贡献。

# 一 郑州大学强化人才队伍建设的做法

近年来，郑州大学持续推进人才强校战略，牢固树立"人才是第一资源"的理念，着力建设吸引、集聚人才的学科平台，围绕国家创新高地与世界一流大学建设目标，通过优化顶层设计、完善人才制度体系、创新人才引育机制、探索人事制度改革、营造良好的人才环境，构建了科学规范、开放包容、运行高效的人才发展治理体系和关键资源配置体系，人才引育体制机制优化的"溢出效应"持续显现。

## （一）坚持人才优先发展战略，始终把握人才工作主线

### 1. 深化人事制度改革，激活人才发展动力

"实践发展永无止境，解放思想永无止境"。① 郑州大学始终"求变求新"，创新性地将人事人才制度改革作为突破点和动力源，将人才队伍建设作为核心点和增长极，瞄准人才队伍发展的主要矛盾和瓶颈问题，坚持"做大增量"和"激活存量"并重，构建了系统完备、科学规范、运行高效

---

① 《中共中央关于全面深化改革若干重大问题的决定》，中国政府网，2013 年 11 月 15 日，https：//www.gov.cn/zhengce/2013-11/15/content_ 5407874. htm。

的人才制度体系。在完善高层次人才管理制度方面，先后制定了《郑州大学学科特聘教授岗位设置和实施办法》《郑州大学青年拔尖人才选拔培养实施办法》《郑州大学高层次人才考核工作实施办法》等文件，为更好地促进高层次人才发展奠定了基础。在健全青年人才引育制度方面，先后制定了《郑州大学青年教师"求是"计划实施办法》《郑州大学青年专职科研人员"求是"计划实施办法》《郑州大学博士后"求是计划"实施办法》等办法，为加快青年人才引育提供了制度支撑。在实施教师分类管理方面，出台了《郑州大学教师岗位分类设置与管理办法》《郑州大学教师岗位设置和聘用实施细则》等制度，针对教学型、教学科研型、科研型、社会服务型以及临床教研型等不同类别的教师，分别设置了上岗条件、岗位职责和考核标准，有效激发了教师干事创业热情。在职称制度改革深化方面，建立了不同类别教师岗位的职称评审制度，推行代表作制度和第三方评价，以能力、业绩为导向的人才评价机制逐步完善，"不拘一格评人才"的氛围加快形成。在绩效薪酬制度完善方面，采用"校院两级"管理模式，下放管理重心，实现灵活管理，为全校人才事业高质量发展增势赋能。

2. 构建立体式人才体系，打造全面人才梯队

尊重人才"代际"培育的客观规律，坚持"引育并举、以育为本"的人才工作理念，围绕学校定位、学科发展规划，全面对接国家及区域人才战略，构建了"顶尖人才—领军人才—拔尖人才—青年人才"立体培育体系。围绕顶尖人才培育，实施顶尖人才支持计划，以国家战略需求为导向，聚焦"卡脖子"关键技术和基础前沿领域，以重大课题、重大项目为依托，按照"一人一策"原则给予全方位支持。围绕领军人才，实施领军人才计划，以平台和团队为依托，制定学科特聘教授制度，打造人才集聚高地。围绕青年人才培育，实施"求是"青年教师计划、专职科研人员计划等，为青年人才分层次提供科研支持经费和有竞争力的薪酬待遇，加速人才代际成长，打造人才队伍生力军。

3. 完善人才支持政策，优化人才发展环境

构建一揽子人才引育支持系统，坚持原则性与灵活性相结合，落实人才

引进自主权、岗位设置和聘用自主权、职称评审自主权、年度绩效分配自主权，实现人才资源的优化配置和高效利用；实施分类考核评价办法，通过对不同领域、不同类型的人才进行差异化评价，更加准确地把握各类人才的成长规律和发展需求，弱化人才评价与开发过程中的"错配效应"，为各类人才集聚郑大、服务中原提供更加精准、有力的支持。

### （二）加大人才培育力度，夯实人才成长发展基石

**1. 前瞻性规划，畅通人才发展路径**

郑州大学注重长远规划和顶层设计，对人才"望、闻、问、切"把好脉，构建完善的人才发展体系。坚决破除"五唯"，分类评价、全程支持，针对不同类型的人才，根据业绩聘任至相应岗位，实现个人事业发展与学校事业发展有机结合。精准判断人才成长发展过程中的"痛点"，补齐短板，"对症下药"，初步形成人尽其才的生动局面。

**2. 分层次锻造，激发潜力人才潜能**

对潜力人才，郑州大学按照院士等顶尖人才、杰青等领军人才、优青等优秀青年人才三个层次的培养目标，在经费支持、博士生招生、团队建设、合作导师支持等方面提供有针对性的培养支持。如2021年启动实施的青年人才创新团队支持计划，遴选了105个团队，支持期内已培养国家杰出青年科学基金获得者（以下简称"国家杰青"）1人、领军人才1人、国家优秀青年科学基金获得者（以下简称"国家优青"）3人、"长江学者奖励计划"青年学者（以下简称"青年长江"）5人、青年拔尖人才（以下简称"青拔"）3人，对优秀青年人才的成长起到了重要支撑作用。

**3. 差异化引导，促进多元人才协同发展**

针对不同领域不同类型人才，实施差异化培养策略。对于从事基础研究的人才，通过高水平科研项目培育提供支持；对于从事应用研究的人才，依托"青年人才企业合作创新团队支持计划"，构建此类人才与企业合作通道；对于教学科研并重、以申报"长江学者奖励计划"为目标的人才，通

过青年骨干教师项目和教研项目提升教育教学能力。近年来，每年投入经费
1000余万元用于各层次、各类别人才培养。2021年以来，依托上述差异化
培养策略，郑州大学先后有30人入选国家重大人才工程，多元人才协同发
展的局面已初步形成。

### （三）实施全球英才会聚战略，筑牢人才集聚高地

#### 1. 精准引才，会聚海内外精英

依据学科建设发展需要，郑州大学采用"靶向引进、精准匹配"的策
略，按需设岗、因岗引才，动员全校教职员工和校友等参与人才引进工作，
实现学校人才引进工作全员全年全方位布局。同时，充分利用政策优势，依
托国家人才计划，重点引进国家杰青等领军人才。2021年以来，通过国家
级人才项目引进领军人才17人，其中海外人才5人；引进青年人才15人，
均为海外人才。据统计，学校国家级人才总数从2019年的40人次，增加到
2023年底的122人次，国家级人才数量实现快速增长（见图1）。

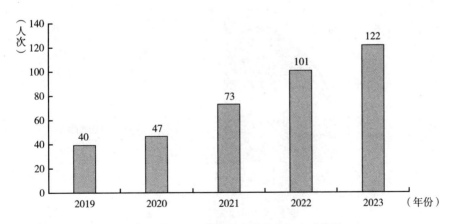

**图1 2019~2023年郑州大学国家级人才数量**

资料来源：根据郑州大学内部资料整理所得。

#### 2. 以才引才，形成良性引育机制

推动"以才引才、以才聚才"，把人才引育作为学科特聘教授团队建设

的目标任务之一，充分发挥高端人才的"晶核"和"磁吸"作用，形成人才虹吸效应。例如，单崇新副校长为2015年从中国科学院长春光学精密机械与物理研究所引进的高层次人才，在聘为郑大学科特聘教授期间，先后引进国家杰青2名，国家优秀青年科学基金（海外）获得者（以下简称"海外优青"）4名，以才引才策略成效显著。

3. 主动引才，拓宽国际视野

积极实施海外引才计划，通过举办青年学者国际论坛、组织海外招聘活动等方式，主动出击，广纳贤才。同时，国内优秀人才招聘计划也同步推进，线上线下招聘会吸引众多博士、博士后加盟。深入挖掘豫籍学者乡情资源，进一步拓宽引才渠道。2020年以来，学校引进青年人才1057人，其中专任教师496人，专职科研人员404人（见图2），新进博士中具有海外背景的博士占比为14.3%（见图3），青年人才引进实现跨越式发展。

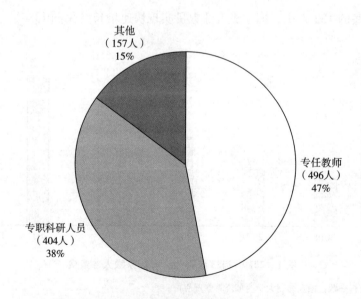

**图2　2020年以来郑州大学引进青年人才结构占比**

资料来源：根据郑州大学内部资料整理所得。

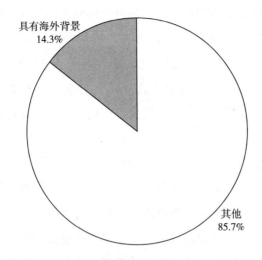

**图3　2020年以来郑州大学新进博士中具有海外背景的博士占比**

资料来源：根据郑州大学内部资料整理所得。

### （四）优化服务管理机制，打造拴心留才良好生态

#### 1.加大人才经费投入，完善人才引育基本保障

近年来，郑州大学持续加大人才经费投入，为人才队伍的全面建设提供坚实保障。特别是，针对国家级人才及其团队，在人员经费、科研经费以及平台建设经费上均予以优先且全面的支持。例如，为支持人才冲击国家重大人才工程，学校不仅提供充足的经费支持，还在人才引进方面给予特殊倾斜，积极聘请院士级别的学者担任学术导师，为人才后续的科研发展和团队建设奠定坚实基础。又如，学校2022年"双一流"建设资金中投入各类人才支持经费4.1亿元，覆盖校内多个人才引育项目和计划，确保了各项人才项目的顺利推进。

#### 2.强化统筹引领，创优人才发展环境

着力优化人才成长环境，政治上信任人才、工作上支持人才、生活上关心人才，在平台搭建、团队组建、学术发展上提供支持。积极落实引进人才相关政策，与引进人才加强沟通，协调解决各项政策落实问题。出台一系列

人才工作制度文件，明确职责权限，规范工作流程，建立高层次人才工作协同机制，形成校院人才工作合力，为人才提供制度保障。改变"重引入、轻使用""管理多、服务少"的理念，从"有求必应"向"主动应求"转变，从让人才做"填空题"到做"选择题"转变，想人才之所想、急人才之所急，秉持服务前置理念，切实转变工作作风为人才减负松绑，让人才后顾无忧、前行无惧。

**3.办好关键小事，解决人才后顾之忧**

坚持以人才为本，多为人才着想、多解人才之难、多办人才之需。通过建设和购买人才公寓，为人才提供住房保障，解决人才的后顾之忧。推进附属学校建设，与高新区共建附属中小学，努力解决高层次人才子女的就学问题。依托学校附属医院的优质健康服务资源，为人才提供便捷、先进、周到的健康服务和医疗保障。积极落实省市高层次人才制度，争取配套政策支持，形成省市校三级人才政策叠加放大作用。

## 二 郑州大学人才队伍建设取得的成效

功以才成，业由才广。郑州大学坚持高水平研究型大学的定位，大力实施人才强校战略，把引育人才、会聚人才作为基础性、战略性大事来抓，完善顶层设计、深化制度改革、优化体制机制、狠抓政策落实，实现了人才引育规模和质量的双提升，人才队伍建设取得显著成效。

### （一）师资规模结构明显优化

学校现有专任教师4472人，其中45岁及以下的中青年教师占比达到62.9%（见图4），高于国内"双一流"高校均值55.88%，年龄结构更加合理。现有在站博士后1727人（见图5），2021年、2022年、2023年获得博士后站中和站前特助的数量分别位居全国高校第14名/第2名、第9名/第1名、第9名/第2名；2023年7名博士后入选博士后创新人才支持计划，创学校历史之最，"蓄水池"效应显著。可以说，师资力量、师资结构的不断优化，为郑州大学"双一流"建设提供了坚强的人才支撑和智力保障。

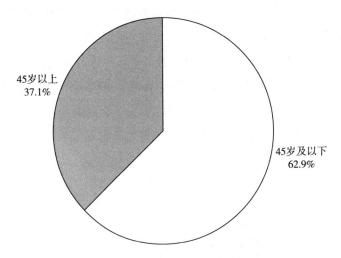

**图4　郑州大学现有专任教师年龄结构分布**

资料来源：根据郑州大学内部资料整理所得。

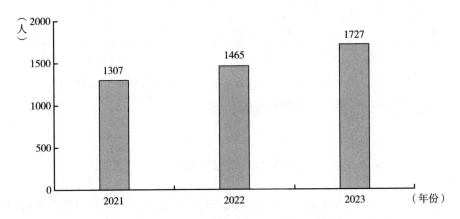

**图5　2021~2023年郑州大学博士后在站数量**

资料来源：根据郑州大学内部资料整理所得。

### （二）高层次人才加速集聚

2021年以来，郑州大学共培养引进各类高层次人才200人，其中新增院士等顶尖人才14人，培养引进国家杰青等领军人才22人，培养引进国家优青等优秀青年人才40人（见图6）；新增国家级人才计划入选者是2021年初总量的2.5倍，高层次人才集聚效应显现。特别是2023年，常俊标教授当选中国科学院院士，学科特聘教授赵中伟当选中国工程院院士，学科讲席教授拉维·席尔瓦当选中国工程院外籍院士，郑州大学实现了两院院士、外籍院士全覆盖，以院士为代表的顶尖人才建设取得历史性突破。

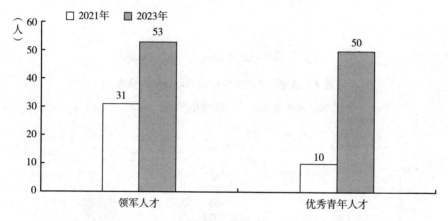

**图6　2021年初和2023年底郑州大学领军人才及优秀青年人才数量对比**

资料来源：根据郑州大学内部资料整理所得。

### （三）服务国家重大战略能力明显提升

随着郑州大学人才队伍的发展壮大，一批高层次人才成为国家级科技创新平台骨干，承担国家重大重点研究项目，聚焦"卡脖子"问题开展集成攻关，相应成果应用在"上天""下地""入海"的各个关键核心领域。例如，何季麟院士带领团队突破性解决了高性能ITO靶材全流程性"卡脖子"关键技术难题，打破国外技术壁垒，有效推进了我国平板显示用关键基材的国产化进程，成果获得 2020 年度国家技术发明二等奖。单崇新教授团队突破大尺寸、高纯度金刚石材料制备难题，为高端光电功能应用产业发展奠定基础。郑州大学橡塑模具国家工程研究中心研发团队研制的航天员面窗伴随神舟系列飞船接续升空，被中国航天员科研训练中心表彰。2023 年，学校获批 416 项国家自然科学基金项目，其中国家杰青 1 项、国家优青 2 项；获批 53 项国家社会科学基金项目，年度项目立项数居全国第 12 位，重点项目立项数居全国普通高校第 6 位。

## （四）参与世界前沿科技竞争实力大幅提高

近年来，郑州大学的一批高层次人才聚焦基础研究和应用基础研究，探索关键共性技术、前沿引领技术、现代工程技术、颠覆性技术创新，相关成果产生了较大国际影响力。例如，常俊标院士带领团队研发了我国第一个拥有完全自主知识产权并具有全球专利的 1.1 类治疗新冠肺炎小分子口服特效药阿兹夫定，不仅彻底打破了国外在抗新冠小分子药物市场的垄断地位，更是为国家"科技抗疫"作出了突出贡献。赵中伟院士为我国盐湖卤水锂的绿色高效运用提供了重要技术支撑，为我国钨钼冶炼技术水平引领世界作出了突出贡献。拉维·席尔瓦院士作为材料领域的顶级科学家，为郑州大学 2018 年创办的国际期刊 *Energy & Environmental Materials* 作出突出贡献，极大提升了学校在该领域的国际影响力。

## （五）服务经济社会发展成效全面彰显

近年来，郑州大学的一批高水平人才积极投身立德树人创新实践，引领学生在兴趣和潜力基础上全面发展，培养造就更多创新型人才。例如，张淑华教授主持的项目荣获高等教育（研究生）国家级教学成果奖；张鹏教授牵头完成的项目荣获 2022 年度教育部科技进步奖二等奖；李运富教授带领的汉字文明研究团队成果显著，推动郑州大学入选了国家第一批"古文字与中华文明传承发展工程"协同攻关创新平台。一批复合型人才深度参与经济社会治理，以产学研用深度融合支撑产业发展，通过资政建言推动解决社会现实问题。常俊标院士团队"2'-氟-4'-叠氮-核苷类似物或其盐的药物应用"专利实现技术转让，合同额达 6000 万元；余丽教授撰写的内部研究报告获中国社会科学院优秀对策信息奖意识形态类特等奖并获最高批示等。

## 三 郑州大学人才队伍建设存在的问题

郑州大学人才队伍建设虽然取得了显著进展，但还有很多问题和不足，与社会各界的期待和世界一流大学建设的目标要求还有一定差距，人才工作依然面临诸多挑战。

### （一）高层次人才占比低于"双一流"高校均值

虽然近两年郑州大学高层次人才数量明显增加，但与一流大学建设的要求还有较大差距，人才"瓶颈"尚未实现实质性突破。尤其是，顶尖人才、领军人才等高层次人才数量不足，师资队伍结构仍需进一步优化。在师资队伍结构方面，具有高级职称的占比为 51.65%，低于国内"双一流"高校均值 74.12%；具有博士学位的占比 79.47%，低于国内"双一流"高校均值 81.46%；境外学缘专任教师占比 9.41%，低于国内"双一流"高校均值 15.66%（见图 7）。

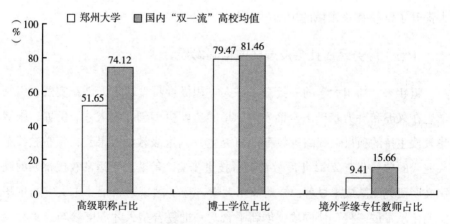

图7 郑州大学师资队伍结构与国内"双一流"高校均值对比

资料来源：根据郑州大学内部资料整理所得。

（二）人才培养引进的支撑条件缺乏竞争力

1. 高层次人才引进力度有待进一步加大

自进入一流大学序列以来，郑州大学不断加大人才引进力度，人才队伍呈快速壮大之势，质量显著提升。但对标一流建设大学 A 类高校，郑州大学在高层次人才数量特别是国家级人才数量上依然差距显著。例如，复旦大学国家级人才 767 人次、北京航空航天大学国家级人才 662 人次，而郑州大学仅有 122 人次。面对世界一流大学建设的紧迫性要求，如何克服客观条件限制，在加大本土人才培养力度的基础上，围绕会聚顶尖人才、领军人才，形成人才引进的综合竞争优势，更加积极、开放、灵活、有效的举措还不足，力度和实效性还有待提升。

2. 支撑人才培养引进的基础条件需进一步改善

学校学科整体水平有待进一步提升，缺乏学科高度和影响力，对高层次人才的吸引、凝聚作用不够，人才高地的"虹吸"效应未充分显现。面向世界科技前沿、主动对接服务国家战略的支撑能力有限，有组织地开展重大科学研究的大团队数量有限，通过重大科研实践培养人才的能力不强；平台、设施支持人才承担大项目、产出大成果的力度有限。

（三）人才评价机制的模式化尚未根本破除

1. 人才评价机制还有待进一步完善

郑州大学通过科学评价引导人才面向世界科技前沿、面向经济主战场、面向国家重大需求、面向人民生命健康，实现论文"写在纸上"向"写在祖国大地上"的转变举措力度还需不断加大。限于学校教师体量大、规模大、同行评价周期长等因素，在定量和定性、业绩水平和发展潜力评价结合上还需要进一步完善，存在的"制度壁垒"亟待突破。

2. 绩效分配的激励导向作用有待进一步发挥

郑州大学还没有建立起完善的"能上能下"人事管理制度，"人才池"

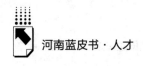

内部良性竞争机制尚未有效构建，教师职称和岗位聘用依然遵循"只上不下"运行规则，一聘定终身，缺乏有效激励约束举措。

## 四　郑州大学进一步强化人才队伍建设的思路

自全国"双一流"建设启动实施以来，越来越多的高校将人才置于高校综合实力竞争的重要位置，创新机制、推出更优厚的人才引育政策，以期发挥人才资源的辐射带动作用，争取或维护自身在"双一流"建设中的有利位置，使得人才竞争日趋白热化。面对这种形势，郑州大学人才队伍建设可谓是"不进则退、慢进亦是退"。为此，郑州大学要进一步提高政治站位，贯彻落实党管人才主体责任，把握好人才工作和人才队伍建设的方向，加强能力作风建设，坚持目标导向、问题导向、结果导向，科学谋划、系统推进人才体制机制改革，着力会聚一流创新人才，为一流大学建设提供更加强有力的人才支撑，为推动中国式现代化建设的河南实践贡献郑大力量。

### （一）强化思想认识提高政治站位

要进一步深入学习习近平总书记关于人才工作的一系列重要论述，贯彻落实党的二十大精神和中央人才工作会议精神，深刻领会新时代人才工作的新理念新战略新举措，深刻领会加快建设世界重要人才中心和创新高地的战略目标，准确理解和把握新时代学校人才工作的重要意义和目标任务，立足"两个大局"、心怀"国之大者"，主动对接好党和国家的人才战略布局，充分利用好国家和各地的人才政策，用战略思维和系统观念确立人才工作的指导思想、发展目标和实施举措，主动会聚人才、持续培养人才、全面团结人才、积极成就人才，全力打造高水平人才队伍，为河南建设国家创新高地和重要人才中心提供人才支撑。

### （二）坚持和落实"党管人才"原则

要坚持和完善党管人才工作格局，健全党管人才工作体制机制，强化党对学校人才工作的全面领导。一是完善学校人才工作领导小组工作机制，明确领导小组成员职责，细化分工，形成规范的议事制度，建立长效协调机制，加强战略谋划，定期研究人才工作，通过健全制度、创新机制、改善环境、加强服务，不断优化顶层设计，搭建人才发展体制机制改革的"四梁八柱"。二是加强人才政治引领和政治吸纳，健全党委联系服务专家制度，营造关心、爱护和支持人才的良好氛围。三是强化各级党组织主体责任，加强各级党组织对人才工作的顶层规划，建立健全人才工作目标责任制。

### （三）加快打造战略人才力量

要进一步探索打造战略人才梯队的思路举措，建立人才梯队，夯实学校高质量发展的人才基础。一是紧密结合立德树人、学科建设、科研攻关等发展布局，做好战略人才梯队建设规划。二是积极培养引进一批战略科学家，发挥其在科研攻关布局、凝练重大科研方向、组建大科研团队等工作中的战略引领作用。三是加强有组织的科研，用好学科交叉融合的催化剂，建立以学科发展战略布局为依托、以服务国家重大战略需求为导向的团队组织和管理机制，紧密对接国家战略和市场需求，加强产学研协同攻关，在开展重大攻关、承担重大项目过程中培养更多领军人才，打造一流团队。四是大力引进、悉心培养一批基础扎实、潜力突出的优秀青年人才，支持青年人才挑大梁、当主角，加强青年后备人才分类选拔和全链条培养，形成战略科学家成长梯队。

### （四）突出全方位培养、引进、用好人才

倾力引才，更要倾情育才。郑州大学要进一步探索形成培养人才、引进人才和用好人才的思路举措，形成具有吸引力和竞争力的人才成长环境，打造高质量人才队伍，赋能一流大学建设。一是突出人才队伍建设的"高精尖缺"导向。要进一步会聚一批活跃在国际学术前沿、服务国家重大需求的战略科学家、学科领军人物和创新团队，有序优化人才梯队结构，提升具有世界竞争力的核心队伍结构比例。二是构建人才全链条培养体系。针对不

同阶段的人才发展提供相应支持，精准判断人才成长发展过程中的"痛点"，补齐短板，"对症下药"，形成人尽其才的生动局面。三是建立以信任为前提的引才激励机制。积极调动教学科研单位的积极性，结合二级单位学科特色，匹配引才的学科优势区域及重点对接的海外高校，鼓励二级单位主动出击，"走出去"引才。四是创新全员引才工作机制。强化引智激励，将人才引育和梯队建设作为在岗高层次人才岗位职责的重要组成部分，激励以才引才，发挥高层次人才在海外人才发现、沟通、引进、培养中的作用，营造人人争做"伯乐"的氛围。

### （五）完善人才管理服务机制

要进一步健全资源配置机制，提高资源配置效益，完善服务保障机制，提升管理服务效能，厚植人才成长土壤，夯实人才发展基础。一是加大授权松绑力度，落实和扩大教学科研单位人才工作自主权。二是以分类发展、多元评价为指导，健全科学的人才分类评价体系，全面推行同行评价，探索建立团队考核评价激励机制，完善与考核挂钩的薪酬激励与约束机制。三是建立健全对人才配套资源的统筹协调与快速落实机制（如科研启动经费、研究生指标、住房、办公空间等），持续加大对重点人才的资源投入力度。四是强化职能部门的协调服务职能，优化机构设置，采取完善科学合理的经费管理和资源配置方式，加强信息化建设，让人才"只推一扇门"，让"数据多跑路、人才少跑腿"，打通"最后一公里"。

# 河南大学人才队伍建设成效与展望

宋国庆 韩超 滕亚秋*

**摘 要：** 人才是支撑发展的第一资源。河南大学以习近平新时代中国特色社会主义思想和党的二十大精神为指导，深入贯彻落实中央人才工作会议精神和河南"创新驱动、科教兴省、人才强省"战略，紧紧围绕"双一流""双航母"建设，多措并举，大力实施人才强校战略，打造高水平人才队伍，人才工作取得显著成效，推动了学校事业高质量发展。面对新形势、新任务、新要求，河南大学要锚定目标，持续发力，以更加有力举措加大高层次人才和优秀青年人才引育力度，深化体制机制改革，激发人才创新活力，提升服务效能，打造良好人才生态，为河南打造国家创新高地和重要人才中心作出更大贡献。

**关键词：** 河南大学 人才队伍建设 创新发展

党的二十大报告指出，必须坚持"人才是第一资源"，深入实施"人才强国战略"，坚持"人才引领驱动"，突出了人才工作在全面建设社会主义现代化国家新征程中的重要性和紧迫性，为做好新时代人才工作指明了方向。近年来，河南大力实施"创新驱动、科教兴省、人才强省"战略，举全省之力构建一流创新生态、打造国家创新高地和重要人才中心。高校作为人才的会聚地、培养地、科技创新的前沿阵地，肩负着人才强国、科技自立自强的重大责任。河南大学作为河南省两所"双一流""双航母"建设高校

---

* 宋国庆，河南大学高层次人才办公室副主任；韩超，河南大学高层次人才办公室人才引育科科长；滕亚秋，河南大学高层次人才办公室人才开发科科长。

之一，承担着为全省引才育才聚才、开展科技创新和引领高等教育发展的历史使命。站在新的历史起点，河南大学抢抓发展机遇、乘势而上、锐意进取，正在以一流人才队伍建设推动学校事业不断迈上新台阶。

# 一 河南大学人才队伍建设取得的成效

近年来，河南大学牢固树立"人才是第一资源"发展理念，大力实施人才强校战略，全力打造高水平人才队伍，人才工作取得显著成效。

## （一）人才队伍规模稳步提升

开展"双一流"建设以来，河南大学师资队伍总量呈稳步增长态势。截至2023年底，全校共有教职工4709人，其中专任教师3437人。从学历结构来看，近年来学校加大博士引进力度，博士化率逐年提高（见图1），2023年底具有博士学位的专任教师2496人，占专任教师总量的72.62%。从职称结构来看，学校现有高级职称人员2253人，包括正高职称726人（教授696人，其他系列30人），副高职称1527人（副教授1299人，其他系列228人），其中副教授及以上教师人数占专任教师总量的58.04%（见图2）。

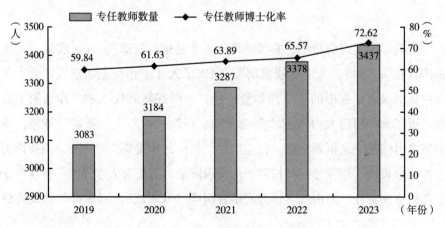

图1　2019~2023年河南大学专任教师数量和专任教师博士化率

资料来源：根据河南大学内部资料整理所得，下同。

从年龄结构来看，45 岁及以下专任教师达 2326 人，占专任教师总量的 67.68%（见图 3），教师队伍更加年轻化，青年人才逐步成为学校事业发展的中坚力量。

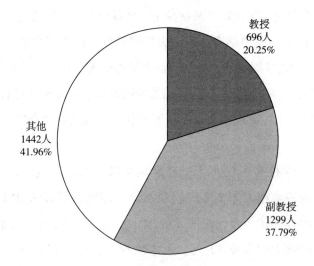

**图2　河南大学专任教师职称结构**

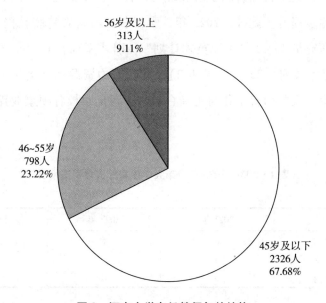

**图3　河南大学专任教师年龄结构**

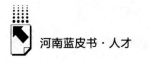

### （二）高层次人才会聚成效显著

河南大学坚持引育并重、以用为主的人才工作理念，持续加大高层次人才引进和培养力度。学校现有两院院士、学部委员、国家杰青、领军人才等国家级人才65人，中原学者、河南省特聘教授、河南省优秀专家、河南省特聘研究员等省级人才179人，"河南大学杰出人才特区支持计划"特聘教授、"攀登计划"特聘教授、至善/明德特聘教授、青年英才等校级人才318人。整体来看，学校高层次人才队伍不断壮大，梯队更加合理，人才体系更加完备。

2023年，学校高层次人才引育实现突破。人才引进上，全职引进院士、学部委员等卓越人才2人，国家杰青等国家级领军人才11人，青年拔尖人才等四青人才2人（见表1）；柔性引进国家级领军人才37人、领域内有重要影响力的专家13人。人才培育上，申报获批长江讲席学者1人，青年长江学者、青年拔尖人才、国家优青各1人，中科协青年人才托举工程2人，其中长江讲席学者和理工科青年长江实现了零的突破，自主培养能力逐步提升。此外，2023年，学校获批河南省特聘教授27人，河南省特聘研究员1人，"中原英才计划"（引才系列）12人，"中原英才计划"（育才系列）22人（见表2），获批人力资源和社会保障部专家服务基地1个。人才引育工作再上新台阶，折射出学校各项事业蓬勃发展的新态势。

表1　2021~2023年河南大学国家级人才引进情况

单位：人

| 类型 | 2021年 | 2022年 | 2023年 |
|---|---|---|---|
| 卓越人才 | 0 | 5 | 2 |
| 领军人才 | 3 | 3 | 11 |
| 四青人才 | 0 | 4 | 2 |

表2　2021~2023年河南大学中原英才计划获批情况

单位：人

| 类型 | 2021年 | 2022年 | 2023年 |
|------|--------|--------|--------|
| 中原英才(引才) | 14 | 7 | 12 |
| 中原英才(育才) | 8 | 12 | 22 |

## （三）青年人才队伍不断壮大

青年人才是学校发展的重要力量，多年来河南大学持续加强青年人才队伍建设，着力引进和培养一批创新能力强、发展潜力较大的优秀青年人才。2023年，学校引进具备冲击国家级、省级人才项目潜力的优秀青年人才24名，招收青年博士236名，博士后357人（见图4）。作为科研生力军和人才"蓄水池"，学校十分重视博士后工作。新增获批博士后科研流动站1个、教育部首批博士后海外引才项目19人、国家博士后资助计划31人、中国博士后科学基金资助88项、河南省博士后科研资助44项，入选"中原英才计划"（育才系列）中原青年博士后创新人才6人，在第二届全国博士后创新创业大赛中取得1银奖、1铜奖、1优胜奖的优异成绩，并承办了由全

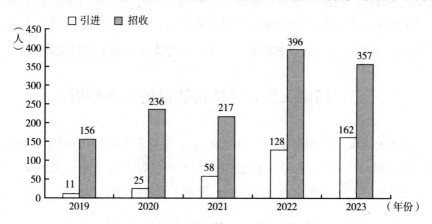

图4　2019~2023年河南大学博士后招引数量

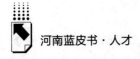

国博士后管委会办公室、留学人员和专家服务中心（中国博士后科学基金会）、河南省人力资源和社会保障厅主办的国际青年学者学科前沿学术交流活动，为博士后、青年学者交流互鉴搭建平台。

### （四）人才引领示范作用凸显

优秀人才的会聚，有力促进了学科提升和创新平台发展，产出了一批优秀科研成果，带动全校事业快速发展。2023 年，学校 ESI 全球排名前 1% 的学科新增 1 个，总数达到 11 个；自然指数全球高校排名第 145 位，国内高校排名第 48 位。在自然科学方面，获批国家自然科学基金项目 126 项，作为牵头单位获批国家重点研发计划项目 4 项；获批河南省科技奖 9 项，连续四年获得一等奖和杰出贡献奖；在国际顶级期刊 *Science* 再发论文，已连续三年发表论文。在人文社科方面，获批国家社会科学基金项目 57 项，教育部人文社科项目 26 项，其他部委项目 6 项，省级项目 105 项，充分彰显了学校学科的发展实力与潜力。此外，聚焦国家重大战略需求，学校联合农科院棉花所、河南师范大学等单位，积极组织开展国家重点实验室重组工作，完成棉花生物育种与综合利用全国重点实验室首批重组和抗病毒性传染病创新药物全国重点实验室首批新建。围绕河南战略性新兴产业发展，学校积极整合优势资源，高标准推进省实验室（研究院）建设工作，作为牵头单位先后获批建设中州实验室和中原纳米酶实验室，目前已牵头建设省实验室（研究院）4 个，参与建设省实验室 5 个，有力支撑了相关学科发展。

## 二　河南大学人才队伍建设的主要举措

河南大学深入贯彻落实国家和河南省关于人才工作的决策部署，坚持"人才带学科、人才促发展"理念，加大人才引育力度，深化人事制度改革，统筹推进人才工作全面协调发展，积累了宝贵的经验。

### （一）重设计，坚持党管人才谋划顶层设计

多年来，河南大学聚焦人才发展目标，不断完善党管人才工作机制，发

挥党委总揽全局、协调各方作用，科学推动人才工作。一是健全党管人才机制。完善人才工作领导小组制度、党委联系服务专家制度，定期召开人才工作领导小组会议，研究人才工作，召开高层次人才、青年人才等不同层次座谈会，凝聚全校尊重人才、依靠人才、团结人才、成就人才共识。二是构建人才工作新格局。全面推进党建工作和人才工作的深度融合，实行人才引育目标责任制，党政一把手同为第一责任人，推行"年初制定目标""季度工作推进""年终总结表彰""党政述职必述"，形成主体责任明确、校院联动、多部门协同的人才工作格局。三是重塑人才岗位体系。深入推进人事制度改革，破解人才发展政策瓶颈，出台11项人才政策，设置"卓越人才、领军人才、拔尖人才、骨干人才、青年英才A/B岗、预聘-长聘"等11种岗位，满足不同类型人才需求，打通人才晋升渠道，根据业绩动态调整；出台《聘任制领导人员聘用与管理办法》，优秀学术人才可直接聘用到相关领导岗位。

### （二）搭平台，充分发挥学科平台聚才优势

积极为人才搭建施展才华的舞台，一直是河南大学加快人才队伍建设的重要路径。一是搭建优势学科体系。坚持非均衡发展理念，以学科实现A类突破为统领，开展"学科筑峰工程""文科振兴工程""新兴交叉学科培育工程"，以高质量学科建设定事、定策、定人、定资源，将人才向优势学科聚集。二是构筑高端创新平台。围绕学科建设中心任务，紧抓国家重点实验室重组和省实验室体系重塑重构战略机遇，科学谋划、主动融入创新高地建设。重组完成棉花生物育种与综合利用全国重点实验室，与河南师范大学、郑州大学共同成功申报河南省第一家由自己的高校建设的全国重点实验室，快速推进空天基准全国重点实验室重组，高标准推进龙子湖新能源实验室、柔性电子产业技术研究院、中州实验室建设，牵头或参与建设省实验室9个，打造"布局合理、定位清晰、高端引领、特色鲜明"的一流创新平台，促进"人才+平台"一体化发展。三是打造面向国家和地方需求的创新发展模式。推行"学院+研究院+产业基地"三位一体办学模式，促使人才

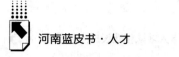

潜心开展"基础前沿研究"和"重大应用研究",真研究问题,研究真问题,解决真问题。

### (三)筑生态,厚植人才潜心治学发展沃土

聚焦打造潜心治学的良好人才生态,河南大学坚持围绕"人才链"构建"服务链",使各类人才干事有平台、发展有希望、生活有保障。一是支持人才科研创新。推进有组织建制化科研,推行"PI 制",实施自然科学重大攻关项目团队、青年创新团队、青年交叉基金、医工交叉基金项目和文科传统优势学术领域振兴、新兴交叉学术领域培育、优秀青年科研骨干提升"三大计划",吸引、留住、培育不同类型、年龄的潜力人才和团队。二是优化人才评价体系。坚持师德第一标准,持续推进"破"五唯、立"新标",构建以创新价值、能力、业绩、贡献为导向的人才评价体系,实施代表作评价制度,加大同行专家评议力度,推进分类别、分学科、长周期评价,充分激发人才活力。三是打造全链条服务保障体系。优先保障人才经费投入,鼓励学院提升优秀人才待遇;落实"放管服"精神,出台 10 余项经费使用管理办法,简化工作流程,赋予科研人员更多自主权,设置财务联络专员,实施人才财务服务"包干制",既为人才减负又做好规范保障;提供优质安居和医疗保障,建设高水平附属幼儿园、中小学,解决人才后顾之忧。

### (四)活氛围,以新河大精神营造干事创业氛围

河南大学坚持传承百年优秀文化,全力推动理念创新、观念变革,以熔铸新河大精神增强人才对学校的认同感和归属感。一是构建学校发展新文化。熔铸"自信、拼搏、开放、创新"新河大精神,明确"改革、开放、实干"新发展思路,树立"超越、突破、引领"新发展理念,崇尚"一群人干一件大事"新发展文化,引领人才奋勇争先、锐意创新。二是打造人才至上新文化。明确学校"研究型综合性国际化一流大学"发展定位,树立"人才带学科、人才促发展""管理首在服务、教授教师第

一"理念,实施"123人才强校工程",完善激励约束机制,加强目标考核管理,促进人才快速成长,支撑学校高质量发展。三是倡导实干担当新文化。明晰发展目标、指标和路径,弘扬"把不可能变为可能,干部敢搬砖群众就敢搬山,干部敢流汗群众就敢流血"的红旗渠精神,打造"黄大年式教师团队",讲好河南大学科学家故事,发挥榜样引领示范作用,倡导"事上见、凭业绩"的用人导向,培育奋斗、实干、担当的干事创业文化。

# 三 河南大学人才队伍建设面临的形势

## (一)面临的机遇

当前,世界处于百年未有之大变局,国内外形势正在发生深刻复杂变化,科技自立自强成为时代最强音,国家对人才的渴求比以往任何时候都更为强烈,河南大学人才队伍建设所面临的优越环境前所未有。

从国家战略看,党的二十大报告指出,要"坚持教育优先发展、科技自立自强、人才引领驱动,加快建设教育强国、科技强国、人才强国,坚持为党育人、为国育才,全面提高人才自主培养质量,着力造就拔尖创新人才,聚天下英才而用之"。高校作为人才培养的摇篮、科技创新的主阵地、高素质人才会聚地,在加快建设教育强国、科技强国、人才强国中被赋予了新的使命。

从河南省发展看,河南省正在从传统农业大省转变为新兴工业大省、文化大省、经济大省和内陆开放大省,战略地位和综合竞争优势更加凸显。2021年,省委工作会议提出锚定"两个确保",全面实施"十大战略",把实施创新驱动、科教兴省、人才强省战略列为"十大战略"之首,坚持打造国家创新高地和重要人才中心。出台《关于汇聚一流创新人才加快建设人才强省的若干举措》,制定出台以《关于加快建设全国重要人才中心的实施方案》为引领,涵盖引才措施、推进机制、服务配套等人才工作各

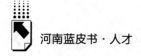

环节、全链条的"1+20"一揽子人才引进政策措施，为高校人才会聚打造"强磁场"。

从河南大学建设看，河南大学迎来了历史上发展的最好时期，"双一流""双航母"战略叠加，郑州校区启用并加快建设，学校注册地变更，促进了学校深度融入郑州都市圈。在新的历史起点，学校认真贯彻中共中央、国务院关于"双一流"建设的重大战略决策和省委、省政府"双航母"战略的历史使命，主动担当、积极谋划、精心布局、迅速行动，坚持构建以卓越创新为核心的大学发展新模式，大力实施"123人才强校工程"，以人才引领支撑发展，奋力建设研究型综合性国际化一流大学，开创学校事业高质量发展新局面。

（二）面临的挑战

近年来，学校通过精准施策，持续发力，深化改革，人才队伍建设取得显著成效，人才支撑学校发展作用日益显现。但也必须清晰认识到，目前学校的人才队伍与一流大学相比，还有较大差距，尚不能满足学校快速发展的需要。

国家级领军人才体量偏小。在人才强校战略强力推进下，近两年来，学校人才引进取得较大突破，引进了两院院士、学部委员、国家杰青等一批高端人才。但由于底子薄，前期引育高端人才较少，目前学校拥有国家级领军以上人才仅36人，占专任教师的比例仅1%，远不足以支撑"双一流""双航母"建设。与此同时，与对标的山东大学和同为"双航母"战略高校的郑州大学相比，学校国家级领军人才体量偏小，引领学科高质量发展的旗帜型、大师级领军人才短缺。

人才自主培养能力偏弱。进入"双一流"建设高校以来，尽管学校每年都有自主培养的国家级人才，但人才数量偏少，且大多为青年项目，国家杰青等大人才项目多年均未实现突破。作为有着百年办学历史的综合性大学，学校基础设施欠账较多、办学条件亟待改善，经费来源主要依靠财政拨款。随着高层次人才的大量引育，人才经费日益紧张，对人才持续支持力度不够，也成为制约人才自主培养的重要因素。此外，受地理位置、办学空间、学科平台、福利待遇等限制，学校优秀青年人才引进不多，质量不高，导致人才储备不足，不利于人才成长成才。

人才团队建制化程度不高。围绕重大科研任务开展攻关、解决重大科学问题、突破关键核心技术等高水平建制化人才团队规模小、数量少，学科人才团队建设思路、建设措施和评价机制尚需进一步完善。部分学科人才梯队断层现象严重，团队组建和运行等管理办法不健全，团队整体建制化水平不高，建制化功能和优势发挥不充分。

人事体制机制改革有待进一步深化。学校因长期地处中西部非省会城市，受经济社会发展欠发达等因素的影响，竞争、开放、创新的文化氛围还不够浓厚。在人才引育方面，一些单位还存在等靠要思想，积极谋划、主动出击意识不强，用人单位的主体责任有待进一步压实。一些涉及学校发展和教职工切身利益的改革有待进一步推进，如人才的考核评价、教职工奖励性绩效分配等。

# 四　河南大学人才队伍建设的对策展望

实现百年名校振兴、建成世界一流大学，是河南省委、省政府寄予河南大学的厚望，更是河南人民的殷切期盼与重托。面对新形势、新任务、新要求，河南大学人才工作要立足"双一流""双航母"建设，聚焦国家和河南战略需求，持续推进人才强校战略，努力打造一流人才队伍，推动学校事业高质量发展。

## （一）持续加大高端人才引育力度

聚焦学校"双一流"建设目标任务，围绕"1+5"学科体系，以前瞻眼光和战略思维加强高端人才布局。不断优化完善人才政策，进一步提升人才政策的精准性和吸引力，构建全方位、立体化人才政策体系，为人才引育提供制度保障。大力实施"123人才强校工程"，加大国家级领军人才和青年拔尖人才引进力度，多措并举引进海外优秀人才，发挥高端人才引领示范作用。以国家级、省级人才项目申报为牵引，加强人才的自主培养，通过为人才搭建创新平台、与国内外一流大学（科研机构）、大中型企业开展合作、鼓励学术交流等，促进人才脱颖而出。强化目标考核，压实用人单位在人才引进和培养中的主体责任，鼓励用人单位主动出击，积极作为，走出学校、延揽海内外一流人才，推动学院、学科快速发展。

### （二）着力强化青年人才队伍建设

实施"百名英才筑基工程"，加强青年领军拔尖人才引育，支持青年科技人才组建团队，在资源分配、经费使用、绩效奖励等方面予以政策支持，最大限度激发青年人才创新活力。加大优秀青年博士引进力度，通过科学编制招聘计划，多渠道发布招聘信息，积极参加中国·河南招才引智创新发展大会招聘活动，组织用人单位到国内外一流大学、科研机构开展定点招聘以及以才引才等举措，宣传学校人才政策，吸引更多优秀博士来校工作。加强博士后流动站建设，持续扩大博士后招收规模，加大对博士后的支持力度，提升博士后科研创新能力。实施青年人才学术发展指导制度，聘请校内外高层次人才和资深教授指导帮助青年人才发展和快速融入团队。实施"青年教师名师名校访学计划"，鼓励支持青年人才到国内外一流大学、研究机构开展访学、研修，助力青年人才成长。

### （三）深化人事体制机制改革

开展核编定岗工作，科学核定各教学科研单位人员编制，优化人力资源配置，激发人才内生动力。加强岗位管理，科学设置岗位职责和基本工作量，建立和完善以师德、能力、业绩、贡献为核心的考核评价体系。完善岗位聘用体系，规范合同管理，明确岗位职责、聘期目标任务等，强化考核管理，建立能上能下、能进能出的岗位聘用体系。持续加强高层次人才评价考核，加大同行评价和代表性成果评价力度，营造正向激励的人才成长环境。

深化职称评审改革，修订职称评审政策，进一步强化项目导向和成果转化导向，制定研究员系列职称评审办法。针对优秀青年人才，制定职称评审"直通车"政策，优化评审程序，在高级职称评审中推行答辩评审制度，提升职称评审质量。优化绩效工资改革，按上级文件精神和学校实际，实施奖励绩效按月发放，建立绩效与学校发展同步增长机制，充分发挥绩效分配激励导向作用，提振教职工干事创业热情。深入推进师德师风建设责任制，强化师德监督考评，严格落实师德师风"一票否决"制；打造师德教育品牌，加大表彰力度，健全教师荣誉体系。

### （四）打造近悦远来的人才生态

坚持以人才为中心的理念，强化人才引育留用全链条服务，不断完善人才服务保障体系，实行人才"一站式"服务，持续提升人才服务水平。优化人才引进流程，压缩引进周期，高端人才实行"一事一议""一人一策"，提高人才引进效率。聚焦国家、地区重大战略需求，打造高水平建制化人才团队，丰富科研组织形式，探索建立"揭榜挂帅""赛马"等制度。实施人才分类评价、科研人员绩效激励、科研人员离岗创业等举措，赋予科研人才更大的人财物支配权、技术路线决策权。加快建设公共科学技术中心，为高层次人才开展高水平科研提供科学设施和装备支撑。深入实施高层次人才康养计划，办好附属基础教育，按照河南省、学校人才政策，全力保障人才各项待遇落实。

**参考文献**

《人才加速聚集 引擎驱动一流——聚焦河南大学生物学学科人才培育》，《中国教育报》2022年11月14日。

祝悦晨、乔刚、田伏虎：《地方高校一流学科建设的逻辑依据、现实境况和路径选择》，《教育探索》2024年第3期。

申寅子、邹瑟：《省属高校高层次人才队伍建设：初步共识、问题审思及发展对

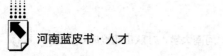

策》,《现代教育科学》2024 年第 2 期。

刘俊英、张忠文:《新时代高校高层次人才队伍建设研究——来自公共管理学科的样本分析》,《吉林省教育学院学报》2023 年第 6 期。

高荣:《河南全方位建设高质量教师人才队伍的路径探讨》,《人才资源开发》2022 年第 14 期。

# B.24
# 河南人才集团服务人才强省的
# 成效与展望

张东红　付宏坤　张若愚　丁　畅　蒋森阳*

**摘　要：**　近年来，河南聚焦打造全国重要人才中心，完善人才发展顶层设计、推进人才政策有序迭代、打造产才融合闭环生态、深化人才发展体制机制改革。在此背景下，为加快实现全省人才工作高质量发展，河南人才集团应运而生。面临全省人才队伍建设基础薄弱、人才引育成本较高、人力资源行业转型压力大、可借鉴经验匮乏等挑战，河南人才集团坚持全球化视野、市场化运作，搭建"全球引才、高端智库、人才服务、创新创业和人才数据"五大平台，围绕"引育留用服"全链条深化服务人才强省战略，以源源不断的人才"活水"，助推河南省建设国家创新高地和重要人才中心。

**关键词：**　河南人才集团　人才强省　人才建设

为更好推动全省人才工作开展，经省委、省政府批准，河南人才集团于2022年6月成立。自成立以来，河南人才集团围绕"打造一流创新生态"，锚定"成为服务人才强省战略的市场化总抓手"目标，搭建"全球引才、高端智库、人才服务、创新创业和人才数据"五大平台，在全省人才服务产业中当先锋、挑大梁、做表率，为服务人才强省贡献河南力量。

---

\* 张东红，河南投资集团副总经理，河南人才集团党委书记、董事长；付宏坤，河南人才集团副总经理；张若愚，河南人才集团战略发展部副总经理；丁畅，河南人才集团战略发展部投资经理；蒋森阳，河南人才集团战略发展部投资经理。

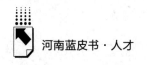

# 一　河南人才集团基本情况

河南省一直高度重视全省人力资本开发，组建河南人才集团是省委、省政府深入贯彻习近平总书记关于做好新时代人才工作重要论述的具体举措，是贯彻实施"创新驱动、科教兴省、人才强省"战略的关键一招，是服务人才强省战略的市场化总抓手。自成立以来，河南人才集团围绕建设国家创新高地和重要人才中心为战略目标，聚焦高层次人才"引育留用服"全链条，搭建全球引才、高端智库、创新创业、人才数据、人才服务、教育培训和区域布局七大平台。现有分子公司58家，其中省内与鹤壁、安阳、濮阳等地合资成立15家区域人才集团；省外组建哈密人才集团，在北京、上海、深圳等地设立"三中心"。在招聘、智库、灵工、培训等领域培育了"国际猎头""高端智库""人才共享""人才发展"等专业化子公司，探索出一套"全生态产业链、全生命周期服务、全数字化驱动"的市场化人才服务模式，业务扩展至国内20多个省市，致力于成为高端人才的提供者、重点行业的智囊团、人才资本开发的引领者、全链条人才服务的供应商。

# 二　河南人才集团服务人才强省的实践成效

河南人才集团围绕人才"引、育、用、留"全链条，以全球格局引才聚力，以全生命周期育才厚植潜力，以用心服务构建留才生态，着力破解制约新时代人才工作高质量发展的关键问题，助力河南国家创新高地和重要人才中心建设。

## （一）实践一：全球全域引才，助力建设国家级人才创新高地

坚持"人才是第一资源"，围绕人才需求端、供给端协同发力，数字化靶向寻才，"立体式"全球引才。一是组建河南唯一国际猎头公司。聚焦天下英才，创建中原地区首家中高端人才寻访交付平台，建立"N"个海外引

才工作站，立足中原、面向全国、放眼全球，实现全球引才。二是围绕精细化工、生物医药、装备制造等 4 条产业链，集纳 20 余万家企业的知识产权、技术人员等数据信息和上万项产业技术信息。三是放眼全球招引人才。建成英国、俄罗斯、新加坡、德国、法国、澳大利亚、加拿大、日本、美国西海岸、荷兰等 14 个海外引才工作站，搭建"高精尖缺"人才全球选、全球聘高效平台，为海外科研学者、企业家等高层次人才回国创新创业、交流合作提供精准政策咨询与贴心服务。

（二）实践二：全生命周期育才，厚植河南省产业发展新优势

坚持教育优先发展、人才引领驱动，完善育才链条，全面提高人才自主培养质量，着力培养创新人才、劳模工匠，全方位培育储备豫籍人才。一是大力发展职业人才。举办鹤壁汽车工程学院，聚焦高端智能制造、汽车、数字信息、绿色农业等产业发展，为产业高质量发展培养高素质技术技能人才。二是大力发展技能人才。成立职业技能培训学校，瞄准制造业高质量发展、7 个先进制造业集群、28 个千亿级产业链发展需求，针对性培训各类人才近 40000 名，有力服务"技能河南"建设。三是大力发展产教融合人才。聚焦新时代产业融合发展需求，实践校企生态协同育人新模式，为河南省产业迭代升级提供技能人才支撑。四是对接行业头部企业及院校。与河南师范大学联合共建数字科技产业学院，培养学生 8000 余人，入选省发改委、省教育厅"省第四批产教融合型企业培育名单"；与河南财经政法大学协同共建的汇融人力资本产业学院，入选省教育厅"河南本科高校 2023 年产教融合系列项目拟建设名单"；联合洛阳文化旅游职业学院等 10 余所职业学院，共育文旅酒店行业专业人才 700 余人。

（三）实践三：四链融合留才，激发创新创业发展活力

全方位支持人才创新创业，运营国家级中原人力资源产业园，设立河南省人才发展基金，承办招才引智创新发展大会，构建创新链、产业链、资金链、人才链深度融合的产业生态。一是全国首发省级人才发展

基金。人才基金总规模 10 亿元，首期基金规模 5 亿元，重点围绕河南省传统产业"迭代"、新兴产业"掐尖"、未来产业"破冰"，以基金为纽带，打造从创新到市场的共生生态圈，努力在新赛道上赢得先机、赢得主动。全省首推人才银行，累计为 7 位高层次人才（项目）提供 9.86 亿元金融服务。发挥资本在人才创新创业、科技成果转化过程中的撬动和带动作用，助推新质生产力发展。二是运营国家级中原人力资源产业园，提供人才发展服务平台。为人才创新创业开展技术、咨询、信息等公共服务，提高河南省人才创新创业项目存活率、成功率和转化率。三是顺利承办第六届中国·河南招才引智创新发展大会主会场及北京、上海专场和分论坛沙龙活动，成为展示河南形象、延揽天下英才、助力创新发展的重要平台。

（四）实践四：全心全意服务人才，提升人才服务水平

把人才的"关键小事"当作"头等大事"，构建标准化人才服务"中央厨房"，高标准配置人才教育发展、政企综合服务等 20 余条产品线，打造全方位多领域的人才综合服务体系。一是以人才需求为导向设计服务场景。建设"人才会客厅"，同张锁江、王复明、陈骏等 30 余位院士保持常态化交流，会同省委人才办、团省委在省科学院打造"郑好豫见"交流活动，提供"一站式"的人才综合服务体系，用贴心服务聚集高端人才、打造一流生态。二是设立"离岸服务站"，形成"一地签约，全国服务"的综合服务体系，保障高端人才"异地领薪、河南工作、全球找项目"，目前已为省科学院、龙门实验室等 20 余名高层次人才提供"离岸服务"。三是设立"人才服务绿色通道"，提供郑州机场、高铁站的贵宾候机、贵宾通道、专属摆渡等人才接引"头等舱"服务。结合工作方式弹性化等新就业形态，自主研发新型灵活就业平台——"黄河灵工""汇用薪"，上线"智慧健康"，与省内外知名医疗机构合作，开发健康云平台，服务企业超 70 家，服务人员逾 4000 人，形成人才服务新模式，为在豫人才提供贴心、暖心的健康服务。

## （五）实践五：区域化布局，形成全域服务能力

按照构建"1+3+N"区域发展布局思路，把郑州打造为管理总部，与鹤壁、安阳、濮阳、新乡、信阳、许昌、焦作、周口、三门峡、漯河、驻马店、南阳、金水区、郑东新区、中牟县等合作组建 15 家区域人才集团，实现省市县三级联动的"全省人才工作一张网"。主动融入京津冀、长三角、大湾区三大经济增长极，打造北京、上海和深圳分中心。北京主要作为政策研究中心、高端智库中心、高层次人才引进中心、协同创新中心和离岸服务中心，上海主要作为全国业务服务中心、产品创新中心，深圳作为数字化中心、海外业务中心。基本形成"一地签约，全国服务"的综合服务体系。系统梳理一流大学"有什么"，深入挖掘河南产业"要什么"，全力配合一流大学郑州研究院工作，牵头梳理河南省产业布局和企业需求，为高校学科与河南产业有效对接提供支撑。在省科学院、龙门实验室设立高层次人才服务中心，为 20 余名高层次人才提供"离岸服务"。

## （六）实践六：释放数据力量，深挖人才数据助力产业发展

构筑河南省高端人才、专业技术人才和潜力人才"数据资源湖"，提高人才招引"精度"、加大人才培养"力度"、拓宽人才来源"广度"。一是打造数字底座，为产业提供"数智导航"。自主搭建河南省首个产业人才地图，与河南省 7 个产业集群、28 条重点产业链进行融合，梳理"产业链→关键技术节点→科技成果→人才领域"，形成一条产业链建立一个行业智库，构建一个产业发展图谱。目前已包含 200 万名产业人才、27 万多家关联企业、3.5 万项核心技术，同时形成高质量产业人才成果 3000 万条，促进区域产业互补，形成协力发展格局。二是以数字化转型为驱动，实现人才工作模式转型突破。建设人才信息管理系统，逐步建立全球豫籍人才数据库，拥有 1100 万量级的全球人才库，容纳全球 200 多万名高层次人才信息，集合生物医药、装备制造等产业链 28.2 万条数据信息，横向对接行业部门政务数据，打造集采集、更新、申报、审批、报名、认证、监测于一体的多

功能平台，全面提高人才数据统计效率和精准度。三是建设工业和信息化人才大数据中心河南分中心，系统梳理区域产业发展及人才现状，构建现代工信人才体系，打造城市人才数据驾驶舱，链接政府端、企业端、人才端，立足"小切口、大场景"，实现全网人才数据互联互通。

## 三 河南人才集团服务人才强省的机遇与挑战

当前，各地高度重视人才工作，纷纷出台政策，力图通过人才引领创新、驱动经济社会发展。河南人才集团作为一个综合性的服务机构，将分散的市场资源集中配置，助力人才强省战略走深走实，面临的时代机遇及现存问题如下。

### （一）河南人才集团服务人才强省战略的时代机遇

综观全国经济工作形势，创新发展、人才驱动更加鲜明。党的十八大以来，以习近平同志为核心的党中央高度重视人才工作，立足中华民族伟大复兴战略全局，全面深入推进人才强国战略，高瞻远瞩谋划人才事业布局。在此百年未有之大变局下，河南省也迎来了服务人才强省战略宝贵的时代机遇。

人才工作的支持政策将更加丰富。党的二十大报告将教育、科技和人才单独成篇、一体部署，表明人才工作在中国式现代化进程中具有全局性地位，河南省将"创新驱动、科教兴省、人才强省"确立为首位战略。从中央到地方各级政府、各部门均出台了与人才工作有关的系列支持政策，全省各部门出台专项举措支持相关机构开展人才引育、科研、就业创业等活动。人力资源行业的相关服务机构和从业人员将在人才强省战略中获得充分的机遇。

河南省人才发展环境更加优良。近年来，全省各地纷纷将最优越的区域作为高层次人才承载地，通过完善生产生活基础设施、搭建高能级科研创新平台，形成了以中原科技城、智慧岛、省实验室为代表的高层次人才集聚平台。全省重视人才、尊重人才、依赖人才的氛围更加浓厚，高层次人才在河南拥有更强烈的获得感和成就感，河南人才工作总结出一批改革创新经验。优良的人才发展环境极大地推动了全省人才工作的开展，并有助于不断衍生新业态。

河南省拥有广阔的人才发展载体。河南省产业门类齐全、传统产业富有特色、新兴产业发展迅速，全省各类市场主体总量超过千万家，全省范围内形成了7个产业集群、28条重点产业链。装备制造、新材料、食品加工等具有全国知名度的产业集群正处于转型发展的关键时期，电子信息、生物技术等新兴产业发展前景广阔，科研人才、技能人才、创业人才等均有广阔的用武之地。产业与人才的匹配将带动一系列的人才服务需求，从而不断探索人才服务新模式。

（二）河南人才集团服务人才强省战略面临的挑战

全省人才队伍建设的基础相对薄弱。根据第七次全国人口普查数据，河南省高学历人口只占总人口的11.81%，在全国排第27位。在高层次人才方面，据《中国人口和就业统计年鉴2021》数据，河南就业人员中大学专科、大学本科、研究生的占比分别为9.7%、6.7%、0.6%，该项数据远低于全国平均水平。整体来看，河南省人才总量不足、人才结构不合理的问题依然存在。同时河南省缺乏优质教育资源和高水平科研机构，后备人才、青年人才的培养难度较大。

人才快速流动增加了人才引育成本。河南省人才资源分布不均衡，高水平、高学历人才更加倾向于郑州、洛阳等国家或区域性中心城市发展，人才相对集中，而省内其他地区人才资源相对匮乏。分产业领域来看，全省第一产业就业人员占24.2%，第二产业就业人员占29.9%，第三产业就业人员占45.9%，人才与产业结构错配，批发和零售业集聚人员最多，技术密集型行业人员占比较少，用人单位引才育才成本较大但回报有限。

人力资源行业面临较大的转型压力。随着人力资源行业的发展，其地位越来越重要，相关领域约束和监管要求必将更严格。只有建立有效的合规战略和完善的内部控制体系才能不碰红线、规避风险。另外，当前数字技术、信息技术等通过线上线下场景的交互作用，正深刻改变经济社会的发展形态，大数据底座、专业软件、系统解决方案等新兴业态将成为人力资源服务机构的必备业务，对人力资源服务机构的平台化能力和专业化能力均提出更高要求。

国资背景人才集团缺乏可借鉴经验。与传统人力资源公司相比，国资背景人才集团拥有无可比拟的优势，主要体现在国资人才集团拥有更强的公信力、更强的资源整合能力、更完整的人才服务体系等，可以更好地连接政府和市场两端，助力政府统筹区域创新要素。但国内直到 2017 年才成立第一家国资背景的人才集团，省级国资人才集团更少。整体而言，国资背景人才集团的影响力相对较弱，业务尚不够成熟，发展模式亦有待继续探索。

## 四　河南人才集团服务人才强省的展望

河南人才集团锚定服务人才强省战略的市场化总抓手，以打造国际一流人才集团为目标，坚持全球化视野、市场化运作，搭建"全球引才、高端智库、人才服务、创新创业和人才数据"五大平台，致力成为高端人才的提供者、重点行业的智囊团、人才资本开发的引领者、高品质人才服务的供应商、新质生产力的催化剂，助力河南省建设国家创新高地和重要人才中心。

### （一）做大引才"蓄水池"，连接全球人才服务河南发展

搭建产业人才数据库。瞄准河南省新材料、电子信息、现代医药等 7 个万亿级先进制造业集群和 28 个千亿级重点产业链，精准服务"7+28+N"产业体系，搭建产业人才数据库，不断提升新增入库人才质量及数量。建立高层次人才交流合作平台。主动谋划、主动对接、主动承办全球战略科学家论坛、高端人才论坛、产业发展峰会等论坛盛会，邀请海内外院士等顶尖科学家参加，为河南产业发展"问诊把脉"。全面承接运营招才引智大会。提升

全流程保障和服务能力，力争全面承接招才引智大会国内外专场及分论坛活动。谋划海外专场活动走进美国、英国、新加坡，提升大会知名度和全球影响力。

### （二）打造育才"练兵场"，培养综合应用型人才

加速推进高技能人才培养实训基地、花都职教产业园等职教基地建设。聚焦中外合作办学、高等职业院校和现代产业学院，通过新建、收购、混改等模式，力争对接、储备、落地新的职业院校，扩大在校生规模，为河南产业发展提供技能人才支撑。谋划全面运营河南省专业技术人员公共服务平台，加强内部讲师团队建设，打响"人才特色"培训品牌，与外部企业合作培养应用型专业技能人才。

### （三）构建留才"强磁场"，优化人才创新创业路径

坚持把做优人才链摆在首位，搭建河南知识产权总平台总窗口，探索推出"科技经纪人+转化公司+人才基金"的成果转化新模式，促进人才链与创新链、产业链、资金链有效串联，填补企业与科研院所、产业需求与科技供给的合作断层，充分释放"四链"融合发展的巨大潜能。打造全省"创新共同体"，依托中原科技城丰富的人才、科技资源，谋划建设中原国际人才港，用于省内各地市引进建设企业研发总部、创新中心。

### （四）凝聚服才"新举措"，量身设计人才需求服务场景

与高层次人才建立日常联系机制，密切关注院士团队人才培育、科研成果动态，助力河南人才引进、科研成果转化。承接地市人才节系列活动，营造尊才、爱才、敬才、用才的良好氛围。依托"人才码"，为人才提供购物优惠、出行绿通、就医保障等覆盖衣食住行的"一站式"服务，提升"引育留用服"全链条、各环节人才服务水平。把握人才流动新趋势新特点，实施更加积极、开放、有效的市场化留才举措，增强人才在豫归属感、获得感、幸福感。

### （五）搭建国际"一张网"，借助全球网络扩大引才视野

布局全球引才网络。实施"内生增长+外延并购+数字化构筑"的发展模式，通过并购海外人服公司，形成业务整合、海内外联动和国内国际双通道并进的新发展格局。围绕高端猎聘、智库咨询等业务，创建世界知名、专业特色的品牌谱系，努力成为国际人力资源服务产业链中高端、关键环，打造中国的"领英""任仕达""万宝盛华"。

### （六）激活用才"数据圈"，借助数据引擎优化产才工作

构建一个平台。人才数据"摸清家底"、人才业务"由纸入云"、人才配置"产才对接"、人才服务"一键直达"，以"应用服务"为牵引，实现区域产业及人才的数智化、全周期管理，通过数据分析和赋能，加速政府与社会资源要素和服务需求的精准匹配。紧扣产业链布局人才链，聚焦汽车及零部件、装备制造、生物医药、现代农业、新材料等重点产业，绘制产业人才开发路线图，建立高层次人才引进目标库和重点人才培养目录，推动实现产才"同频共振"。

**参考文献**

田永坡、李琪：《我国人才集团发展背景、基本情况和对策》，《中国人事科学》2021年第11期。

余李平：《完善国资布局，服务产业发展——地方国有人才集团发展模式浅析》，《上海国资》2022年第6期。

覃黄莉：《新时代背景下人才集团的发展路径》，《中国人才》2021年第11期。

# 附　录
# 河南人才工作大事记（2023年）

**1. 河南省集聚一流创新人才团队加快建设"中原农谷"种业基地**

1月5日，河南省人民政府印发《关于加快建设"中原农谷"种业基地的意见》（豫政〔2022〕39号），将引育种业领域基础研究人才作为主要任务之一，优化人才政策作为支持保障，加快引进和培育一批活跃在国际学术前沿的科学家、学科领军人才和创新团队。并通过设立院士工作站、博士后工作站，引进特聘研究员、访问学者，联合培养研究生等形式，培养一批高层次基础研究人才，全力打造我国乃至全球重要的种业创新高地。

**2. 河南省加强全省高技能人才队伍建设**

2月12日，中共河南省委办公厅、河南省人民政府办公厅印发《关于加强新时代高技能人才队伍建设的实施意见》。意见要求进一步完善高技能人才制度政策、培养体系、评价机制，推动实现高技能人才数量、结构与高质量建设现代化河南、高水平实现现代化河南相适应。

**3. 河南省科技创新委员会召开第九次会议**

2月24日，河南省科技创新委员会召开第九次会议，传达学习习近平总书记在中央政治局第三次集体学习时的重要讲话精神，研究省科创委2023年重点工作和省实验室建设、创新生态构建等。省委书记楼阳生主持并讲话，省长王凯出席。

**4. 河南省科技创新委员会召开第十次会议**

3月28日，河南省科技创新委员会召开第十次会议，研究重大科技基础设施布局、高校"三个调整优化""双一流"建设和农业领域科技创新平台建设等。省委书记楼阳生主持并讲话，省长王凯出席。

**5.河南省养老服务人才队伍建设工作获民政部肯定**

3月28日至29日，全国养老服务工作表彰暨养老服务人才队伍建设推进会议在郑州召开。全国共计99个单位、195名同志分别被授予全国养老服务先进单位或先进个人称号，其中郑州市金水区民政局作为全国养老服务先进集体以及任东勇、孟庆凤2人作为先进个人受到表彰。

**6.河南省重金奖励高水平科技人才**

4月12日，根据《河南省人民政府关于2022年度河南省科学技术奖励的决定》（豫政〔2023〕13号）和省科技厅《关于建议下达2023年度河南省科学技术奖励资金的函》（豫科项〔2023〕6号），河南省财政厅、河南省科技厅联合下达2023年省创新生态支撑专项经费预算共计8930万元，主要奖励2022年度河南省科学技术杰出贡献奖、河南省自然科学奖、河南省技术发明奖、河南省科学技术进步奖四类奖项获得者。

**7.王耀献受聘担任河南中医药大学校长**

4月28日，河南中医药大学校长聘任仪式在龙子湖校区举行。省委副书记、政法委书记周霁出席并讲话。副省长宋争辉主持并颁发聘书。首届岐黄学者、首都名中医、北京中医药大学副校长王耀献受聘担任河南中医药大学校长。

**8.河南省首家国家海外人才离岸创新创业基地设立**

5月5日，中国科协正式批复认定郑州高新技术产业开发区为国家海外人才离岸创新创业基地。这是中国科协启动海外人才离岸创新创业"海智计划"升级版以来，在河南设立的首家国家级海智离岸基地。

**9.河南16人分别获中华技能大奖和"全国技术能手"称号**

5月7日，第十六届高技能人才表彰大会在北京召开，表彰30名中华技能大奖获得者和295名全国技术能手。河南省1人获中华技能大奖，15人获"全国技术能手"称号。中华技能大奖和全国技术能手是选树褒奖优秀高技能人才的最高政府奖项，旨在全社会弘扬劳模精神、劳动精神、工匠精神。

**10. 河南纳入"西部之光"访问学者和中央博士服务团支持范围**

6月15日，中组部首次将河南纳入"西部之光"访问学者和中央博士服务团支持范围，目前已选派河南省6名专家首次作为"西部之光"访问学者到发达地区高校或科研院所研修，选派7名博士服务团成员到河南挂职帮扶。

**11. 河南省科技创新委员会召开第十一次会议**

6月16日，河南省科技创新委员会召开第十一次会议，研究重大技术装备发展、省实验室建设、国家技术转移郑州中心运营等工作。省委书记楼阳生主持并讲话，省长王凯出席。

**12. 河南设立首支人才发展基金**

6月16日，河南省首支人才发展基金举行签约仪式，基金定位为母基金，采取"子基金+直投"双模式运作，总规模10亿元，其中首期规模5亿元，由河南人才集团、河南创新投资集团、汇融基金共同出资、共同管理。该基金重点围绕河南省传统产业"迭代"、新兴产业"掐尖"、未来产业"破冰"，以基金为纽带，打造从创新到市场的共生生态圈，为河南省"双招双引"提供新动能。

**13. 河南首本人才蓝皮书出版**

6月30日上午，《河南人才发展报告（2023）》出版宣介暨建设全国重要人才中心研讨会在省社科院举行。蓝皮书以"建设全国重要人才中心"为主题，由河南省委组织部、省社科院和河南省人才集团共同编纂。

**14. 第四批、第五批河南省实验室和河南省柔性电子产业技术研究院集中揭牌**

7月10日，省委书记楼阳生在郑州为第四批、第五批共6家省实验室和河南省柔性电子产业技术研究院揭牌并发表讲话，省长王凯出席。成立第四批、第五批省实验室和省柔性电子产业技术研究院，标志着河南省在加快建设国家创新高地和重要人才中心进程中又迈出了实质性一步。

**15. 重建河南省医学科学院揭牌**

7月15日，重建河南省医学科学院揭牌仪式在郑州航空港区举行，标志着省医学科学院承载新使命开启新征程。省委书记楼阳生出席并讲话，省长王凯出席。重建后的省医学科学院，将与航空港区中原医学科学城融合发展，形成"一院一城一产业集群"的创新格局。

**16. 郑州市政府与香港大学签署战略合作框架协议**

8月11日，省委书记楼阳生出席郑州市人民政府与香港大学战略合作框架协议签约仪式，并与香港大学校长张翔一行举行工作会谈。省长王凯出席。合作双方将共同建设香港大学郑州研究院、中原研究院，并将在科技创新、人才培养、学科建设等方面深化合作。

**17. 河南省开展新型职业农民职称评定工作**

8月15日，河南省人民政府办公厅发布《关于做好新型职业农民职称评定工作的通知》（豫政办〔2023〕41号），对从事种植业、养殖业、农产品生产加工业和农业社会化服务业的四大类农民进行初级、中级、副高级三个级别的职称评定，激发新型职业农民创业创新动能，充分发挥农村优秀人才示范带动作用，为农业强省建设提供重要人才支撑。

**18. 戴玉强受聘担任郑州大学河南音乐学院院长**

8月21日，郑州大学河南音乐学院院长聘任仪式在郑州大学举行。省委书记楼阳生出席并讲话，省长王凯颁发聘书。著名男高音歌唱家戴玉强受聘担任郑州大学河南音乐学院院长。

**19. 河南省2023年度国家自然科学基金项目再创新高**

8月24日，国家自然科学基金委员会发布了2023年度部分集中申报项目的评审结果。河南省获批项目量质齐升，国家自然科学基金申报工作再创新高。

**20. 于魁智受聘担任河南大学河南戏剧艺术学院院长**

8月30日，河南戏剧艺术学院院长聘任仪式在河南大学郑州校区举行。省委书记楼阳生出席并讲话，省长王凯颁发聘书。著名京剧表演艺术家于魁智受聘担任河南大学河南戏剧艺术学院院长，著名豫剧演员李树建受聘担任名誉院长。

**21. 姜勇受聘担任郑大一附院新院长**

9月1日，郑州大学第一附属医院院长聘任仪式在该院郑东院区举行。

博士生导师、长江学者特聘教授、国家"杰青"、南方医科大学基础医学院病理生理学教研室原主任姜勇受聘担任郑州大学第一附属医院院长。省委常委、组织部部长王刚出席会议并讲话，副省长宋争辉颁发聘书。

**22. 共建高质量现代化知识产权强省推进大会在郑州举行**

9月2日，河南省政府与国家知识产权局共建高质量现代化知识产权强省推进大会在郑州举行，省委书记楼阳生、国家知识产权局局长申长雨共同为国家知识产权强市建设示范城市郑州市和安阳市授牌。国家知识产权局将推动更多政策、资源、项目向河南倾斜，打造一批知识产权"代表作"，更好地赋能中国式现代化建设河南实践。

**23. 第六届中国·河南招才引智创新发展大会长春专场成功举办**

9月9日，第六届中国·河南招才引智创新发展大会首场省外招才引智系列活动——长春专场招聘活动在吉林大学成功举办。此次活动共有4086名学子应聘，1104人达成初步签约意向，其中，博士研究生168人，硕士研究生511人，本科425人；通过"绿色通道"现场办理事业单位聘用和博士后入站手续25人。

**24. 中国农科院中原研究中心揭牌**

9月14日，中国农业科学院中原研究中心揭牌仪式在中原农谷举行。中原研究中心围绕破解河南农业及产业链"卡脖子"问题开展全方位协同创新，助力河南省打造粮食生产核心区，建设现代农业强省。

**25. 第六届中国·河南招才引智创新发展大会北京专场成功举办**

9月17日，第六届中国·河南招才引智创新发展大会省外招才引智系列活动——北京专场招聘活动在中国人民大学成功举办。此次活动共5231名学子到场应聘，4442人达成初步签约意向，其中，博士研究生775人，硕士研究生3247人，本科420人；通过"绿色通道"现场办理事业单位聘用96人，办理博士后进站手续23人。

**26. 上海交通大学郑州研究院揭牌**

9月18日，省委书记楼阳生与上海交通大学党委书记杨振斌、校长丁奎岭在郑州举行工作会谈。楼阳生、杨振斌共同为上海交通大学郑州研究院揭牌。省长王凯出席。

### 27. 河南省2023年省派博士服务团到岗

9月20日，2023年河南省博士服务团共206人到岗安置，其中196名同志为河南省2023年博士服务团成员，10名2022年博士服务团成员延期1年。

### 28. 第六届中国·河南招才引智创新发展大会西安专场成功举办

9月22日，第六届中国·河南招才引智创新发展大会省外招才引智系列活动——西安专场招聘活动在西安交通大学创新港校区成功举办。此次活动有2317人达成初步签约意向，其中，博士研究生243人，硕士研究生1567人，本科460人，博士后47人；通过"绿色通道"现场办理事业单位聘用117人，办理博士后进站手续31人。

### 29. 河南省科技创新委员会召开第十二次会议

9月27日，河南省科技创新委员会第十二次会议召开，研究一流大学郑州研究院建设、省实验室和产业技术研究院建设、省医学科学院院城产融合发展等工作。省委书记楼阳生主持并讲话，省长王凯出席。

### 30. 北京理工大学郑州研究院揭牌

10月14日，省委书记楼阳生与北京理工大学党委书记张军、校长龙腾一行在郑州举行工作会谈，共同见证共建北京理工大学郑州研究院战略合作协议签署。

### 31. 尧山实验室揭牌

10月17日，尧山实验室揭牌仪式在平顶山市举行。省委书记楼阳生为尧山实验室揭牌并讲话。尧山实验室负责人、中国工程院院士董绍明介绍了实验室总体情况及发展构想。

### 32. 夏元清受聘担任中原工学院院长

10月17日，中原工学院院长聘任仪式在该校龙湖校区举行。省委常委、组织部部长王刚出席并讲话，副省长宋争辉颁发聘书。北京理工大学教授夏元清受聘担任中原工学院院长。

**33. 第六届中国·河南招才引智创新发展大会在郑州开幕**

10月27日，第六届中国·河南招才引智创新发展大会、第三届中国·河南开放创新暨跨国技术转移大会在郑州国际会展中心开幕。省委书记楼阳生在开幕式上致辞，省长王凯为10名青年人才发放人才公寓钥匙。省委常委、省人大常委会、省政府、省政协相关领导，欧美同学会有关领导，两院院士、海外院士及专家学者代表出席开幕式。中国工程院院士、中南大学原校长田红旗等5位国内顶尖人才作主旨演讲。郑州市、洛阳市发言。10个高层次人才项目、10个重大科技项目现场签约。

**34. 河南省科技创新委员会召开第十三次会议**

11月3日，河南省科技创新委员会第十三次会议召开，研究"双一流"建设、高校布局调整优化、重大科技基础设施建设、中等职业教育发展等工作。省委书记楼阳生主持并讲话，省长王凯出席。

**35. 第六届中国·河南招才引智创新发展大会南京专场成功举办**

11月18日，第六届中国·河南招才引智创新发展大会省外招才引智系列活动——南京专场活动在南京理工大学成功举办。此次活动共有3685名学子到场应聘，1378人达成初步签约意向，其中，博士研究生450人，硕士研究生771人，本科157人。通过"绿色通道"现场办理博士后入站手续21人，事业单位绿色通道办理聘用91人。

**36. 2023年河南新晋院士6人**

11月23日，2023年两院院士增选结果揭晓，河南新晋两院院士6人。郑州大学党委副书记、副校长常俊标入选中国科学院院士，河南农业大学教授康相涛和郑州大学学术副校长赵中伟入选中国工程院院士。新乡医学院外籍教授伯纳德·麦利森当选中国科学院外籍院士，郑州新世纪材料基因组工程研究院名誉院长拉维·席尔瓦，中原动力智能机器人有限公司首席科学家张建伟当选中国工程院外籍院士。

**37. 第六届中国·河南招才引智创新发展大会武汉专场成功举办**

11月25日，第六届中国·河南招才引智创新发展大会省外招才引智系列活动——武汉专场活动在武汉大学举办。此次活动共有4526名学子到场应聘，1792人达成初步签约意向，其中，博士研究生553人，硕士研究生946人，本科293人；通过"绿色通道"现场办理博士后入站手续32人，办理事业单位聘用139人。

**38. 河南召开2023年新当选两院院士座谈会**

11月30日，河南召开2023年新当选两院院士座谈会。省委书记楼阳生勉励两院院士和全省广大科技工作者肩负起时代赋予的重任，厚植家国情怀，勇攀科学高峰，在实现高水平科技自立自强中展现担当作为。省长王凯出席。

**39. 河南3名个人、2个团队获得"国家工程师奖"**

12月4日，党和国家功勋荣誉表彰工作委员会办公室发布《关于国家卓越工程师和国家卓越工程师团队拟表彰对象的公示》，确定83名个人、50个团队为拟表彰对象。其中，河南省3名个人、2个团队入选公示名单。河南省中钢集团洛阳耐火材料研究院有限公司正高级工程师李红霞，中铁隧道局集团有限公司总工程师洪开荣，黄河勘测规划设计研究院有限公司副总经理、总工程师景来红入选国家卓越工程师拟表彰对象；中国平煤神马控股集团有限公司的煤矿瓦斯防治与智能绿色开采团队、中铁工程装备集团有限公司的盾构创新研发团队入选国家卓越工程师团队拟表彰对象。

**40. 河南实施人力资源服务业高质量发展行动计划**

12月4日，《河南省人力资源和社会保障厅关于实施人力资源服务业高质量发展行动计划的通知》（豫人社办〔2023〕124号）印发，目标到2025年，全省各类人力资源服务机构超4000家，省级人力资源服务产业园达到5家以上。

**41. 河南省公布2023年度科学技术奖励名单**

12月20日，河南省人民政府公布2023年度河南省科学技术奖励名单。授予宋克兴教授2023年度河南省科学技术杰出贡献奖；授予宋昊永教授（外籍专家）河南省科学技术合作奖；授予"银硫团簇材料定向制备与功能化"等27项成果河南省自然科学奖；授予"'人—机—环境'共融的高端装备数字孪生关键技术与应用"等14项成果河南省技术发明奖；授予"超高纯硅基电子材料制备关键技术及应用"等 288 项成果河南省科学技术进步奖。

42.河南省医学科学院理事会成立大会暨第一次会议在郑州召开

12 月 28 日，河南省医学科学院理事会成立大会暨第一次会议在郑州召开。作为省医学科学院最高决策机构，理事会承担着宏观管理、统筹协调等重要任务。河南省豫健医学发展基金会也于当天正式成立，资助医学教育、科学与技术研究项目及专著出版，支持人才引进，资助优秀教师及学生出国交流，奖励有突出贡献的优秀科技工作人员等。

43.王宁利受聘担任省医学科学院院长

12 月 28 日，河南省医学科学院院长聘任仪式在郑州举行，省委书记楼阳生出席并讲话。国际眼科科学院院士王宁利受聘担任省医学科学院院长。聘任仪式前，河南省医学科学院举行理事会成立大会暨第一次会议，审议通过《河南省医学科学院理事会章程》《河南省医学科学院章程》。

# Abstract

The book was mainly compiled by the Organization Department of Henan Provincial Party Committee, Henan Academy of Social Sciences, and Henan Talent Group. It focuses on the theme of "accelerating the formation of a talent ecosystem that attracts both local and distant talents", studies the theoretical basis and practical exploration of promoting the reform of talent development system and mechanism in depth and constructing a good ecology for attracting talents from multiple dimensions. The book is divided into four parts: general report, topical reports, special reports and case reports, involving research results at different levels such as provinces, cities, districts, and individual cases. It focuses on the dual considerations of policy formulation and application, highlights the combination of reality and foresight, and aims to comprehensively demonstrate the vivid practice of Henan Province in striving to build a first-class talent ecology, thus providing useful reference for all sectors of society.

The general report systematically expounds the great achievements, practices, experiences, opportunities, challenges, prospects and suggestions of Henan in creating an ecology that attracts talents from near and far. The report points out that Henan has taken the introduction, cultivation, gathering and using of the talents as the global, fundamental and strategic matter. Through deepening the reform of talent development systems and mechanisms and optimizing the talent ecological environment, Henan has made breakthroughs and structural changes in education, science and technology, and talent work. Now the ecology that attracts talents from near and far is accelerating. On the one hand, Henan is facing good opportunities such as the high promotion of the CPC Central Committee and the further implementation of the strategy of strengthening talents; on the other hand, it also faces practical challenges such as shortcomings in regional development and increasingly fierce competition for talents at home and abroad. Henan should continue to focus on the strategic goal of building a national innovation highland and an important talent center, do a good job in the strategic work of introducing, cultivating and gathering talents. Also it should take talents as the first resource to activate the first driving force of innovation and lead the first priority of development. From that way, it will accelerate the formation of a "big ecology" for the talent development.

The topical reports carefully demonstrate the theoretical basis and practical exploration of building a good ecosystem for attracting and gathering talents from different dimensions such as platforms, paths, and patterns. The special reports focus on the innovative practice of various talent ecosystems from different fields such as academic talents, industrial talents, and scientific and technological talents. The case reports focus on units such as Henan Academy of Sciences, Zhengzhou University, as well as cities such as Pingdingshan, Anyang, to clarify their cases of talent ecosystem construction with industry or local characteristics.

**Keywords**: Talent Ecosystem; Talent Work; Talent Strong Province; Henan Province

# Contents

## I General Report

　　**Abstract**: The 20th National Congress of the Communist Party of China proposed that "talent is the first resource", the strategy of "strengthening the country through talent" should be thoroughly implemented, and "talent leads and drives" should be adhered to. In recent years, Henan has conscientiously implemented the decision-making arrangements of the CPC Central Committee. Under the strong leadership of the provincial party committee, it has insisted on putting innovation at the logical starting point of development and the core position of modern Henan construction, and has made the strategy of innovation-driven, rejuvenating the province through science and education and strengthening the province through talents as the top of the "Ten Strategies" . Build a new pattern of all-round innovation and development, and open up a new situation of talent work in the province. During the "Fourteenth Five-Year Plan" period, Henan should continue to focus on the strategic goals of national innovation highland and important talent center, do a good job in attracting and gathering talents, take talents as the first resource, activate the first driving force of innovation, lead the first priority of development, and accelerate the formation of a "big ecology" for talent development in generate, which is near and far away, attracting talents and energetic.

**Keywords:** Talent Ecosystem; Talent Development; Talent Work; Henan Province

# II  Topical Reports

**B** . 2  Henan Province's Key Measures to Create a
"Microclimate" for the Best Talents in Employers

*Research Group of Talent "microclimate" /* 024

**Abstract:** Creating an optimal talent "microclimate" for employers is a key measure to give full play to the main role of employers in attracting and gathering talents and stimulate the vitality and potential of various types of talents. The report expounds on the connotation, characteristics, evolution process, theoretical basis and strategic significance of the talent "microclimate", analyzes the key points of employers creating the optimal talent "microclimate", and proposes countermeasures and suggestions for Henan to create the optimal talent "microclimate" for employers in response to the challenges currently facing Henan: give full play to the main role of employers, establish a trusting talent utilization mechanism and a scientific evaluation incentive mechanism, promote the quality and quantity of scientific research results, promote the development of young talents, open up the "last mile" of policy implementation, and match talent service guarantees with actual needs.

**Keywords:** Employer; Talent Ecosystem; Talent Evaluation; Talent Policy

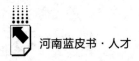

**B**.3　Research on the Path of Zhengzhou Striving to Create a
National Platform for Attracting and Gathering Talents

*Research Group of Platform for Gathering Talents* / 034

**Abstract**: Building a platform to attract and gather talents is an important layout for further advancing the strategy of strengthening the country through talents in the new era, and is a key measure to accelerate the construction of an important talent center and innovation highland in the world. Henan Province resolutely implements the decisions and arrangements of the Party Central Committee and mobilizes the entire province to support Zhengzhou in striving to become a national platform for attracting and gathering talents. Focusing on the overall goal of "being a good national team, improving internationalization, and leading the construction of modern Henan", Zhengzhou City has implemented the "Ten Strategic" actions in depth, continuously improved the top-level talent design, implemented talent plans in depth, continued to optimize the talent environment, and strengthened the construction of the talent team , the talent effect is very remarkable, and it has the foundation and advantages to build a national platform to attract and gather talents. In the next step, on the basis of fully learning from the experience of developed countries and advanced regions, and based on its own functional positioning and resource endowment, Zhengzhou continues to strengthen its advantages and characteristics, continuously innovates systems and mechanisms in expanding the "three pillars" innovation pattern, modern agricultural industry talent highlands, and new models of human resource development in the central and western regions, and consolidates the foundation for building a national platform to attract and gather talents.

**Keywords**: National Platform for Attracting and Gathering Talents; Human Resources Development Model; Zhengzhou

**B**.4 Research on Talent Support Path for Strengthening New
Quality Productive Forces in Henan Province
*Chen Xiangying, Han Xiaoming, Zhang Xiaoxin and Hu Xiaohan* / 050

**Abstract**: The concept of new quality productive forces, centered around comrade Xi Jinping, represents an important proposition by the Party Central Committee, grounded in the pursuit of high-quality economic development in China. It is based on breakthroughs in basic science, leading to a set of pioneering, disruptive, forward-looking, and original technologies. These serve as a crucial driving force for achieving the strategic goal of building a socialist modernized powerhouse. At its core, the essence of innovation-driven development lies in talent propulsion. Nurturing innovative talents is essential for developing new quality productive forces and promoting high-quality development. Henan Province is accelerating the formation of new quality productive forces by innovating concepts and policies for talent development, strengthening support for high-end talents, optimizing disciplinary system construction, establishing advanced innovation platforms, deepening integration of industry, academia, and research, innovating talent evaluation mechanisms, and cultivating a new generation of scientific and technological talents and highly skilled professionals. Benchmarking against advanced provinces domestically, Henan aims to reach new heights, facilitating the exponential growth and emergence of talents vital for new quality productive forces.

**Keywords**: New Quality Productive Forces; Talent Support; Henan Province

**B**.5 The Strategies and Prospects of Building a "Three
Pillars" Science and Technology Innovation Pattern
in Henan Province *Liang Yu, Lu Lin and Wang Wei* / 061

**Abstract**: To build a "three pillars" scientific and technological innovation pattern is of great significance for Henan to achieve high-quality development. Doing so not only contributes to build a national innovation highland and an important talent center, but also facilitates developing new productive forces. In the process of constructing the "Three Pillars" scientific and technological innovation pattern, Zhongyuan Science and Technology City, Zhongyuan Medical Science City, and Zhongyuan Agricultural Valley, a wide range of achievements emerge, including gathering high-level talents, building high-energy platforms, producing high-level findings, incubating high-tech enterprises, accomplishing high-quality industrial projects, and summarizing a lot of institutional changing experience. However, there is still room for improvement in terms of institutional mechanisms, integrated development, and coordinated linkage. In the future, we can further strengthen the "three pillars" scientific and technological innovation pattern by creating distinctive and advantageous peaks, building industrial collaborative innovation centers, making a unified government service ecosystem, and establishing sound mechanisms for integrated development coordination and joint strategic consulting.

**Keywords**: Zhongyuan Science and Technology City; Zhongyuan Medicine Science City; Zhongyuan Agricultural Valley; Innovative Development; Henan Province

**B**.6  Henan Province's Achievements and Prospects in

Attracting Talent and Intelligence

*Cheng Baolong, Zhu Dianxiao, Chen Jie and Wang Pan* / 073

**Abstract**: In 2023, Henan Province continued to achieve outstanding results in attracting talent and intelligence, with over 300000 talents at or above the undergraduate level introduced cumulatively across the province. This effectively replenished the talent pool across various industries in Henan Province, benefiting from the comprehensive support provided by the talent attraction service system established in recent years. Guided by the strategy of becoming a talent-strong province, employers across the province adopted flexible and diverse methods to strengthen the introduction of high-level talents. Particularly noteworthy is the Talent Attraction and Intellectual Introduction Conference, which has been held continuously for six sessions, becoming the province's signature event in talent work. The optimization of the talent structure and the enhancement of the overall quality of talents are of great significance for Henan Province to develop new quality productive forces. However, there are still some issues with Henan Province's talent introduction efforts, mainly manifested as increasing difficulties in attracting talent and intelligence, a certain degree of homogenization in talent attraction, relatively single channels for attracting talent, and some areas falling short of expected outcomes in talent introduction. In the future, Henan Province still needs to attract and gather talents efficiently and effectively, build a support system for the long-term development of talents, improve the accuracy of talent introduction, mobilize the initiative of the whole society to attract talents, and strengthen the implementation mechanism of talent introduction responsibilities, in order to better attract and retain talents and provide talent guarantee for the development of new productivity.

**Keywords:** Talent and Intelligence Attraction; Top-level Talent; New Quality Productive Forces

# Ⅲ  Special Reports

**Abstract:** The establishment of key laboratories plays a pivotal role in implementing the ten strategies proposed by the Henan Province, namely "implementing an innovation-driven strategy, revitalizing science and education, and strengthening talent". This paper provides an overview of the current situation and characteristics of key laboratory ( including provincial industrial technology research institutes) construction in Henan Province, as well as the development of scientific and technological talents. It analyzes four challenges faced during the talent development process within key laboratory construction, proposing targeted measures and suggestions from four perspectives: policy optimization, talent cultivation, system and mechanism improvement, and service enhancement. The aim is to provide valuable insights for the province's policies on scientific and technological talent development.

**Keywords:** The Laboratory; Talent Development; Scientific and Technological Innovation

**B**.8 Achievements and Prospects of Talent Team Construction
in the Establishment Discipline of "Double First-Class" in
Henan Province *Yue Desheng, Yang Chao and Ma Fei* / 099

**Abstract:** The construction and establishment of "Double First-Class" initiative is an important measure for Henan Province to align with world-class universities and disciplines. A high-level talent pool is the key force and crucial lever for discipline aggregation and cultivating distinctive advantages. Since the implementation of the "Double First-Class" initiative, the scale of talent teams in various disciplines has been continuously expanding, with a sustained optimization in structure, significantly enhancing our ability to serve national strategies and Henan's development. However, there are still issues that need to be addressed, such as further liberating talent work concepts, improving institutional mechanisms and management efficiency, and urgently expanding the scale of high-level talents. It is recommended to focus on five aspects: improving collaborative mechanisms between government, universities, and society; clarifying the full-chain demand for top-notch talent teams; constructing a favorable ecosystem for attracting, nurturing, and retaining talents; strengthening key support for talent attraction utilization and exhibition; as well as exploring paths for developing discipline-specific talents.

**Keywords:** The Establishment Discipline of "Double First-Class"; Talent Team; Henan Province

**B.9** The Current Situation and Optimization Strategies of Cultivating High-end Talents in Henan Province

—*Taking "Central Plains Scholars" as an Example*    *Qiu Jing* / 113

**Abstract:** Henan Province attaches great importance to the introduction and cultivation of high-end talents, with a focus on strengthening the cultivation of high-end talents by scholars from the Central Plains. Significant results have been achieved, and a unique path for cultivating high-end talents has been taken. This report analyzes the structural layout of Central Plains scholars, summarizes the measures and experiences for cultivating Central Plains scholars, and based on summarizing the practices and experiences of attracting high-end talents from other provinces, combined with Henan's own advantages and problems, proposes optimization strategies for cultivating high-end talents.

**Keywords:** High-end Talents; Central Plains Scholars; Henan Province

**B.10** The Effectiveness and Prospect of the Global "Recruitment Order" Issued by Henan Province

*Wang Lijun, Wang Hui and Wei Yuqing* / 125

**Abstract:** The Development and even high priority, talent is the primary capital, innovation is the core driving force. At present, Henan is in the critical period of industrial transformation and upgrading. The report analyzes the effectiveness of Henan's overseas talent attraction work, points out the main problems and puts forward relevant countermeasures and suggestions in light of the work progress. Specifically, Henan Province has improved the overseas talent attraction policy, optimized the talent attraction environment, broadened the talent attraction channels, improved the talent attraction team, set up the "talent map" and "talent map" linking the whole world, created a high-quality talent attraction environment, and improved the quality and efficiency of talent attraction on the whole. However, based on the macro environment of the current development, there are still problems such as poor attraction of overseas talent attraction, talent attraction channels to be broadened, team synergy to be improved, and the volume of data to be expanded, etc. In the future, Henan Province has to improve the environment of talent attraction and improve the quality of talent attraction. In the future, Henan Province should make efforts to optimize the environment, build channels, expand teams and increase the volume, further promote the flow of more overseas talents to the province, and form a powerful advantage of a strong talent province.

**Keywords:** Overseas Talent Attraction; Talent Policy; Henan Province

## B.11 Strategies and Prospects for Creating a Youth-Friendly Development Environment in Henan Province

*Wang Zhenlin, Han Bing, Fan Chenyu,*

*Han Xiaodong and Ma Xiaolong* / 137

**Abstract:** Youth are the new force and backbone of economic and social development, and the key factor to realize the development quality change, power change and efficiency change. Young people gather because of cities and cities flourish because of youths. Building a youth-oriented city and creating a youth-friendly development environment play an important role in promoting youth development, attracting young talents, stimulating urban vitality and improving urban taste in Henan Province. In recent years, Henan Province has made some achievements in system formulation, service guarantee and atmosphere construction, but there are also some deficiencies in the joint efforts of work, inclusive policies, national participation, urban characteristics and so on. In the future, efforts should be made to strengthen the linkage of various departments, enhance the coverage of inclusive policies, innovate propaganda forms, and create the characteristics of youth development cities in order to better improve the creation effect.

**Keywords**: Youth-friendly Development Environment; City Vitality; Henan Province

**B**.12  Artificial Intelligence Industry Talent Analysis Report of

Henan Province

*Wang Qianyi, Chang Liang and Wu Guikun / 152*

**Abstract**: As the core driving force of the current new round of industrial transformation, artificial intelligence ( AI ) is profoundly changing people's production and lifestyle, and continuously injecting new momentum into economic and social development. Through the implementation of the digital transformation strategy, Henan Province has achieved remarkable results in the improvement of AI policies, the construction of computing power resources, the cultivation of digital talents, the aggregation and circulation of data, and the traction of application scenarios, providing important support for building a digitally powerful province. However, at the same time, the AI industry in Henan Province still faces problems such as industrial talent gap, uneven talent supply, and education and training system to be improved. This report deeply analyzes the current situation of AI talent team construction in Henan Province, points out the problems of industrial talent gap, uneven talent supply, and education and training system to be improved, and proposes countermeasures and suggestions such as building a diversified talent introduction model, broadening talent growth channels, and

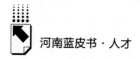
optimizing the talent ecological environment, in, order to promote greater breakthroughs in the construction of AI talent team in Henan Province and provide strong support for the practice of Chinese path to modernization in Henan Province.

**Keywords:** Artificial Intelligence; Industrial Development; Talent Team Construction

**B.13** The Practical Results and Development Suggestions of the Construction of "Everyone Holds the Certificate, Skills Henan" *Yao Lei, Pan Yanyan and Wang Jingyi* / 167

**Abstract:** Skilled talents are an important part of Chinas talent team and the main driving force to promote innovation and reform and achieve high-quality development. Henan Province attaches great importance to the construction of skilled talent team. In 2021, it launched the construction of "Everyone Holds the Certificate, Skills Henan", and took multiple measures to optimize the structure of human resources and improve the occupational ability and skill level of the labor force. This paper analyzes the main results of the construction of "Everyone Holds the Certificate, Skills Henan", points out the current opportunities and challenges combined with the development situation of Henan, and puts forward countermeasures and suggestions to promote the construction of "Everyone Holds the Certificate, Skills Henan" with high quality.

**Keywords:** Vocational Skill; Skill Henan; Talent Team Construction

**B.14** Regional Exploration and Inspiration for the Cultivation of Scientific and Technological Talents *Yuan Jinxing, Zhao Jingjing and Zhao Yaman* / 181

**Abstract:** Accelerating the introduction and cultivation of scientific and technological talent is a necessary choice in line with the trend of international competition, an objective requirement for promoting China's modernization drive, and an inherent requirement of the talent-strong country strategy. Advanced provinces and municipalities have focused on the introduction and cultivation of scientific and technological talent, adhering to the principle of raising the competitiveness of talent introduction with high-standard talent policies, solidifying the support for talent cultivation with high-level platforms, creating talent gathering places with high-quality dual-chain integration, stimulating the enthusiasm of talent with high-level mechanism innovation, and creating a good environment for talent retention with high-quality talent services. This has effectively increased the concentration of scientific and technological talent. Henan must draw on advanced experience, improve its regional talent policy system, strengthen the integration of talent and industrial chains, deepen reform of the talent development and management system, create high-level innovation platforms, innovate in the ways of introducing and cultivating scientific and technological talent, and provide "full-cycle" guarantee services, so as to drive the introduction and cultivation of scientific and technological talent into high gear and support the construction of a talent-strong Henan in the new era.

**Keywords**: Exploration of Regional; Attract Scientific and Technological Talents; Talent Strong Province

**Abstract**: Talent and data which are currently the two most valued innovation elements, are indispensable resources in local industries and innovation ecosystems. The integration of talent and data represents the most active frontier of innovation, and talent data platforms provide support for this integration. In recent years, Henan Province has widely applied digital technology in talent services, leading to the emergence of a batch of digital talent service platforms, changing the original talent service model, and greatly improving the efficiency of talent services. However, the application of digital technology in talent services in Henan Province is still the initial stage, and the development of complex use data scenarios and related functions is still insufficient. The practice of developed regions relying on talent data platforms to strengthen talent service capabilities has strong reference significance for Henan Province. In the future, Henan Province should attach great importance to the role of big data-related technologies, build a well-functioning talent service data platform, break down barriers to data sharing, continuously explore high-level use data scenarios, and ensure the security of data usage, so as to better promote the comprehensive improvement of talent service ability.

**Keywords**: Talent Data; Data Platform; Talent Service

# Ⅳ   Case Reports

**B** . 16   Talent Development Practice of Reconstructing and

Revitalizing Henan Academy of Sciences

*Gao Zhenglong, Lei Junfeng, Li Shijie, Ren Jie and Wang Yinan / 208*

**Abstract**: In recent years, Henan Province has placed the strategy of innovation-driven development, science and education-led development, and talent-based development at the top of the "ten major strategies", aiming to build a national innovation hub and an important talent center. The reconstruction and revitalization of the Henan Academy of Sciences has been regarded as the "Project 1" to build a national innovation hub and an important talent center. The Henan Academy of Sciences has always regarded talent attraction and cultivation as its strategic lever and breakthrough point, and has achieved initial results in talent aggregation, high-level talent attraction and cultivation, youth talent attraction, talent development platform construction, and talent efficiency enhancement. By the end of 2023, the number of research and development entities at the Henan Academy of Sciences had reached 42, ranking first among provincial academies of sciences in the country, and the total number of talents had entered the first rank of provincial academies of sciences nationwide. However, there are still structural issues and environmental issues related to talent development in the Provincial Academy of Sciences. In the new era and new journey, the Henan Academy of Sciences will follow the major decisions and deployments of the CPC Henan Provincial Committee and the Henan Provincial People's Government, and continuously promote the construction of the talent team of the Henan Academy of Sciences. It will improve policies to create a strong attraction "magnet," expand channels to establish a new path for talent attraction, innovatively implement new mechanisms for talent cultivation, improve platforms to build a new stage for talent use, optimize the environment to establish a new ecology for talent retention, and actively build a national important talent center. It will actively play a leading role in the "situation of tripartite confrontation" innovation and entrepreneurship pattern in the whole province.

**Keywords:** Henan Academy of Sciences; Reconstruction and Revitalization; Talent Development; Talent Introduction and Cultivation

**B**.17  Current Situation and Prospect of Talent Introduction in
Zhengzhou Airport Economy Zone

*Li Peng, Yang Ziyu, Guo Xin and Yuan Xiuxiu* / 225

**Abstract:** After ten years of development, Zhengzhou airport economy zone has initially formed six major advantages, including national strategic advantages, transportation hub advantages, open system advantages, geographical location advantages, development space advantages, and industrial base advantages, with abundant development momentum. At present, under the background of

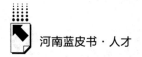

vigorously implementing the "Ten Strategies" and building a modern Henan province, the airport economy zone plays an important role in promoting talent gathering, industrial progress and ecological optimization. In recent years, the talent policy of the airport area has been continuously improved, the innovation platform has been continuously expanded, the talent activities have been continuously enriched, and the service guarantee has been continuously strengthened. However, there are still shortcomings in the talent work in the area, the role of innovation carriers needs to be improved, supporting facilities need to be strengthened, and talent information needs to be unblocked. In the new era, the situation of talent introduction in various regions will become more severe. The airport area should continue to optimize the policy system, innovate the working mechanism, strengthen the construction of carrier platforms, strengthen the holding of activities, and do a good job in training and service, so as to lay a solid foundation for the high-quality development of Zhengzhou Airport Area.

**Keywords**: Zhengzhou Airport Economy Zone; Talent Policy; International Talent Center; Talent Sevice Ecosystem

**B**.18　Analysis and Prospect of Talent Gathering Practice in Zhongyuan Science and Technology City

*Zhi Xiangcheng*, *Guo Qi and Lu Xiaoya* / 238

**Abstract**: Zhongyuan science and technology city anchors the goal of building a comprehensive national science center, focusing on "attracting institutions, building platforms, cultivating industries, gathering talents, and providing excellent services". At present, Zhongyuan science and technology city has made remarkable achievements in attracting talents and gathering talents. The reserve of talent resources is increasingly rich, the exchange and cooperation of talents are constantly strengthened, and the system and mechanism of talent development are gradually improved. Top talents "stand on the sky", young talents and industrial talents are everywhere, formed flying-geese pattern, laying a solid talent foundation for Henan to build a national important talent center. However, at the same time, it also faces new situations and challenges. Zhongyuan Science and Technology City still has shortcomings in high-end talent introduction, platform construction, financial support, and other aspects, and further improvement is needed. Therefore, in the future, Zhongyuan Science and Technology City should be based on cultivating and strengthening industrial projects, innovating talent policies, increasing talent introduction efforts, optimizing the innovative development environment, and comprehensively promoting the early entry of the Science and Technology City into the national comprehensive science center construction team.

**Keywords:** Talent; Zhongyuan Science and Technology City; Talent Highland

**B.19 Practical Measures and Countermeasures for Gathering Talents in Zhongyuan Agricultural Valley**

*Wang Jibao, Xie Juan and Lei Ming / 255*

**Abstract:** Since the 18th National Congress of the Communist Party of China, the General Secretary has visited Henan five times, asking Henan to "take new responsibilities in ensuring national food security". Henan Provincial Party Committee and the provincial government bear in mind the General Secretary's exhortations, focus on food security, and make major decisions and deployments to build the Zhongyuan agricultural valley. In recent years, Zhongyuan Agricultural Valley has been closely following the national strategy for revitalizing the seed industry, with the goal of attracting and retaining talent by focusing on "policy guidance, platform talent attraction, ecological optimization, and internal and external cultivation". It has achieved good results in building a talent ecosystem that attracts and retains talent. However, it also faces challenges such as difficulty in

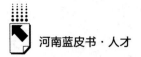
attracting and retaining talent, insufficient role of platforms, and an incomplete policy system. Therefore, in the new era, Zhongyuan Agricultural Valley should strengthen the role of innovation and talent platforms to attract and retain talent, continuously improve the talent policy system for the seed industry, leverage the talent attraction effect of projects, and build a talent service ecosystem to help accelerate the construction of a national and international agricultural innovation hub and achieve self-reliance and self-strengthening in the seed industry's science and technology.

**Keywords**: Zhongyuan Agricultural Valley; Food Security; Talent Gathering Practice Measures; Talent Ecosystem

**B**.20　Research on the Talent Ranks Construction in

　　　　Pingdingshan City　*Li Xiang, Wang Yanglu and Ai Xiaoguang* / 267

**Abstract**: Under the background of "Two Guarantees" and "Ten Strategies" in Henan Province, carrying out the goal of "fostering new growth drivers and striving for being top 100 cities", Pingdingshan takes the talent work as a strategic position of priority development, which strives to foster a talent development system that is scientific, standardized, open, inclusive and efficient. There will be sustained growing the scale of talent ranks, accelerating to improve the carrier of talent development, and continuing to increase the efficiency of talent service. This article systematically reviews the achievements and measures of the talent ranks construction in Pingdingshan, and objectively analyzes the problems and shortcomings of faced by Pingdingshan talent work. There will propose practical and feasible countermeasures that high-quality achieves completion of talent work and creates the regional of talent development and innovation highland in the future.

**Keywords**: Talent Ranks Construction; Talent Work; Talent Policy; Pingdingshan City

**Abstract**: In recent years, the competition for talents among domestic cities has grew in intensity, and the new talents policy has been upgraded iteratively. Under this background, Anyang launched the talent gathering plan of "Huan Quan Yong Liu". Based on the construction of a regional talent center and innovation highland in Anyang, this artical interprets the historical background and policy contents of the talent gathering plan of "Huan Quan Yong Liu" in Anyang, and elaborating in detail the measures and achievements of implementing the talent gathering plan of "Huan Quan Yong Liu" in depth. In this context, the article analyzes the shortcomings and challenges faced by Anyang in talent introduction under the new situation, and proposes countermeasures such as strengthening regional cooperation, optimizing talent introduction policies, and strengthening market allocation of resources, in order to provide decision-making references for promoting the high-quality development of talent work in Anyang.

**Keywords**: Talent Introduction; The Talent Gathering Plan of "Huan Quan Yong Liu"; Anyang City

**Abstract**: Talent is the key to the construction of first-class universities. In recent years, Zhengzhou University has focused on the goal of building a world-class university, deeply implemented the strategy of strengthening the university with talents, optimized the top-level design, improved the talent system, innovated the talent introduction mechanism, explored the reform of the personnel system, and created a good talent environment, thus achieving a double improvement in the scale and quality of talent introduction. However, there are still some problems, such as the proportion of high-level talents is lower than the average of "double-class" universities, the supporting conditions for talent training and introduction are not competitive, and the model of talent evaluation mechanism has not been fundamentally broken. Therefore, Zhengzhou University should further improve its political position, fully implement the principle of "the Party manages talents", put the construction of high-quality talents in a prominent position of "double-first-class" construction, take various measures simultaneously, create a highland for innovation and entrepreneurship, a plateau for talent gathering, and a peak for talent growth, so as to contribute to the practice of promoting Chinese modernization in Henan.

**Keywords:** Talent Strong School; Talent Highland; Zhengzhou University

# B . 23 Achievements and Prospects of Talent Team Construction in Henan University

*Song Guoqing, Han Chao and Teng Yaqiu* / 309

**Abstract:** Talent is the first resource to support development. Henan University is guided by Xi Jinping thought on socialism with Chinese characteristics for a new era and the spirit of the 20th National Congress, thoroughly implements the spirit of the central talent work conference and Henan's strategy of "innovation-driven, thriving province through science and education, and strengthening province through talents". Focusing on the construction of "double first-class initiative" and "double aircraft carriers", Henan University has taken multiple measures to implement the strategy of strengthening the university with talents and build a high-level talent team. At present, the talent work of Henan University has achieved remarkable results, which has promoted the high-quality development of the university. Facing the new situation, new tasks and new requirements, Henan University has anchored its goals, made continuous efforts, and taken more effective measures to increase the introduction of high-level talents and outstanding young talents, deepen the reform of the system and mechanism, stimulate the vitality of talent innovation, improve service efficiency, create a good talent ecology, and make contributions to building a national innovation highland and an important talent center in Henan.

**Keywords**: Henan University; Talent Team Construction; Innovative Development

**B**.24    The Effectiveness and Prospect of the Serving Talent and

Strengthening Province Practiced by Henan Talent Group

*Zhang Donghong, Fu Hongkun, Zhang Ruoyu,*

*Ding Chang and Jiang Senyang / 323*

**Abstract**: In recent years, Henan has focused on building an important national talent center, continuously improving the top-level design of talent development, promoting the orderly iteration of talent policies, creating a closed-loop ecology of industry-talent integration, and deepening the reform of the institutional mechanism for talent development. In this context, in order to accelerate the high-quality development of talent work in Henan province, Henan Talent Group emerged at this historic moment. Faced with challenges such as a weak foundation for talent team construction, high cost of talent attraction and cultivation, great pressure on the transformation of the human resources industry, and a lack of reference experiences, Henan Talent Group adheres to a global vision and market-oriented operation, building five platforms of "global talent attraction, high-end think tank, talent services, innovation and entrepreneurship, and talent data", deepening services for the talent-strong province strategy along the entire chain of "attraction, cultivation, retention, use, and service", and providing a constant stream of talent "spring water" to help push Henan to build a national innovation highland and an important talent center.

**Keywords**: Henan Talent Group; Talent Strong Province; Talent Construction

# 皮 书

## 智库成果出版与传播平台

### ❖ 皮书定义 ❖

皮书是对中国与世界发展状况和热点问题进行年度监测，以专业的角度、专家的视野和实证研究方法，针对某一领域或区域现状与发展态势展开分析和预测，具备前沿性、原创性、实证性、连续性、时效性等特点的公开出版物，由一系列权威研究报告组成。

### ❖ 皮书作者 ❖

皮书系列报告作者以国内外一流研究机构、知名高校等重点智库的研究人员为主，多为相关领域一流专家学者，他们的观点代表了当下学界对中国与世界的现实和未来最高水平的解读与分析。

### ❖ 皮书荣誉 ❖

皮书作为中国社会科学院基础理论研究与应用对策研究融合发展的代表性成果，不仅是哲学社会科学工作者服务中国特色社会主义现代化建设的重要成果，更是助力中国特色新型智库建设、构建中国特色哲学社会科学"三大体系"的重要平台。皮书系列先后被列入"十二五""十三五""十四五"时期国家重点出版物出版专项规划项目；自 2013 年起，重点皮书被列入中国社会科学院国家哲学社会科学创新工程项目。

# 皮书网

（网址：www.pishu.cn）

发布皮书研创资讯，传播皮书精彩内容
引领皮书出版潮流，打造皮书服务平台

## 栏目设置

◆ 关于皮书

何谓皮书、皮书分类、皮书大事记、
皮书荣誉、皮书出版第一人、皮书编辑部

◆ 最新资讯

通知公告、新闻动态、媒体聚焦、
网站专题、视频直播、下载专区

◆ 皮书研创

皮书规范、皮书出版、
皮书研究、研创团队

◆ 皮书评奖评价

指标体系、皮书评价、皮书评奖

## 所获荣誉

◆ 2008 年、2011 年、2014 年，皮书网均
在全国新闻出版业网站荣誉评选中获得
"最具商业价值网站"称号；
◆ 2012 年，获得"出版业网站百强"称号。

## 网库合一

2014 年，皮书网与皮书数据库端口合
一，实现资源共享，搭建智库成果融合创
新平台。

皮书网

"皮书说"
微信公众号

**权威报告·连续出版·独家资源**

# 皮书数据库
## ANNUAL REPORT(YEARBOOK)
## DATABASE

## 分析解读当下中国发展变迁的高端智库平台

### 所获荣誉

- 2022年，入选技术赋能"新闻+"推荐案例
- 2020年，入选全国新闻出版深度融合发展创新案例
- 2019年，入选国家新闻出版署数字出版精品遴选推荐计划
- 2016年，入选"十三五"国家重点电子出版物出版规划骨干工程
- 2013年，荣获"中国出版政府奖·网络出版物奖"提名奖

皮书数据库

"社科数托邦"
微信公众号

### 成为用户

登录网址www.pishu.com.cn访问皮书数据库网站或下载皮书数据库APP，通过手机号码验证或邮箱验证即可成为皮书数据库用户。

### 用户福利

- 已注册用户购书后可免费获赠100元皮书数据库充值卡。刮开充值卡涂层获取充值密码，登录并进入"会员中心"—"在线充值"—"充值卡充值"，充值成功即可购买和查看数据库内容。
- 用户福利最终解释权归社会科学文献出版社所有。

社会科学文献出版社 皮书系列
SOCIAL SCIENCES ACADEMIC PRESS (CHINA)

卡号：882271941637
密码：

数据库服务热线：010-59367265
数据库服务QQ：2475522410
数据库服务邮箱：database@ssap.cn
图书销售热线：010-59367070/7028
图书服务QQ：1265056568
图书服务邮箱：duzhe@ssap.cn

# S 基本子库
## SUB DATABASE

## 中国社会发展数据库（下设 12 个专题子库）

紧扣人口、政治、外交、法律、教育、医疗卫生、资源环境等 12 个社会发展领域的前沿和热点，全面整合专业著作、智库报告、学术资讯、调研数据等类型资源，帮助用户追踪中国社会发展动态、研究社会发展战略与政策、了解社会热点问题、分析社会发展趋势。

## 中国经济发展数据库（下设 12 专题子库）

内容涵盖宏观经济、产业经济、工业经济、农业经济、财政金融、房地产经济、城市经济、商业贸易等 12 个重点经济领域，为把握经济运行态势、洞察经济发展规律、研判经济发展趋势、进行经济调控决策提供参考和依据。

## 中国行业发展数据库（下设 17 个专题子库）

以中国国民经济行业分类为依据，覆盖金融业、旅游业、交通运输业、能源矿产业、制造业等 100 多个行业，跟踪分析国民经济相关行业市场运行状况和政策导向，汇集行业发展前沿资讯，为投资、从业及各种经济决策提供理论支撑和实践指导。

## 中国区域发展数据库（下设 4 个专题子库）

对中国特定区域内的经济、社会、文化等领域现状与发展情况进行深度分析和预测，涉及省级行政区、城市群、城市、农村等不同维度，研究层级至县及县以下行政区，为学者研究地方经济社会宏观态势、经验模式、发展案例提供支撑，为地方政府决策提供参考。

## 中国文化传媒数据库（下设 18 个专题子库）

内容覆盖文化产业、新闻传播、电影娱乐、文学艺术、群众文化、图书情报等 18 个重点研究领域，聚焦文化传媒领域发展前沿、热点话题、行业实践，服务用户的教学科研、文化投资、企业规划等需要。

## 世界经济与国际关系数据库（下设 6 个专题子库）

整合世界经济、国际政治、世界文化与科技、全球性问题、国际组织与国际法、区域研究 6 大领域研究成果，对世界经济形势、国际形势进行连续性深度分析，对年度热点问题进行专题解读，为研判全球发展趋势提供事实和数据支持。

# 法律声明